古典文獻研究輯刊

三八編

潘美月・杜潔祥 主編

第 25 冊

清遺民詩學編年

潘 靜 如 著

國家圖書館出版品預行編目資料

清遺民詩學編年／潘靜如 著 -- 初版 -- 新北市：花木蘭文化
事業有限公司，2024〔民113〕
序 2+ 目 6+246 面；19×26 公分
（古典文獻研究輯刊 三八編；第 25 冊）
ISBN 978-626-344-728-8（精裝）
1.CST：詩學 2.CST：清代詩 3.CST：編年史
011.08   112022597

ISBN-978-626-344-728-8

古典文獻研究輯刊
三八編　第二五冊　　　　　　ISBN：978-626-344-728-8

清遺民詩學編年

作　　者　潘靜如
主　　編　潘美月、杜潔祥
總 編 輯　杜潔祥
副總編輯　楊嘉樂
編輯主任　許郁翎
編　　輯　潘玟靜、蔡正宣　美術編輯　陳逸婷
出　　版　花木蘭文化事業有限公司
發 行 人　高小娟
聯絡地址　235 新北市中和區中安街七二號十三樓
　　　　　電話：02-2923-1455 ／傳真：02-2923-1452
網　　址　http://www.huamulan.tw 信箱 service@huamulans.com
印　　刷　普羅文化出版廣告事業
初　　版　2024 年 3 月
定　　價　三八編 60 冊（精裝）新台幣 156,000 元
版權所有・請勿翻印

清遺民詩學編年

潘靜如 著

作者簡介

潘靜如，1986 年生，江蘇灌南人。北京大學文學博士，現任中國社會科學院文學研究所助理研究員，兼中國近代文學學會副秘書長、理事。主要研究中國近代文學，旁及古典詩學、明清藝術史。曾獲「季鎮淮錢仲聯任訪秋學術獎」一等獎。著有《民國詩學》《末代士人的身份、角色與命運：清遺民文學研究》，並在《文學評論》《文藝研究》《文學遺產》《中國現代文學研究叢刊》《文藝理論研究》等雜誌發表論文 40 餘篇。主編人文集刊《學衡》。

提　　要

　　《清遺民詩學編年》以清遺民群體的詩學活動為綱要（包括但不限於結社、雅集、編刻唱和集等），旁及與清王朝、故宮小朝廷或偽滿洲國密切相關的政治活動、文史撰著，按先後次序，進行編年。編年正文中，以清遺民卒年為切入點，考錄清遺民的行跡、著述大略，附於每一年編年之末。考錄的清遺民著述，以詩文為先，詳列其卷數、版本乃至藏地；其他經史著述以逮編、刻、校、勘類文獻，亦酌情考錄。

　　體例上，正文以清通簡要為原則，但敘眉目、梗概；細節或依據，見於隨文小注（另起一段，縮進兩格，小號字體）。另有《附志》十四篇，就編年中遇到的問題加以考辨或引申；《附文》五十五篇，錄存編年正文中涉及的原始文獻。最後，附錄表格三種：（一）《清遺民民國時期編刻叢書表》；（二）《清遺民纂修方志表》；（三）《清遺民道咸同光四朝史事論著舉隅表》。

　　《編年》起於 1912 年民國成立，迄於 1967 年溥儀亡故，以編年形式展現了清遺民群體的詩學活動、政治活動及其他文史撰著情形。以卒年為切口，《編年》還詳細考錄了 330 餘名清遺民的生卒年、行跡、著述，先後涉及、引用、錄存為數甚巨的稀見文獻。《編年》對清遺民詩學研究、清遺民研究均有重要價值。

中國社會科學院青年科研啟動項目
「清遺民文學編年」
（項目編號：2021YQNQD0001）成果

小　引

　　辛亥鼎革，遜清故老散而之四方，或在京，或之津，或遁滬，或居寧，徙
倚流連，所在有文酒之會。繹其所由，蓋有三焉。縈考初民，肇自洪荒，因群
成我，無殊萬邦，雖社會之境日新，而社群之誼未泯，類聚群分，古今一貫，
是遺民者，特其支與流裔，固不能外於此例，一也。兩周而下，淵為詩國。魏
文梁武，極君臣酬唱之樂；金谷蘭亭，肇文士聯吟之風。隋唐以還，遞有承續，
劉白《汝洛》，皮陸《松陵》，言志載道，各從其好。暨夫元之代宋，清之代明，
孤臣孽子，墜心危涕，月、汐振之於前，幾、復應之於後，《月泉》《鳳林》，
流譽來葉，世有遺民，標為榜檠，所以寓惓惓之忱與夫惘惘之思，百身一致，
異代同情，二也。道、咸以降，國步屯邅，英倫叩關，列國隨之，棟折榱崩，
計日可待，共和既締，舊俗以淪，華夏固有之文教，遂與清室而同衰，藏舟於
壑，觀棋於山，曠劫斯作，老我奚之，匪特為易代之孤臣，亦且為孔教之典守，
古之遺民，雖亭林、船山所遭，未遽若是，士當其會，能無同命共盡之感，譬
諸失水之魚，呴濕而濡沫，必悵悵有江湖之思。彼畸人者，歌於水而嘯於麓，
擬貞元之朝士，想正始之流風，連篇累牘，弗能自己，所以緩垂死之痛，追往
日之歡，而相與慰餘生之戚，三也。綜此三端，今之認同所由寓焉。故李審言
有《海上流人錄》之撰，黃公渚有《島上流人篇》之詠。大矣哉，流人之義！
為地域上之流人歟？時間上之流人歟？抑文化上之流人歟？斯蓋兼之矣。荊
棘銅駝之感，昆明劫灰之歎，彼一以發之於詩古文辭。詩古文辭之不足，則尚
友古人，刺取遺編，或購而庋諸閣，或刻而行諸世，以寄其意。又或者纂史修
志、辦刊興學，以扶危繼絕為職，志業均有可觀。用撰《清遺民詩學編年》，
存其崖略。

　　特清遺民者，有定而無定，無定而有定。百餘年來被其號者，出處不盡相同。夫委身新朝之既久，一旦而遂其初服，以遺民自視，人亦以遺民稱之者，有之矣；遜清初覆，毅然作西臺之慟哭，芰衣茝裳，采薇遁世，既而釋褐掌印、斗米折腰者，有之矣；初未必以遺民自居、亦未必果忠於愛新覺羅氏，但以平生交遊，多故老遺民，其身亦遂被遺民之稱而其人竟亦不之駁者，有之矣。今自揆亦無力別白。抑別白豈易言哉！苟非天眼，孰能與之？能指所指，本不能一；名實之際，恒有出入；一身前後，乃至異趣；經權之界，存乎其人；重其跡者固僻隱草澤，圖其功者或雜沓新朝，好其名者每妄加標置。凡此諸端，繁雜可知。或曰遺民者，論跡不論心。果爾，則人心之微，史事之賾，雖五尺孩童得而玩狎之。識者知其未也。然則何以處若人哉？曰：因之而已。

凡　例

一、《編年》正文述梗概，小字徵本末，其有未盡者及引申者，具附文、附志。

二、附文者，錄相關文獻，如 1912 年敘希社之立，錄高犨《希社小啟》、周慶
　　雲《希社中興續編序》等篇以附。

三、附志者，因一人一事而廣徵旁搜，以類相從，如 1916 年敘陳伯陶《宋東
　　莞遺民錄》《勝朝粵東遺民錄》之刻，考錄十餘種同類著述之目以附。

四、附志有過長者，正文各條難以附見，謹於文末別出，條為附表三：一曰
　　《清遺民民國時期編刻叢書表》，一曰《清遺民纂修方志表》，一曰《清遺
　　民道咸同光四朝史事論著舉隅表》。

五、清遺民詩學情形，為類既多，為數亦夥，毛髮細舉，勢所不宜，茲編特重
　　群體性之詩事活動及與清王朝密切相關之詩學撰著，結社、雅集及酬唱集
　　之編刻，本編最所屬意。

六、詩學而外，本編於清遺民之政治活動及全國性之歷史事件，亦略舉其大，
　　庶可參會。

七、清遺民別集編刻情形，一一系年，則多而寡要，因改見於卒年條，附行跡
　　徵略後。詩文著述，詳其卷數、版本乃至藏所。他如經史著述以逮編、刻、
　　校、勘類著述各情形，不盡列卷數、版本。卒年不計月日，謹條於歷年紀
　　事之末。

八、清遺民之目，向來籠統，難嚴其選，茲編取其彷彿。惟楊士琦、葉德輝等
　　均曾獻策袁世凱代清稱帝，殊不宜以清遺民視之，此類一概從黜。

九、清遺民之出處大略及卒年，前此有林志宏《清遺民基本資料表》。其所列
　　遺民名錄，濫者刪之，闕者補之；其所列遺民生卒年，確者因之，訛者正
　　之。其卒年不能明者，謹條於附志十四《清遺民卒年未詳者行跡、著述征
　　略》。

十、編年紀年為敘述方便，採用公曆紀年，以阿拉伯字表示。其月、日，則兼
　　採農曆，緣諸家著述本來面目多如此，甚或僅具季、月，未可準確轉換，
　　凡此皆以中文數字表示。公曆、農曆，起訖或有參差，惟讀者鑒之。

目

次

清遺民詩學編年

1912 年　壬子

　　辛亥、壬子之交，關賡麟、樊增祥等人舉寒山詩鐘社於北京，著籍者達四五百人。寒山詩鐘社，專課詩鐘，又稱寒山吟社。先後會集三百餘次。關賡麟移居後，別舉稊園詩社，成員仍其舊者殆十之六七。同人編有《寒山社詩鐘選》甲乙丙三集。《甲集》凡五卷，收作品四十八課；《乙集》凡十卷；《丙集》凡六卷，收一百二十會至二百五十三會詩鐘作品。又有《寒山社姓名地址錄》一冊。蓋晚清民國之際，詩鐘為一時風會所繫，幾於能文之士，罔不與之。鼎革以還，遜清故老尤相率藉此為消遣之資〔註1〕。

　　詩鐘在道咸間權輿於閩中，既而流風廣播，滬上、都下，能者如雲。當日盛況，頗見諸文獻記載。易宗夔《新世說》云：「同光以後，盛行建除體，逐字對嵌，周而復始，名一唱以至七唱，都人士結為寒山詩社，月必數集，雅歌消遣。」〔註2〕陳銳《裒碧齋詩鐘話》云：「光宣以來，詩鐘盛行，朋酒之會，鬮題賭勝，雲起風靡，名聯回句，美不勝收。」〔註3〕劉炳南《鞠社詩（鍾）草初刊序》云：「辛亥壬子而後，時局滄桑，都士人咸厭談世務，日以文酒相

〔註1〕參見潘靜如《時與變：晚清民國文學史上的詩鐘》，《中山大學學報》2017 年第 4 期。
〔註2〕易宗夔《新世說》，臺灣文海出版社 1968 年版，第 147 頁。
〔註3〕陳銳《裒碧齋詩鐘話》，《青鶴》1933 年 1 卷 12 期。

過從。」〔註4〕王闓運《蕘園春燈話序》云:「近歲詩鐘盛行,都人士會集名流數十人,分字拈題。」〔註5〕袁嘉穀《彩雲社詩鐘序》云:「余游歷京外,屢與斯席,光宣之間,嘗合吾滇人與閩、浙、蘇、皖、奉、吉、晉、秦、蜀、汴、黔、贛、兩湖、兩粵之彥,或十日一聚,或七日一聚,或一日一聚,或一日數聚,一聚七課,或一二課,或至十課,茗碗琴樽,揮毫繳卷,糊名易書。主事甲乙,揭曉唱名,或及第而誇盧肇之標,或不服而扣歐陽之焉,一時韻事,耿耿不忘。民國以來,進步尤速,秩然煥然。」〔註6〕以是,詩鐘結社,海內殆遍。若北京有陶情社、藝社、榆社、燕社、雪鴻吟社、惠園詩鐘社、瀟鳴社、燈社、新燈社、聯珠社、余社、簽社,上海有聊社、萍社、絜園詩鐘社,蘇州有吳社,常熟有虞山詩鐘社,常州有鯨華社,南京有濱社,杭州有嘯園詩鐘社,濟南有湘煙閣詩鐘社,河南有衡門社,雲南有彩雲社詩鐘社,湖南有湘社,四川有蜀社。閩、臺二地,尤不可勝記。

　　按《寒山社詩鐘選》甲集《例言》:「辛壬之交,未始有社,名流偶集,遂成例會。」〔註7〕則寒山社之名,猶晚於辛亥。易順鼎《詩鐘說夢》一文頗道寒山社詩鐘事,摘舉詩鐘之尤佳者數十聯〔註8〕。《寒山詩社詩鐘選》有甲乙丙三集。甲集有王式通、羅惇曧、易順鼎、黃節、關賡麟五家序,乙集有樊增祥、高步瀛二家序,丙集有邵瑞彭序。甲、乙集卷首皆附有《社員名錄》,茲彙錄如次,重見者去之:王闓運、王人文、王式通書衡、王允晳、王揖唐、王世瑈、王基磐、孔昭焱、文龢、文永譽、文景清、方爾謙、石德芬、田北湖、左念康、伍荃萃、朱兆莘、朱仁壽、朱聯沅、朱祖謀、朱汝珍、汪友箕、朱味辛、杜甄、江瀚、江孔殷、李景濂、李國傑、李稷勳、李綺青、李岳瑞、李湘、沈瑜慶、沈福田、沈式筍、沈曾桐、沈衛、何震彝、何啟椿、何雯、吳璆、吳士鑒、吳堅、余肇湘、宋育仁、宋大章、易順鼎、易家鉞、金葆楨、長福、林步隨、周肇祥、胡彤恩、胡仁源、胡祥麟、胡駿、胡璧成、冒廣生、洪亮、倫

〔註4〕劉炳南《鞠社詩草初刊序》,南江濤編《清末民國舊體詩詞結社文獻彙編》第25冊,國家圖書館2013年版,第369頁。

〔註5〕王闓運《蕘園春燈話序》,張起南《蕘園春燈話》卷首,商務印書館民國十四年鉛印本,序第1頁。

〔註6〕袁嘉穀《袁嘉穀文集》第2冊,雲南人民出版社2001年版,第451頁。

〔註7〕《寒山社詩鐘選》甲集《敘例》,南江濤編《清末民國舊體詩詞結社文獻彙編》第13冊,第255頁。

〔註8〕易順鼎《詩鐘說夢》,《琴志樓詩集》,上海古籍出版社2012年版,第1520~1524頁。

明、夏壽田、夏仁虎、夏敬觀、夏孫桐、秦樹聲、桑宣、徐煇、袁勵準、袁克
文、袁嘉穀、袁丕鈞、袁丕佑、高步瀛、符鼎升、紀巨維、孫雄、陳寶琛、陳
慶佑、陳之鼎、陳仁中、陳士廉、陳衍、陳昭常、陳衡恪、陳覃〔方〕恪、陳
慶龢、陳雲章、陳濤、許葆衡、鄧起樞、許之衡、梁鼎芬、梁夳、梁啟超、梁
琮、章華、郭曾炘、郭則澐、郭宗熙、陸增煒、麥秩嚴、崔登瀛、梅光遠、黃
孝覺、黃濬、黃式漁、黃懋謙、黃節、黃元蔚、黃枝欣、黃慶曾、張鳴歧、張
昭芹、費任基、賀良璞、溫肅、曾習經、曾福謙、曾廣鈞、曾廣祚、傅增湘、
區家璿、傅嶽棻、賈壽堃、嵩堃、楊士燮、楊士琦、楊毓瓚、楊宗稷、楊增犖、
楊觀圭、楊鑒瑩、葉恭綽、趙惟熙、趙椿年、廖道傳、爽良、樊增祥、蔡乃煌、
潘飛聲、黎湛枝、劉樵山、劉宗向、劉敦謹、劉福姚、劉師培、諸宗元、鄧家
仁、鄭沅、駱成昌、龍紱年、謝雋彝、鍾鏡齋、蕭遇春、譚祖任、譚昌鴻、饒
孟任、嚴復、顧瑗、顧準曾、顧印愚、羅惇曧、羅惇曼、關霨、關賡麟〔註9〕。
《丙集》卷首《社友名錄》相交甲乙二集，又新得若干人：丁傳靖、王延釗、
王杜、宋康復、吳堅、邵瑞彭、邵萬龢、宗威、易順豫、金湛霖、林傳甲、段
廷珪、俞伯敭、范熙壬、胡以謹、高旭、高世異、陳廷韡、陳毓華、夏逢時、
黃希憲、游家骈、費仁基、楊壽枬、楊道霖、鄧鎔、蔡乃煌、蔡寶善、劉鎬、
劉梣、濮良至、瞿兆僧、蕭文昭、羅愁、顧璜、顧震福。

　　厥後，關賡麟移居，別舉稊園詩社。與寒山社一而二、二而一者也。民國
十三年刊有《稊園缽集》行世。別有《稊園二百次大會詩選》、《折枝吟》，以
民國十二年（1923）或十三年（1924）、民國二十五年（1936）先後別行。丁
傳靖《稊園二百次大會小啟》云：「溯斯社之濫觴，即寒山之支派。……既而
寒山社址移置宣南，雖西園雅集之畫圖，盛傳日下；而東郭先生之蹻履，弗便
宵征。乙卯之秋，稊園特起。八年以來，一時稱盛。」〔註10〕《稊園癸卯吟集》
卷首《稊園吟集緣起與復課經過》云：「都門觴詠之會，肇於民初，實甫首倡，
樊山繼響，海內勝流，如水赴壑，著籍者達四五百人，每集三四筵，稊園實董
此局。其時羅癭公、王書衡、鄭叔進、顧亞蘧、沈硯農、夏蔚如，乃常至之客。
後由高閬仙、曾重伯、李孟符、侯疑始、靳仲雲、丁闇松、宗子威發起，以稊

〔註9〕參見南江濤編《清末民國舊體詩詞結社文獻彙編》第13冊，第257～259頁；
　　　　第14冊，第21～25頁。
〔註10〕丁傳靖《稊園二百次大會小啟》，南江濤編《清末民國舊體詩詞結社文獻彙編》
　　　　第12冊，第97頁。

園園主而名社。與城西詩社互為犄角，寒山社友遇春秋佳日，於遊宴之暇，迭有唱酬，延至二十年不衰。秪園舊例，兼倡鍾缽，於即席成詠外，復增郵課，以廣嚶求。國都南遷，秪園在寧，別創清溪詩社，東南人俊雲集，以冒疚齋、胡眉仙、游雲白、彭雲伯、黃茀怡、關吉符、靳仲雲、黎鐵庵、翁銅士、王惕山為翹楚。國難忽乘，舊雨多西徙，在渝仍襲舊號，迭有吟章。自寒山併入秪園，鐘聲絕響。秪園又與林子有、郭蟄雲，另組瓶花簃社，郭氏捐館，更名咫社……」〔註11〕按，《緣起》一則本是《癸卯吟集秋季課題》徵詩函之附件〔註12〕。又夏緯明《近五十年北京詞人社集之梗概》稱：「此時穎人亦有秪園詩社，兼作詩鐘，但不作詞。此乃寒山詩社之後身也。每期由主人命題，而社友分任餐費。與蟄園人才互相交錯，有列一社者，有二社兼入者，不過寥寥此數耳。」〔註13〕是秪園詩社實繼寒山詩社而起，且與蟄園詩社互有交錯。

附文 1　易順鼎《寒山社詩鐘選甲集序》

詩鐘者，相傳出於閩人，而其風盛於近代。余每與友聚，輒喜為之，蓋嘗有燕社、蜀社、吳社、湘社之刻。寒山社者，起於京師，成於諸子，而余之入社為稍後焉。社之始也，歲在壬子。於時金人辭漢，玉馬朝周，然而管絃無凝碧之悲，襦匣少冬青之恨。既未至於黍離麥秀，更幸免於瓜剖豆分。諸君子託足王城，藏身人海。亭疑野史，姑輯日下之舊聞；縠異王官，聊創月泉之吟社。此一時也。歲在癸丑，於時牛心爭炙，羊頭滿街，政客多於鯽魚，議郎音如鴉鳥。或非驢而非馬，或如蜩而如螗。達山十里，尚聞螻蛄之聲；覽暉千仞，詎有鳳凰之下。既而龍戰再酣，狐鳴又發。倏忽稱帝，爭鼇中央；蠻觸成邦，欲踞兩角。而諸君既不思朱轂，亦憮草玄經，甘雕蟲而弗作壯夫，食蛤蜊而那知許事。十步之內，香草彌多；一山之中，馨桂逾烈。葡牢送響，何止一百八下之聲；蓮社題襟，多至六十餘次之集。此又一時也。夫處九土搏搏之上，但求無過，不求有功；居眾生攘攘之中，不求為善，但求不為惡。詩鐘誠小技，然雖無功，亦尚無過，雖非為善，亦非為惡也。同人之數，殆將倍四十賢；所聚之賢，不止兩五百里。關子穎人選刻之，得若干卷，亦有感於嚶鳴伐木之詩，

〔註11〕《秪園癸卯吟集》卷首，南江濤編《清末民國舊體詩詞結社文獻彙編》第 13
　　　　冊，第 149 頁。

〔註12〕南江濤編《清末民國舊體詩詞結社文獻彙編》第 15 冊，第 215 頁。

〔註13〕慧遠（夏緯明）《近五十年北京詞人社集之梗概》，張伯駒編《春遊社瑣談·素
　　　　月樓聯語》，北京出版社 1998 年版，第 23 頁。

不忘此異苔同岑之雅云爾。癸丑歲除，易順鼎敘。〔註14〕

附文2 邵瑞彭《寒山社詩鐘選丙集序》

詩鐘者，諧隱射覆之流，文章之支派，暇豫之末造也。夫文之為德，關乎運會；三代以降，迭為隆污。世莫盛乎漢唐，故元音彪炳；祚莫衰乎宋元，故風雅寖聲。有清受命，質文共舉。人懷枚馬之才，戶習賈鄭之學。靈響所孚，國治而民休。及其衰也，士樂異言，俗趨弔詭，往往摩挲□鈔，以傲服許，揲錸簡帛，以證申韓。矯之者則又溺於姚易之筆箚與蹇澀之謳吟。詩鐘之興，亦當其會。務以驅扇故實為能，以字字相儷為工，以荒僻恢奇為巧。故文雖靡而質實肆。至其為之猶賢，自譬博弈。既遠穿鑿非聖之嫌，又無門戶矜誇之氣。雖未知於古人技進乎道何如，要亦歲晚務閒、朋來盍戠之良會也。若乃瑣細支離，無當大雅，則運會所絃，夐非人謀。寒山立社，於今數年，為會三百有餘，其所作已刊為甲乙二集。今茲有丙集之撰，為敘要略如此。瑞彭猥以溝瞀，屢附清遊，謏聞未周，高論徒切。異日貞元轉運，金相玉式，挈轅中磬，神人以和，若詩鐘小技，雖櫟絕焉可也。己未五月淳安邵瑞彭。〔註15〕

附志一 晚清民國詩鐘集存目

1.《郭中丞詩鐘存稿》，郭柏蔭撰，光緒七年刻本。【按】此係個人詩鐘勒為專集之祖。

2.《詩畸》四卷，唐景崧輯，光緒十九年刻本。【按】連橫《臺灣通史》卷二十四《藝文志》著錄。為斐亭吟社、牡丹詩社之詩鐘結集。所撰凡例，於詩鐘之源流及諸格均事隅舉，甚有詩學意義。

3.《趣餘錄》，陳隆恪輯，《同照閣詩集》附錄本。【按】陳隆恪與妻女所作。

4.《百衲琴》二卷，秦雲、秦敏樹等輯，光緒十二年管可壽齋刻本。【按】又有光緒三十年刻本、民初上海廣益書局《古今藝文叢書》本。

5.《折枝吟》，稊園社、清溪詩社輯，民國二十五年鉛印本。【按】關賡麟主其事。詩鐘別稱折枝，故名。此編正文為擊缽吟，附錄為詩鐘。

〔註14〕易順鼎《寒山社詩鐘甲集序》，南江濤編《清末民國舊體詩詞結社文獻彙編》第13冊，第243～244頁。

〔註15〕邵瑞彭《寒山寺詩鐘丙集序》，南江濤編《清末民國舊體詩詞結社文獻彙編》第14冊，452頁。

6.《硯香齋微吟》，佚名輯，民國鉛印本。【按】是編有鉛印紅字「茲訂國歷六月九日鐵限，上午八時在海軍聯歡社開唱」。

7.《古今聯語彙選‧詩鐘》，胡君復編，民國七至九年上海商務印書館鉛印本。【按】收六百餘聯詩鐘。

8.《詩鐘鳴盛集》，沈宗畸輯，光緒三十四年鉛印本。【按】又有張作梅編《詩鐘集粹六種》本、龍文出版社 2011 年影印本。

9.《退閒吟社晚寒第七唱》，退閒吟社編，民國鉛印本。

10.《碩果社第一集‧詩鐘選》，碩果社輯，《碩果社第一集》附錄。【按】碩果社以民國三十四年舉於香港。

11.《余社消閒吟集》，周熙民等撰，民國十六年油印本。

12.《陶社詩鐘選》一卷，陶社輯，民國三十六年鉛印《陶社叢編丙集》本。【按】是編一名《陶社鐘聲》。

13.《養性軒詩鐘拾遺》，沈曾蔭撰，1959 年自印本《養性軒霞余吟草》附錄。【按】沈氏生光緒間，與遜清故老多詩鐘之戲。此本所存，孑遺而已。

14.《詩鐘》，戴穗孫輯，光緒三年《閒情小錄初集》叢書本。

15.《篸社乙丑花朝集》，周登皞等輯，民國鉛印本。【按】凡四唱。北、江第三唱，非、入第五唱，吾、舊第六唱，願、年第七唱。發唱地點在宣外車子營福建會館。

16.《雪鴻吟社詩鐘》二卷，袁保齡輯，《項城袁氏家集》本、《閣學公集》本。

17.《言志餘音》，佚名輯，民國印本。【按】此係六種詩鐘集合編，封面「言志餘音」四字下署「己巳夏，味雲題」。「味雲」當即楊壽枏。

18.《備格詩鐘》二十四卷，林起峰輯，《醉竹軒叢稿》本。【按】以格為綱，因類相從。

19.《分曹偶句》，施鴻保輯，光緒四年上海申報館鉛印《閩雜記》本。【按】此係今存文獻較早記載詩鐘者。

20.《嵌字偶句》，施鴻保輯，光緒四年上海申報館鉛印《閩雜記》本。

21.《東寧鍾韻》，吳紉秋輯，臺灣大明印刷局印本。

22.《衡門社詩鐘選》第一集，蕭惠清等輯，民國二十二年鉛印本。【按】許鈞題簽。許鈞、蕭惠清二家序。卷首有《社友題名錄》，以沈約韻字先後為序。

23.《燈社第十三集》，陳寶琛等輯，民國十六年油印本。

24.《三不惑齋詩鐘》,楊恩元撰,民國十六年鉛印本。

25.《三九詩鐘選》,陳昌任撰,1957 年陳公孟遺著紀念室鉛印《滄海樓詩集》本。

26.《藝社詩鐘選》,藝社編,民國三年石印本。

27.《味蓼軒詩鐘匯存》二卷,吳燾撰,光緒三十二年山東官書印局鉛印本。【按】吳氏自撰一序,論詩鐘在近世之影響及意義,頗中肯綮。

28.《溉齋詩鐘》,江衡撰,民國十四年鉛印《溉齋詩存》本。

29.《詩鐘大觀》,娛經社輯,文社鉛印本。

30.《湘煙閣詩鐘》,王以慜輯,上海廣益書局民國二年《古今文藝叢書》本。

31.《鵲華行館詩鐘》,趙國華輯,上海廣益書局民國三年《古今文藝叢書》本。【按】趙國華,字菁衫,直隸豐潤人。

32.《袖海樓吟社詩鐘》,袖海樓吟社編,民國鉛印本。【按】吟社由福建海軍軍人張淮等所創。

33.《袖海樓吟社選句》,袖海樓吟社編,民國十五年鉛印本。

34.《寒山社詩鐘選》甲集五卷,寒山詩社編,民國三年正蒙印書局鉛印本。【按】易順鼎、樊增祥、關賡麟等人主其事。成員多至百餘人,不備錄。

35.《寒山社詩鐘選》乙集九卷,寒山詩社編,民國三年正蒙印書局鉛印本。

36.《寒山社詩鐘選》丙集六卷,寒山詩社編,民國八年通譯書局鉛印本。

37.《蓮社詩鐘》,劉堪輯,民國十五年鉛印本。【按】另有蓮社社員鈔本 5 冊,藏上海圖書館。

38.《聊社詩鐘》一卷附《聊社即席詩鐘》一卷,民國二十一年鉛印本。【按】喻長霖、夏壽田書耑。另有稿抄本 18 冊,藏上海圖書館。

39.《萍社詩鐘》甲編,戴克寬等輯,民國三十年鉛印本。【按】有徐承謨、周枬二家序,戴克寬跋。卷首附《萍社詩鐘同人姓氏錄》,約 50 人。

40.《萍社吟集》,鄭少昂、陳子慧合訂,民國十九年鉛印本。【按】石岱霖署檢。

41.《蟬香館詩鐘》,嚴修撰,《天津記憶》第 39 期王振良整理本(內部印行)。【按】據楊傳勳藏件影印,而附以釋文。

42.《吳社集》四卷,易順鼎輯,光緒十一年刻本。【按】卷首附《芍藥唱和詩》《牡丹唱和詩》二種。正集詩鐘四卷。

43.《吳社詩鐘》，易順鼎輯、沈宗畸選定，上海廣益書局民國三年《古今文藝叢書》本。

44.《絜園詩鐘》一卷《續錄》一卷，蔡乃煌等輯，上海廣益書局民國三年《古今文藝叢書》本。【按】存陳三立、王仁東、楊士琦等人詩鐘。另有抄本1冊存世，藏上海圖書館。

45.《絜漪園詩鐘集》，鈔本，6冊，藏上海圖書館。【按】疑此即蔡乃煌等絜園成員詩鐘稿抄本，非別有所謂絜漪園者。

46.《醉吟集詩鐘》六卷，民國十三年鉛印本。

47.《戊巳詩鐘最錄》，1953年油印本。

48.《瀟鳴社詩鐘選》甲集二卷，顧準曾編，民國六年鉛印本。【按】易順鼎、樊增祥書耑。另樊增祥、殷松年、詹榮麟三家序。

49.《退補軒擊缽吟》，高嵩輯，民國二十年印本。【按】何雪樓、韓謙之書耑，有高氏自序。是編所存皆詩鐘，題曰「擊缽吟」，易滋誤解。擊缽二字，本取速成之義，初不相違。顧詩鐘風行既久，自成大國，不宜籠統命之。

50.《惠園詩鐘錄》，樂泰編，一作慶珍編，光緒末鉛印本、1956年張作梅編《詩鐘集萃六種》本。【按】有舒穆魯・崇芳序。

51.《詩夢鐘聲錄》，李嘉樂輯，光緒十三年管可壽齋刻本。【按】存洪鈞、李嘉樂等詩鐘。有俞樾序。

52.《鯨華社鍾選存》二卷，史藩輯，光緒三十一年石印本。【按】卷首有孟昭常序。

53.《正聲吟社詩鐘集》，正聲吟社輯，民國二十一年鉛印本。

54.《稊園二百次大會詩選》，關賡麟輯，民國十三年印本。【按】此集收錄前後稊園二百次雅集所作擊缽吟及詩鐘。

55.《仿建除體分句詩鈔》四卷，易順豫輯，光緒刻本。【按】存易順鼎、易順豫、黃玉宗、顧印伯、江叔海等人詩鐘。所謂「建除體」即本鮑照《建除詩》舊格，用名詩鐘。

56.《詩鐘彙編初集》，李叔同纂，《弘一大師全集》本。【按】李氏曾主《春江花月夜》期刊第1期詩鐘，渠固雅好此道也。

57.《李廬詩鐘》，李叔同撰，《弘一大師全集》本。

58.《榆社詩鐘錄》，成昌輯，光緒十六年刻本。【按】榆社，盛昱所創。有震鈞序。

59.《吉光集》，陳懷澄輯，蘭記圖書局民國十三年印本。

60.《雪鴻初集》十卷，黃理堂輯，光緒七年刻本。【按】輯錄道咸以來前輩詩鐘。

61.《雪鴻續集》，黃理堂輯，民國五年石印本。

62.《壺天笙鶴初集》二卷，林幼泉輯，民國五年福州大有山房書莊石印本。

63.《圍廬集》，陳燮嘉等輯，光緒刻本。

64.《陶情社詩鐘選》，平湖胡氏霜紅簃鈔本。

65.《東海鐘聲》，林景仁輯，張作梅編《詩鐘集粹六種》本。

66.《鶴秋集》，沈洞石輯。【按】宗威《詩鐘小識》著錄，未見。

七月，高翀在上海發起希社〔註16〕，舉於豫園壽暉堂。旨在扶危繼絕，延華夏文化於一線，蓋晚近之世，人尚新學，清社既屋，孔教彌以顛危。刻有《希社叢編》，歲一冊，民國八年刊第七冊成。高翀卒，事亦俱寢。時推周慶雲、劉承乾等繼長其社，以互相推諉，社遂星散。至民國十四年，同人乃有《希社叢編》第八冊之刊。此冊標曰「希社中興續編」，並杳然無以繼。

高翀《希社小啟》曰：「希之云者，風雅久衰，聲氣難廣，仰魯殿之僅遺，歎秋星之可數，則與此有寥落之感焉，又幸之之詞也，是希也者，亦猶有幾復之遺志焉。」〔註17〕《希社小啟》而外，王洵《希社叢編題詞》、姚文棟《希社叢編序》、郁屏翰《希社叢編序》、鄒弢《希社記》、唐詠裳《希社序》，亦均道其旨。《希社叢編》系列，第一冊刊於民國二年（1913），歲刊一冊，至民國八年（1919）刊第七冊。高翀既卒，事遂不繼。至民國十四年（1925）鄒弢、周慶雲等人乃鉛印有《希社叢編》第八冊。希社歷時既久，成員亦夥。據周慶雲《希社叢刊》第八冊序，社員在四百人以上。以《希社叢編》七冊之供稿人數而言，大致不誣。即以《希社叢編》第一冊《同人詩文鈔》而論，有姚文棟、鄒弢、周慶雲、劉承幹、潘飛聲、趙湯、胡寄塵、劉炳照、阮崇德、舒昌森、曹曾涵、李道彰、郁屏翰、戴坤、孫雄、徐元芳、宋吉壽、戈朋雲、蔡雲萬、陸一、徐公輔、陳明遠、王文濡、錢卿銜、程訥、徐汝瑾、陸祥、孫之楨、佘

〔註16〕高翀《希社小啟》，《希社叢編》第 1 冊《同人詩文鈔‧高翀》，民國二年刊本，第 1 頁。

〔註17〕高翀《希社小啟》，《希社叢編》第 1 冊《同人詩文鈔‧高翀》，民國二年刊本，第 1 頁。

應陸、王維城、李德鑒、陸榮勳、孫乃延、汪煦、沈鼎、黃際唐、陸棟釗、周祖搜、莊鵬雲、諸以仁、朱文淵、李顯謨、姜循理、俞無欺、丁焱、施贊唐、陳作霖、張祖賢、唐尊瑋、王鳳墀、汪遠祖、莊學忠、唐詠裳、徐思瀛、袁昌和、蔡爾康等人為該社社員。

由其大旨言之，希社非超社、逸社之比，不僅以詞章為務，尤欲溯往策來，維道統於絕續之交。蓋自太平天國之亂以逮甲申挫於法、甲午挫於日、庚子挫於八國聯軍，稍稍耳西學者，輒欲鄙棄舊學。清季以舊學為務者，方之乾、嘉，迥不侔矣。彼身為末代士夫，如魚飲水，冷暖自知。當時舊學概況，劉成禺、胡思敬二家敘之甚詳。

附文3　高辿《希社小啟》

文社之由來舊矣，而莫盛於明季諸賢之僕而繼起也。張西銘立復社，陳臥子立幾社。幾復云者，蓋懼正學之將絕而幾其興復也。時則南北響應，建社如林。賢士大夫聯鑣接軫，雖講學卒無補裨於事，然其文章氣節，固卓卓傳矣。今者，昊天不弔，厄我斯文。神州大地，將及陸沉之禍；中原文獻，亦同板蕩之憂。而或者猶以黜孔教為奇功，廢國學為快事。嗚呼，吾道若亡，人心孰挽？埋遺經於古壁，雖尚未際其時，肩道統於尼山，要當共矢厥志。支一木而大廈或可幸存，援天下而匹夫亦嘗負責。此同人所以有希社之創也。希之云者，風雅久衰，聲氣難廣，仰魯殿之僅遺，歎秋星之可數，則與此有寥落之感焉，又幸之之詞也，是希也者，亦猶有幾復之遺志焉。粵維壬子之秋，七月望日，社乃成立，其盟書則據復社之原文，曰：「學不殖將落，毋蹈匪彝，毋讀非聖書，毋違老成人，毋矜厥長，毋以辨言亂政，毋於進喪乃身。嗣今以往，犯此小用諫，大用擯。僉曰諾。」爰疏其緣起，布告遠近各同志。滄海橫流之日，非正本何以清源；國家多難之秋，必修文乃能偃武。先民之典型足式，古聖之教澤難忘。吾知山深林密，或有隱德之士；雲端木末，豈無懷美之人。招松桂以競賞，聆笙磬而求和。幸結霞契，毋閟玉音。謹啟。〔註18〕

附文4　周慶雲《希社中興續編序》

希社創於遜清宣統壬子中元，由吳中高太癡徵君、上海程棣華布衣發起。

〔註18〕高辿《希社小啟》，《希社叢編》第1冊《同人詩文鈔‧高辿》，民國二年刊本，1～2頁。

余與蔡紫黻、潘蘭史、姚東木、鄒酒匈、戈朋雲贊其成。社既立，酒匈又介紹陸屏翰、陸雲蓀、王均卿、王鈍根、舒問梅、鄒緯宸、鄒聞磬諸賢入社。郁屏翰即以豫園之壽暉堂為社集，月凡一舉。文酒高會，風靡一時。由是，各省文英，紛紛入社。不數年，社友多至四百餘人。歲刊社作一冊，至己未秋，凡刊成者已得七篇。乃天不相人，微君作古。初擬推劉翰怡、陸雲蓀、鄒酒匈、郁屏翰及余為社長，以互相推諉，社遂星散。酒匈以傷足歸梁溪。一曲廣陵琴，後事不堪問矣。乃酒匈既歸，社友鄒緯宸、舒問梅、張螫甫等擬重興社務，而鄒民樂、鄒天涵、許白石、楊佩玉、秦北海等力贊助之。民樂更獨任艱勞，綜管一切，又介紹女社友張曙蕉汝釗、王者香臨鎂、梅冠芳儒寶三人。酒匈遂被舉為社長，緯宸副之，由是希社中興。前之社友蕭亮飛、由汴梁、吳耳似、由申江以文來會。凡半載，積社作一卷。事務所長民樂君擬集款付梓，問序於余。余贊成之，為志其中興緣起。有保存國粹之君子，苟於詞章絕續之交，出助將來之發達，是固名正山統、末世之功臣也。民國十四年浴蘭節烏程夢坡周慶雲。〔註19〕

附文5　劉成禺《晚清朝士風尚》

有清中葉以還，士大夫競趨訓詁、考訂之學，桐城派古文，蔚為文章泰斗。曾國藩服膺姚姬傳，臨文以桐城派為指歸。更擴姬傳之意，浸淫漢魏。據國藩日記所述，其生平作文用功處，以桐城派為體裁骨格，以漢魏以上文增益其聲調奧衍。當時桐城師承籍盛，在京朝官，彼如桂林朱伯韓（琦），桂林龍翰臣（啟瑞），馬平王少鶴（拯）及山右馮魯山等。在外交通聲氣者，如魯通父（一同），吳子序等。奉為正宗大師者，為姚姬傳大弟子上元梅伯言（曾亮）。周旋其間者，為桐城嫡派漢陽葉名琛弟葉志詵之子葉潤臣（名澧）。名澧以虎坊橋西宅為集會之地，迎梅伯言入京瞻拜大師，在其《敦夙好齋集》中記載甚詳。後梅伯言身在金陵，京師古文家太息傷感之文詞甚夥。迨葉名琛事敗，潤臣亦出京，桐城古文家之幟遂倒。降及同光，張裕釗、吳汝綸之流，尚承道咸朝士遺風焉。

當時詩壇，以名高位重之祁寯藻、陶澍、張祥河等為領袖，薈集都下，仍以葉氏橋西邸宅為集會之所。時京中如宗滌樓（稷辰）、孔繡山、蔣通伯等數

〔註19〕周慶雲《希社中興續編序》，《希社叢編》第8冊，民國十四年鉛印本。

十名流，皆橋西座上客也。最推重者，為揚州潘四梅（德輔），亦如梅伯言之例，迎來京師。觀馮志沂「微尚齋」、葉名澧「敦夙好齋」及宗滌樓諸家集，本末具在。名琛獲譴，詩壇亦寂然。

當時倭仁（艮峰）提倡宋學於上，曾國藩滌生奉為表率，湘儒唐鏡海（鑒）為理學名宦，得其拔識，待以殊禮。其鄉人羅羅山等大講理學於湘中，後湘軍遂以治理學者為干城。國藩一生不能逃出理學窠臼。國藩於湖北漢陽劉傳瑩，推為理學正宗，傳瑩年少於國藩，國藩始終以師友禮之。常曰：「予交流中，傳瑩對於宋學，身體力行，光風霽月，毫無造作，真篤行君子也。惜天不予年，刻其遺書於集中。」同光以還，治宋學之風氣衰矣。

當時諸賢，承乾嘉學者訓詁、考訂、校勘之後，毅然別開門面，有志於遼、金、元三史及西北輿地之學。於是張石洲（穆）、何願船、徐星伯蔚然崛起，觀《朔方備乘》、《西北考略》、《和林金石考》、寧古塔諸志，皆足證注遼、金、元三史。李若農文田等，又研究西北金石，輔翼史料，私淑前人。後至同光，流風未墜，皆以研究西北輿地為最趨時之學。洪文卿出使大臣，譯元史遺聞證補，自命以俄人史料，足徵蒙古朝之文獻，總理衙門頒行，成為官書。自茲以降，新化鄒代鈞、順德馬季立、宜都楊守敬，聯合日本史地學會坪井馬九三之流，創為《讀史輿圖》，紹道咸學風所尚而擴大之。山東王樹枏之《新元史》，沈曾植之西北著述，遠祖道咸，近開史派。王、沈云亡，治西北輿地史學，於焉告終。

道咸間西北史地學盛時，魏默深源，別樹一幟，為東南海疆成《海國圖志》一書。故談遼、金、元史地者，京師以張穆等為濫觴；論東南西南海史地者，以魏默深等為先河。其後海禁大開，魏默深之從者日眾，觀《小方壺齋輿地叢鈔》，諸家著述俱在。蓋默深著書，名曰輿地，以其援引秦漢史籍，博引證明，實兼海國、輿地、歷史為一也，其體例頗合近代著史之法。按，道咸朝官，尚講求學問文字，雖吏治癥敗，軍事廢弛，因循苟且，民怨沸騰，特士大夫尚鮮奔競卑鄙之風。故太平天國奄有東南，撚回起事西北，卒能削平大亂，自詡「中興」者，大半皆當時朝官中篤行勵學之士有以啟之也。

自洪楊軍興以後，朝士出處，亦分為二派：一為出京從軍，有志立功名之朝士；一為在京談科名，負文學重望之朝士。而在京朝士之中，又分為兩派：其一為講求學問之朝官，其一為左右時政之朝官。前者演成同光間南北兩派清流之爭，後者又形成朋黨之禍。閱李蓴客《越縵堂日記》、《張之洞全

書》，王壬秋所著書，及李鴻藻、潘伯寅等著作，以至各家記載，可知當時之風氣。

功業派之朝士，分為二類：在外者自咸同軍興，曾國藩以大官重望，設湘軍大營於石門，在籍翰林李鴻章等均出其幕府。後湘軍、淮軍中，朝官甚多，知名之士亦夥，人文薈萃，在外成一重鎮，後又成為北洋、南洋幕中人物。流行所及，光緒中葉，號稱直督、鄂督幕府人物，可謂為朝士歸宿之所。在內者則有肅順，主持軍機，重用漢人，輕視滿人；幕中如王闓運、李壽蓉、高心夔、黃錫燾等，號為「肅門五君子」。朝中大官，亦多依附。曾、左能成功於外，肅順實左右之。居間為肅邸置驛以通曾國藩諸人者，王壬秋之力也。時京師朝士風氣，以干與軍國大事者為人物，以明通用人行政者為賢達，縱橫捭闔，氣大如虹。如李蓴客之流，不過視為文學侍從之臣而已。未幾，咸豐死於熱河，肅、端治罪。黨於肅順之達官文士，或放或逃，朝中要人，以朋黨為屬禁，京師風氣，一變而為談詩文、講學業。故李蓴客、趙　叔諸人，亦為滂喜老人所推重，造成詆毀相交，標榜相尚，舉朝皆文人墨客矣。

至於科名派之朝士，則在同治初葉。張之洞入都，以癸亥中式會試，旋得探花，六年充浙江副考官，簡放湖北學政。此數年間，京師朝士尚學之風，為之一變。雖以李蓴客之憤然自稱「額外郎中補缺五千年」，亦與張之洞為文字推重之交。當時潘伯寅位高望重，提創於上，張之洞等左右名流，接納於下。李蓴客等雖性情乖僻，亦為主持風雅者所拉攏。只有學問上之派別，而不相傾陷，亦因肅黨消除以後，人懷疑懼。東南、西北初定，人皆埋頭以取科名，朝士雍容進取之度，於此時見之。顧文人相輕，自古已然，及同光間，而南北清流，又各樹旗幟矣。〔註20〕

附文6　胡思敬《宣統初年朝士》

新政興，名器日益濫。京朝官嗜好不一，大約專以奔走宴飲為日行常課。其稍能自拔於流俗者，講詩詞有福建陳閣學寶琛、陳學部衍、四川趙侍御熙、廣東曾參議習經、羅員外、黃員外孝覺、溫侍御肅、潘主事博、湖南夏編修壽田、陳部郎兆奎、袁戶部欽緒、章郎中華、江西楊參事增犖。講古文者有林教習紓、陳教習澹然、姚教習永概。講漢學者有貴州程侍講棪林、福建江

〔註20〕劉成禺《世載堂雜憶》，中華書局 1960 年版，第 35～39 頁。

參事瀚、江蘇張教習聞遠。講宋學者有湖南吳郎中國鏞、浙江夏主事震午、湖北周主事景濤。講史學者有廣西唐尚書景崇、山東柯參議劭、江西龍中書學泰。講國朝掌故學者有浙江汪中書康年、江蘇冒郎中廣生、劉京卿澄如。講目錄學者有江蘇繆編修荃孫、山東徐監丞坊、湖北陳參事毅、王推事基磐、江西雷員外鳳鼎、熊教習羅宿。講六朝駢體文者有江蘇孫主事雄、山西王推丞式通、四川宋觀察育仁、江西黃主事錫朋、廣東梁員外志文。講箋注考據者有陳參議毅、蘇員外輿。講繪畫學者有安徽姜孝廉筠。講輿地學者有湖南韓主事樸存、譚教習紹裳。講金石兼工書法者有浙江羅參事振玉、江西趙內翰世駿。講詞章兼通政事、志趣卓然不為時俗所污者有安徽馬主事其昶、湖南郭編修立山、江西劉監督廷琛、魏推事元曠、湖北陳員外曾壽、甘肅安侍御維峻；次則貴州陳給諫田、廣西趙侍御炳麟、湖南鄭侍讀沅、鄭編修家溉、胡參議祖蔭、江西華編修焯、廣西廖郎中振矩、四川喬左丞樹柟。其人品不盡純粹而稍具文才者有汪參議榮寶等。其人品學問俱好而文才稍遜者有吳國鏞等。其餘與余同時在京而不相聞知者蓋亦有之，然大概具於此矣。辛亥出京時，訪友於馬通伯。據云有武昌饒學部叔光、華亭錢徵士同壽、濰縣陳徵士星燦，皆君子人。鮑心增簡放萊州時，為予述三士：一廣東許主事汝棻，一廣東駐防平學部遠，一貴州駐防雲編修書。唯平學部有一面之交，餘皆未之見也。〔註21〕

十月，陳煥章、姚文棟、沈曾植、梁鼎芬等在上海發起孔教會，是為孔教會總部所在。明年二月，孔教會兼辦《孔教會雜誌》；三月，康有為創《不忍》雜誌，以為枹鼓之應。並時《宗聖匯誌》等雜誌，相與為羽翼。而北京孔教會亦以興，「海內名流應和者二百餘人」〔註22〕，嚴復、夏曾佑、梁啟超、王式通，皆其健者。孔教總會由是遷北京，公推康有為為會長。十一月，在聖地曲阜設孔教分會，名「孔教總會曲阜事務所」，以示隆重。

陳煥章為康有為門人。孔教會之創，康有為實發其議，具其《致仲遠書》《致北京孔教會電》，康有為且為草《孔教會章程》。〔註23〕《孔教會雜誌》第

〔註21〕胡思敬《國聞備乘》，榮孟源、章伯鋒編《近代稗海》第1輯，四川人民出版社1985年版，第296～297頁。

〔註22〕《本會紀事·北京支會》，《孔教會雜誌》第1卷第1期。

〔註23〕參見張頌之《孔教會始末匯考》，《文史哲》2008年第1期。

一卷第一號《本會紀事》敘其顛末甚詳。孔教會之議，應者如雲。薄海內外，頗有回聲。除各地孔教會分會而外，如徐琪、饒石頑之孔社，王錫蕃之孔道會，太原之宗聖會，揚州之尊孔崇道會，鄭孝胥之讀經社〔註24〕，皆是其例。以上海讀經社為例，先後與之者有鄭孝胥、王旭莊、林開謩、沈瑜慶、左紹佐、劉葆良等人。鄭氏《海藏樓日記》可以按考。

民國十年前後，又有孔教會組織頻出，蓋一戰後文化守成主義思潮、新文化運動之反作用力有以致之。若太湖孔教會、汕頭孔教會之類是也〔註25〕。至民國二十三年，猶有《陝西省孔教會會志》創刊問世。

附文7　康有為《孔教會序一》

中國數千年來奉為國教者，孔子也。大哉孔子之道，配天地，本神明，育萬物，四通六闢，其道無乎不在。故在中古，改制立法，而為教主，其所為經傳，立於學官，國民誦之，以為率由，朝廷奉之，以為憲法，省刑罰，薄稅斂，廢封建，罷世及，國人免奴而可仕宦，貴賤同罪而法平等，集會、言論、出版皆自由，及好釋、道之說者，皆聽其信教自由。凡法國革命所爭之大者，吾中國皆以孔子之經說先得之二千年矣。學校遍都邑，教化入婦孺，人識孝悌忠信之風，家知禮義廉恥之化。故不立辯護士，法律虛設而不下逮，但道以德、齊以禮，而中國能晏然一統，致治二千年者何哉？誠以半部《論語》治之也。

蓋孔子之道，本乎天命，明乎鬼神，而實以人道為教。《中庸》曰：「道不遠人，人之為道而遠人，不可以為道。」故凡在飲食男女、別聲被色而為人者，皆在孔教之中也。尚應滯於時用，若冬裘之不宜於夏，水舟之不宜於陸，又預陳三統三世、小康大同、據亂升平之道，而與時推遷，窮變通久，使民不倦，蓋如大醫王，無方不備也。如使人能去飲食男女、別聲被色，則孔子之道誠可離也。無如人人皆必須飲食男女、別聲被色，故無論何人，孔子之道不可須臾離也。故範圍不過，曲成不遺，人人皆在孔教中，故不須立會也。

惟今者共和政體大變，政府未定為國教，經傳不立於學官，廟祀不奉於有司，向來民間崇祀孔子，自學政吳培過尊孔子，停禁民間之祀，於是自郡縣文

〔註24〕　參見羅惠縉《民初「文化遺民」研究》，武漢大學出版社 2011 年版，第 107 頁；胡平生《民國初期的復辟派》，臺灣學生書局 1985 年版，第 59 頁。

〔註25〕　參見吳傳綺《太湖孔教會雜誌序》，《四存月刊》1922 年第 15／16 期；李谷儕《聞汕頭孔教會成立錄舊作誌喜並序》，《鐸報》1924 年第 1 期。

廟外，民間無祀孔子者。夫民既不敢奉，而國又廢之，於是經傳道息，俎豆禮廢，拜跪不行，衿纓並絕，則孔子之大道，一旦掃地，耗矣哀哉！

夫國所與立，民生所依，必有大教為之楨幹，化於民俗，入於人心，奉以行止，死生以之，民乃可治，此非政事所能也，否則皮之不存，毛將焉傅？中國立國數千年，禮義綱紀，云為得失，皆奉孔子之經，若一棄之，則人皆無主，是非不知所定，進退不知所守，身無以為身，家無以為家，是大亂之道也。即國大安寧，已大亂於內，況復國亂靡定乎？恐教亡而國從之。夫耶路撒冷雖亡，而猶太人流離異國，猶保其教，至今二千年，教存而人種得以特存；印度雖亡，而婆羅門能堅守其教，以待後興焉。若墨西哥之亡也，教化文字並滅，今人種雖存，而所誦皆班文，所行皆班化，所慕皆班人之豪傑，則墨人種面目雖有存乎，然心魂已非，實則全滅也。今中國人所自以為中國者，豈徒謂禹域之山川，義、軒之遺冑哉？豈非以中國有數千年之文明教化，有無量數之聖哲精英，融之化之，孕之育之，可歌可泣，可樂可觀，此乃中國之魂，而令人纏綿愛慕於中國者哉！有此纏綿愛慕之心，而後與中國結不解之緣，而後與中國死生存亡焉。故猶太人之流離去國二千年，而天下尚號之曰猶太人，為有此猶太魂，而愛慕纏綿其猶太故也。若徒以其人種與地域也，則今之巴比侖、雅典之遺黎，殆無存者，而山川易主，萬國多有。過西貢之市，昔之孔廟皆毀，昔之誦四書五經者，今後生皆誦法文，而無識華文者矣。鑒於墨、秘，能無恫乎？

且夫雖為野蠻，豈有無教之國者，況欲立於天下者哉？昔者吾國人人皆在孔教之中，魚相忘於江湖，人相忘於道術，則勿言孔教而教自在也。今則各國皆有教而我獨為無教之國，各教皆有信教奉教傳教之人，堅持其門戶而日光大之。惟孔教昔者以範圍寬大，不強人為儀式之信從，今當大變，人人雖皆孔教，而反無信教奉教傳教之人。夫人能宏道，非道宏人，無人任之，不殖將落，況今者廢教停祀毀廟之議日有聞，甚至躬長教育之司，而專以廢孔教為職志者，若無人保守奉傳，則數千年之大教將墜於地，而中國於以永滅，豈不大哀哉！印度為佛生之地，自回教行後，佛教遂滅，盡於今千年矣，乃至五印度反無一寺一僧，過舍衛而問佛跡，答之曰，佛乃中國者，印度無之。嗟乎！不可畏耶？或謂教者非以強力取，優勝劣敗，教果憂者，不患不傳，則佛義豈不精深於回教，何以印度故國，蕩滅埋夷，至於若是，則信乎在人之宏道也。嗟我同志，為茲憂恐，爰開大會，用宏斯道，以演孔為宗，以翼教為事，其亦仁人志士所

不棄也耶？其亦仁人志士所不棄也耶！〔註 26〕

十月七日，梁鼎芬在上海張園為端方設週年祭，繆荃孫、左權孝、陳曾壽躬往祭拜，葉昌熾、王國維、張謇等寄詩詞聯。〔註 27〕

十一月，吳士鑒撰《清宮詞》成。

仿歷代宮詞體例，博參群籍，詠清宮三百年典章制度、逸聞瑣事。民初，雷瑨輯《清人說薈初集》收入此書，掃葉山房石印行世。

附文 8　吳士鑒《清宮詞自序》

宮詞之作，昉於唐、五代之間，王建、和凝、花蕊夫人其尤著者。大抵摹繢景物，絺飾章句，而未必皆有事實之可求。宋時，王、宋、周、張諸家，繼有吟詠。降及元、明，作者益夥。康熙間，程氏嗣章撰明宮詞，陳氏悰撰天啟宮詞，同時遺老又有啟禎宮詞之作，始考諸外紀，訪諸稗官，因事纂言，義取法戒，風人之旨、野史之編，其用意蓋有進矣。自愛新覺羅氏入主中夏二百六十八年，宮闈逸事，禁闥瑣聞，人世流傳，視昔為尠。推原其故，有三難焉：康、乾以來，文字之獄酷於往代，海內學子不談國故，惟究心於考據、訓詁、音韻之學，以免禍機。其難一也。滿、漢闊絕，不通婚媾，椒房戚畹，非從龍入關之右族，則蒙古諸旗之王公，微特大江以南與帝室無肺附之親，卽近而畿輔、齊、晉，亦不聞與屬籍聯姻。其難二也。其或見聞所及，出自禁中，而滿洲士夫不諳記述，積久遺忘，益無徵考，文獻典章猶虞闕失，況於識小之事乎！其難三也。今歲長夏，歸自宣南，戢影海上，取有清一代宮禁舊事，撰為宮詞，得八十四首。或出於官書之記載，或採自私家之纂述，至所見之世，尤皆身歷其境，信而有徵。凡夫閭左行讆言，傳疑曲說，蓋無取焉。遺山老去，睠念舊京，雖不敢自託於風人，或亦談野史者所不廢乎！壬子仲冬之月，錢唐九鍾主人自序。〔註 28〕

附志二　清宮詞存目

1.《清宮詞》，吳士鑒撰，民初掃葉山房石印本、民國九年成都昌福公司

〔註 26〕湯志鈞編《康有為政論集》，中華書局 1981 年版，第 732～733 頁。

〔註 27〕參見賴鈺勻《端方與晚清展示文化》，廣西師範大學出版社 2021 年版，第 19～23 頁。

〔註 28〕吳士鑒等《清宮詞》，石繼昌點校，北京出版社 2018 年版，第 1 頁。

《滿清野史》鉛印本、民國二十六年鉛印本、石繼昌點校《清宮詞》本、《吳士鑒著作集》本。

2.《清宮詞》，魏程搏撰，民國鉛印本、石繼昌點校《清宮詞》本。

3.《前清宮詞》，佚名撰，《清朝野史大觀》本、石繼昌點校《清宮詞》本。

4.《長安宮詞》，胡延撰，光緒二十八年刻本、光緒三十年成都圖書局活字排印本、民國二十一年成都美學林排印本、《枕戈（上海）》雜誌載盧天白《師黎閣詩話》本（1932 年 1 卷 13 / 14、15 期）、石繼昌點校《清宮詞》本。

5.《汴京宮詞》，顏緝祜撰，民國二十一年鉛印本、石繼昌點校《清宮詞》本。

6.《金鑾瑣記》，高樹撰，民國十四年石印本、石繼昌點校《清宮詞》本。

7.《方家園雜詠紀事》，王照撰，民國二十年刻本、《清末名家自著叢書》影印本、《近代中國史料叢刊》影印本、石繼昌點校《清宮詞》本。

8.《清宮詞》，楊芃椷撰，民國鉛印《陋庵小草》本、石繼昌點校《清宮詞》本。

9.《清宮詞本事》，黃榮康撰，民國二十四年刻《芋園叢書》本。

10.《清宮詞》，夏仁虎撰，國立北京師範大學文學院民國三十年鉛印本、《師大學刊》本（1943 年第 2 期）。

【按】《長安宮詞》《汴京宮詞》詠庚子事變前後見聞，《金鑾瑣記》詠晚清時事，《方家園雜詠紀事》詠慈禧光緒帝後失和諸事，楊芃椷《清宮詞》詠紫禁城內格局、風物，間亦映帶史事。餘皆詠有清一代宮禁掌故、佚聞。

是歲，劉南、陳寶璐、蔣楷卒。

劉南（1830～1912），字午莊，浙江山陰人。官至綿州、直隸州知州。「宣統三年，遭國變，憂憤致疾，次年正月初三日卒。」〔註29〕

陳寶璐（1857～1912），字敬果，號鐵珊，又號韌庵，福建閩縣人。陳寶琛弟。進士。有《藝蘭室文存》一卷，民國二十九年文楷齋刻本。

蔣楷（1853～1912），字則先，湖北薊門人。光緒十一年拔貢。官蒲州知府。鎮壓義和團不力，被削職。民初，隱居青島，憂心清室。旋歿。有《那處詩鈔》四卷，宣統三年刻本。另有《平原拳匪紀事》（光緒二十九年鉛印本）《河上語》（光緒二十三年刻本）《大清律講義前編》（宣統二年石印本）。

〔註29〕夏孫桐《觀所尚齋文存》卷五《歷任綿州直隸州知州劉公墓誌銘》，第 4a 頁。

1913 年　癸丑

正月十七，清隆裕太后病卒，各地遺臣進京致哀〔註30〕。冬，崇陵建成，梁鼎芬、陳寶琛、朱益藩、陸潤庠、勞乃宣、林紹年、劉世珩等故老奉德宗、隆裕太后梓宮於崇陵。時梁鼎芬哭甚哀，奉命守陵種樹，榜所居曰種樹廬〔註31〕。其間，嘗以祭品及崇陵雪蓄瓶中，寄海內故老。至民國五年八月，種樹事竣，攝影一幀，名《崇陵種樹圖》，以誌不忘。一時題詠殆遍。

隆裕太后之卒，清遺臣挽詩甚多，繆荃孫推王國維《隆裕太后挽詞》為第一。繆荃孫致王國維函云：「前奉手書，並讀太后挽辭，佩服之至。用典切實，用筆高華，與虞山弔瞿稼軒百均媲美矣。……樊山挽詞太豔，子培佳。弟以為亡國遺恨，與太平時不同，讀大作，方覺與鄙意吻合。」〔註32〕

梁鼎芬種樹崇陵，為民初故老所推許。甘鵬雲《梁文忠公逸事》記其事甚詳。夫守陵種樹，既為海內豔稱，乃梁鼎芬猶日以其事掛齒頰，若唯恐天下不之知者，故頗有疑其矯者，謂之沽名。林紓與友人剖，亟辯之。實則林紓亦嘗「十謁崇陵，肅衣冠望祭於闕門之外」〔註33〕，心跡相印，故於梁鼎芬有神契。當時詠其事者，實多出梁鼎芬之運作。以崇陵祭品、雪壤遍寄故老，其旨昭然；求為種樹之資，尚在其次也。然亦未得遽斥為偽，緣此足以相為砥礪。所謂遺民貞節，雖見棄於新人，守之固不易也。

相關題詠，若陳寶琛《梁文忠崇陵種樹遺照》《節庵自梁格莊以崇陵祭余羊果見餉感賦》《二月八日節庵寄餉崇陵橋下雪泉》《謝節庵惠寄玉菌》，李瑞清《題梁節庵先生崇陵種樹圖》，鄭孝胥《正月廿二日先考公忌日適梁節庵自梁格莊寄貽崇陵祭品遂以祇供》，胡思敬《謝梁節庵按察餉先陵祭品》，勞乃宣《梁節庵種樹崇陵以歲末大祭悷余餅餌見寄感賦長歌卻寄》，吳士鑒《送梁節庵丈赴崇陵種樹》，張學華《崇陵大祭禮成節庵前輩以餅餌寄贈感賦》，周樹模《送梁節庵按察前往崇陵恭種樹株》，章梫《得梁節庵前輩崇陵來書感賦》《寄梁節庵前輩崇陵種樹用宋遺民唐玉潛林霽山夢中詩韻四首》均是其例〔註34〕。

〔註30〕參見富察敦崇《隆裕皇太后大事記》，文海出版社 1981 年版。
〔註31〕吳天任《梁鼎芬年譜》，廣東人民出版社 2018 年版，第 316 頁。
〔註32〕國家圖書館古籍館編《國家圖書館藏王國維往還書信集》，中華書局 2017 年版，第 459 頁。
〔註33〕鍾廣生《書林畏廬先生逸事》，《慸庵文集》卷二，民國二十年刻本。
〔註34〕參見羅惠縉《民初遺民詩詞的同題群詠研究》，《東南學術》2012 年 1 期。

　　二月，樊增祥於上海租界靜安寺路之梵園發起超然吟社，瞿鴻禨、陳三立、沈曾植、梁鼎芬、沈瑜慶、周樹模、繆荃孫、吳慶坻、吳士鑒、左紹佐、林開謨、張彬、楊鍾羲、王仁東咸與斯會。先後約十九集，至民國三年秋而止〔註35〕。蓋是時，樊增祥應邀赴京任參議員，大非遺老所屬望者也。

　　超社舉於小花朝日，即二月十二日。先後入社者有樊增祥、瞿鴻禨、陳三立、沈曾植、梁鼎芬、沈瑜慶、周樹模、繆荃孫、吳慶坻、吳士鑒、左紹佐、林開謨、張彬、楊鍾羲、王仁東。樊增祥作有《超然吟社第一集致同人啟》，有曰：「孫卿氏曰：『其為人也多暇日者，其出人不遠矣。』吾屬海上寓公，殷墟黎老，因蹉跎而得壽，求自在以偷閒。本乏出人頭地之思，而惟廢我嘯歌是懼。此超然吟社所由立也。」又曰：「先是，止菴相公致政歸田，築超覽樓於長沙。今者公為晉公，客皆劉、白，超然之義，取諸超覽。」〔註36〕是超社所以得名，又與其先瞿鴻禨之創超覽樓相關。錢仲聯《沈曾植集校注》附錄有諸家唱和詩，雖不甚完備，可參大概。民國三年，樊增祥應袁世凱之邀赴京任參議員，超社由是解體。考章梫《答金雪孫前輩書》有云：「上海壬子以來，故有超社十人，輪流詩酒；甲寅一年，出山者半。王子愖觀察存善戲謂：『超』字形義，本屬聞召即走。」〔註37〕又葉昌熾《緣督廬日記》日記云：「聞樊山已應聘，舊人新官，從此一錢不值矣。」〔註38〕此壬子三月事也。及甲寅十二月一日，樊山出山，又記云：「樊山毅然入都供職，兼參議、顧問兩官，又兼清史館。其婦來尼之，絕裾而行。寐叟填《鷓鴣天》一闋嘲之。」〔註39〕嚴昌堉《鳴社二十年話舊集序》亦云：「超社屬先朝顯者，天地既閉，託於歌詠，以寄其舊君故國之思。甲寅、乙卯以還，夫己氏餌卑辭厚幣，乃多有捧檄而喜，去此不顧者。謔者謂六書之義，其四曰會意，超字於文，蓋召之即走也。」〔註40〕「夫己氏」謂袁世凱，「捧檄而喜，去此不顧者」謂樊增祥之流，「謔者」謂王存善。是超社解體，固有由矣。

〔註35〕參見朱興和《現代中國的斯文骨肉：超社逸社詩人群體研究》，上海三聯書店2014年版。

〔註36〕樊增祥《樊樊山詩集》，上海古籍出版社2004年版，1982～1983頁。

〔註37〕鄭孝胥《鄭孝胥日記》，中華書局1993年版，第1572頁。

〔註38〕葉昌熾《緣督廬日記》，臺灣學生書局1964年版，第511頁。

〔註39〕葉昌熾《緣督廬日記》，第544頁。

〔註40〕嚴昌堉《鳴社二十年話舊集》序，民國二十四年線裝本。

上海既為遜清故老萃集之地，彼亦每以「永嘉流人」自擬。沈曾植詩所謂「永嘉為記流人目，晝閉荊門草色深」「捨衛園林多長者，永嘉名士是流人」「夢遊建德鄉非遠，簿記流人客未歸」「他鄉共入流人簿，閉戶誰知紆絕天」〔註41〕。沈詩「永嘉流人簿」，蓋本《世說新語》劉峻注引用書目《永嘉流人名》，葉德輝云：「《舊唐書》職官類有《晉永嘉流士》十三卷，雲衛禹撰。」〔註42〕此之謂也。故李詳即欲師《永嘉流人名》故事撰《海上流人錄》，「仿永嘉流人之名，錄海上羈旅之士」，以寓其身份認同。尹炎武《朱李二先生傳》所謂「（李詳）先生目擊橫流，常有所感，擬纂《海上流人錄》」〔註43〕是也。葉昌熾《奇觚廎詩集》有詩題作《三疊前韻，贈審言，聞撰〈海上流人錄〉，正在徵求事實，此汝南月旦評也，以俟後賢，不亦可乎，並以諷之》〔註44〕正亦謂此，題中「審言」，即李詳。另據葉昌熾《緣督廬日記》，是年五月李詳撰《海上流人錄徵事啟》經徐乃昌「袖交」與彼，葉昌熾閱罷，以為有標榜聲氣之嫌，大不類其贈詩中門面語也〔註45〕。一笑。《海上流人錄》當是有其議而無其書，今惟《海上流人錄徵事啟》一篇尚存李詳《學制齋駢文》卷二。王國維深許是啟，以為「文章爾雅」〔註46〕。

附文9　樊增祥《超然吟社第一集致同人啟》

先是，止菴相公致政歸田，築超覽樓於長沙。今者，公為晉公，客皆劉、白。超然之義，取諸超覽。人生多事則思閑暇，無事又苦岑寥。閉戶著書者，少朋簪之樂，征逐酒食者，罕風雅之致。惟茲吟社，略仿月泉。友有十人，月凡再舉。晝夜兼卜，賓主盡歡。或縱情清談，或觀書畫，或作打鐘之戲，或為擊缽之吟。即席分題，下期納卷。視真率之一蔬一肉，適口有餘；若禮經之五飲五羹，取足而止。〔註47〕

〔註41〕沈曾植《沈曾植集校注》，錢仲聯校注，中華書局2001年版，第609、618、832、1105頁。

〔註42〕葉德輝《世說新語注引用書目》，王先謙校《世說新語》附錄，光緒十七年思賢講舍刻本。

〔註43〕尹炎武《朱李二先生傳》，閔爾昌《碑傳集補》卷五十三，周富駿編《清代人物傳記叢刊》第123冊，臺北明文書局1985年版，第382頁。

〔註44〕葉昌熾《葉昌熾詩集》，華東師範大學出版社2012年版，第169～170頁。

〔註45〕參見葉昌熾《緣督廬日記》，第525頁。

〔註46〕王國維《王國維學術隨筆》，社會科學文獻出版社2000年版，第104～105頁。

〔註47〕樊增祥《樊樊山詩集》，第1982～1983頁。

附文 10　李詳《海上流人錄徵事啟》

　　自古易姓之際，洶洶時時，久而不定，人士轉徙，逃死無所。從鳳之嬉，甘去邦族；秼馬之歌，且戀丘墟。各有寄焉，理致非一。至於交州奔進，猶為南土之賓，遼海棲遲，不墜西山之節，抑又尚矣！若夫變起倉卒，命在飄忽，指武陵為仙源，履仇池如福地；息肩救頸，姑緩須臾，對宇連牆，相從太息，今之上海，其避世之淵藪乎？鄙意所區，約分數類。其有金閨舊彥，草澤名儒，不赴征車，久脫朝籍。丹鉛點勘，藉竹素為萱蘇；金石摩挲，齊若光於崦景。伯山漆簡，係肘如新；子雲《元經》，覆瓿不恤。此其一也。亦有刺休投劾，《哀郢》終燕，微服輕裝，近關獲濟，跡閟薰穴之求，智免據圖之請。露車父子，愴惻橫流；靈臺主人，周旋洛市。又或丘壑獨存，觴詠不廢。泰山故守，尚事編韋；母〔毋〕氏家錢〔註48〕，日營雕造。朝夕校錄，同執苦之諸生；知舊談諧，助《語林》之故實。又其一也。復有幼清廉潔，探道淵元，日承長老之言，側聞君子之論。子真岩石，隱動京師；少游款段，素高鄉里。牛醫馬磨，自取給於傭書；禽息鳥視，迫偷生於晚歲。修齡名士之操，深據胡奴；與公白樓之商，能舉先達。此又其一也。懸此三例，思成一書。跡彼諸賢，錯如棋跱，或流冗吳會，但暑侯光，或往來上黨，競傳道士。東西之屋，須就訪於司徒；南北之居，難遍尋於諸阮。陳述一移，空名遽盡。墨子不黔之突，難問比鄰；宋罕甓對之牆，易迷騶卒。用是仿永嘉流人之名，錄海上羈旅之士，略及辛壬以還，不涉庚己以上。謹施條目，准此縷書，異日流傳，當廁乙部。不徒巷遇開出，牽拂相招，越陌度阡，枉存至悉。取斷目前，僅同耳學。其或良才不隱，改服康時，引鏡皆明，投袂而起，此後來期會，未可預陳。須知此錄，致四方靡騁之嗟，非九品論人之格也。〔註49〕

　　三月，周慶雲、劉承幹在上海徐園發起淞濱吟社，簡稱淞社，起民國二年癸丑上巳修禊日，至民國十四年（1925）而止，先後雅集近六十次。刊有《淞濱吟社集》、《淞濱吟社乙集》，均晨風廬刊本。

　　淞社舉於上巳修禊日，即三月三日。《淞濱吟社集》卷首有楊鍾羲、周慶雲二家序，闡其旨趣、緣起甚明。楊鍾羲稱：「夢坡居士以吳興詞人為淞社祭

〔註48〕「母氏」二字當是「毋氏」二字之誤。按葉昌熾《藏書紀事詩》卷一詠「毋昭裔守素」末二句云：「蒲津毋氏家錢造，海內通行價倍增。」謂刻書事業也。
〔註49〕李詳《海上流人錄徵事啟》，《李審言文集》，江蘇古籍出版社 1989 年版，第796 頁。

酒，三年以來，酬唱之作，裒然成集。……歇浦一隅，無山水之觀，園林之盛。……向非海內風塵，中原板蕩，吾與諸君子安得搏沙不散，如今日之多且久哉？避地來此，將成土斷；情好既洽，觸詠遂興。」〔註50〕周慶雲稱：「當辛壬之際，東南人士，胥避地淞濱。余於暇日，仿月泉吟社之例，招邀朋舊，月必一集……每當酒酣耳熱，亦有悲黍離麥秀之歌，生去國離鄉之感者。」〔註51〕是也。楊鍾羲《雪橋自訂年譜》「乙卯」年記社事甚要，然於入社人員名錄，多所闕略，第得三十餘人而已〔註52〕。周延礽編《吳興周夢坡先生年譜》得人八十有六〔註53〕，最為完備。現加移錄，惟原文多載字號，不便考索，茲悉易為姓名，所未能確知者，則仍其舊。其社友曰：劉承幹、周慶雲、李瑞清、繆荃孫、李岳瑞、吳慶坻、徐珂、陶葆廉、章梫、王國維、胡樸安、喻長霖、張爾田、潘蘭史、姚文棟、李詳、金武祥、許溎祥、沈守廉、錢溯耆、吳昌碩、葉昌熾、王秉恩、劉謙甫、王旭莊、楊兆望、褚成昌、鄭文焯、劉炳照、施贊唐、汪洵、李橘農、戴啟文、金匋丞、錢亮臣、潘任、汪符生、朱錕、惲孟樂、李孟符、曹揆一、唐宴、崔磐石、張讓三、宗子戴、馮孟余、劉葆良、李經畬、程頌萬、況周頤、呂幼舲、陸純伯、劉聚卿、張蔭椿、胡幼嘉、孫恂如、錢履穆、張石銘、費景韓、王叔用、洪鷺汀、陸茂勳、吳穎函、繆蘅甫、白也詩、長尾甲、曹恂卿、惲季申、陶拙存、楊仲莊、胡定丞、徐乃昌、楊芷生、童心安、趙叔孺、惲瑾叔、俞瘦石、諸季遲、姚虞琴、孫益庵、褚禮堂、夏敬觀、趙浣孫、白石農、沉醉愚、戴鬻皋、許松如、王蓴農、黃公渚。

當時滬上遺老群可粗粗別而為二，富科第功名者大致以沈曾植、瞿鴻磯、陳夔龍為領袖，超社、逸社是也，鄉紳以逮尋常讀書人則大致以高獗、周慶雲、姚文棟為典型，希社、淞社是也。然此亦僅就其大概而言，未可拘泥。要之，鄉紳布衣遺民群，大體自成一脈，高獗而外，夢坡室主人周慶雲實為其綱。

附文 11　周慶雲《淞濱吟社集序》

古君子遭際時艱，往往遁跡山林，不求聞達以終其生。後之人讀隱逸傳，則

〔註50〕楊鍾羲《淞濱吟社集》序，民國四年吳興周氏夢坡室《晨風廬叢刊》本。

〔註51〕周慶雲《淞濱吟社集》序，民國四年吳興周氏夢坡室《晨風廬叢刊》本。

〔註52〕楊鍾羲《雪橋自訂年譜》，《雪橋詩話全編》第4冊附錄，人民文學出版社2010年版，第2914頁。

〔註53〕周延礽編《吳興周夢坡先生年譜》，《北京圖書館珍本年譜叢刊》第188冊，北京圖書館出版社1999年版，第51～52頁。按其中陶葆廉與陶拙存為同一人，人數實為八十五。

心嚮往之而不能已。今者萑苻不靖，蔓草盈前，雖欲求宴處山林而不可得，其為不幸為何如耶？當辛壬之際，東南人士胥避地淞濱，余於暇日，仿月泉吟社之例，招邀朋舊，月必一集。集必以詩，選勝攜尊，命侑嘯侶。或懷古詠物，或拈題分韻，各極其至。每當酒酣耳熱，亦有悲黍離麥秀之歌，生去國離鄉之感者。嗟乎！諸君子才皆匡濟，學究天人，今乃僅託諸吟詠，抒其懷抱，其合於樂天知命之旨歟？余自結社以來，裒錄諸作，題曰《淞濱吟社集》。先將甲乙兩集，付諸手民，後有所得，將賡續付梓。雖然，世變未已，來日大難。與廢靡常，古今一轍。蘭亭金谷，陳跡都荒；後之視今，亦猶今之視昔。況茲韻事，不可無述；爰為是序，以留鴻雪云。甲寅冬十二月烏程周慶雲序於晨風廬。〔註54〕

附志三　周慶雲編次唱和集存目

1.《壬癸消寒集》民國二年夢坡室刻本。
2.《百和香集》民國三年刻《晨風閣叢刊》本。
3.《淞濱吟社集》夢坡室民國四年刻本。
4.《淞濱吟社乙集》夢坡室民國四年刻本。
5.《甲乙消寒集》夢坡室民國六年刻本。
6.《蘭觴集》民國十八年鉛印本。
7.《晨風廬唱和詩存》民國三年刻本。
8.《晨風廬唱和詩續集》民國七年刻本。

秋，周馥、衛禮賢在青島禮賢書院（Richard Wilhelm Schule）創尊孔文社，以勞乃宣主其事。因周馥薦，尊孔文社聘章梫任編輯之役。時章梫方在滬上，欣然規往。

衛禮賢（1873～1930），德國同善會牧師也，本名理查德・威廉（Richard Wilhelm），以光緒二十三年來華，取名衛希聖，字禮賢。或亦作尉禮賢。二十七年，創「禮賢書院」。三十二年，賞四品京堂。旅居青島凡二十年，與遜清故老交尤邃。民國十二年，返德，建法蘭克福漢學研究所，創 *Sinica*、*Chinesisch-deutscher Almanchxu* 等學術刊物。精漢學，譯著甚夥，若《論語》《孟子》《老子》《列子》《周易》德譯，皆其肇始〔註55〕。民國初，衛禮賢、周馥聘勞乃宣

〔註54〕周慶雲《淞濱吟社集》序，民國四年吳興周氏夢坡室《晨風廬叢刊》本。
〔註55〕參見孫立新、蔣銳編《東方西方之間：中外學者論衛禮賢》，山東大學出版社2004年版。

主尊孔文社事，勞撰有《青島尊孔文社建藏書樓記》，存集中〔註56〕。章梫之見聘，淞社同人有贈詩，有見《淞濱吟社乙集》者，有不見者。計有沈曾植、瞿鴻禨、吳慶坻、吳士鑒、繆荃孫、戴啟文、沈焜、周慶雲、喻長霖、潘飛聲、李詳、吳俊卿、劉承幹、楊鍾羲諸公，皆有詩相送〔註57〕。章梫自作留別詩二首，有「失水魚銜枯索易，覆巢鳥得穩枝難」「同命不生全盛代，儉居都是子遺民」〔註58〕等語。

附志四　青島清遺民出處述略

辛亥以還，北京、上海、天津、大連而外，青島亦為流人所萃，遜清故老，往往集於是。考其籍貫，北人居多。黃公渚撰有《島上流人篇》，歷詠流寓青島之故老。詩序云：「辛亥世變，海宇騷然。青島一隅，遂為流人翕集之地。假息壤於仙源，擬華胥之酣夢。冠蓋輻輳，稱極盛焉。乃不數年，兵氣薦及，風流雲散，人世滄桑。余亦奉親避地青州，追擬疇曩，爰述斯篇，竊附虞山《吾炙》之意，用申永嘉板蕩之思云。」其所詠有張安圃制軍（張人駿）、陸元和相國（陸潤庠）、周玉山制軍（周馥）、勞玉初尚書（勞乃宣）、于晦若侍郎（于式枚）、李惺園大令（李思敬）、王爵生侍郎（王垿）、陳貽重侍郎、胡星舫中丞（胡建樞）、童次山觀察（童祥熊）、徐友梅觀察（徐世廣）、商雲亭太史、商藻亭太史（商衍鎏）、趙次珊制軍（趙爾巽）、鄒紫東尚書（鄒嘉來）、吳蔚若樞相（吳郁生）、劉潛樓侍郎（劉廷琛）、章一山右丞（章梫）、葉鶴巢中丞（葉泰椿）、蕭紹亭觀察、薛叔周夫子、李健侯表叔、丁容之觀察、易蔗農大令、葉文伯大令〔註59〕。郭則澐《十朝詩乘》以表其略云：「辛亥國變，遺臣逸老翕集於青島一隅，抗志避居，綢繆故國。假息壤於甌脫，擬孤蹈於首陽。其志節堅定，百折不回者，首推勞玉初京卿（乃宣）、劉幼雲侍郎（廷琛）。玉初力倡復辟，著為論說。袁項城當國，名捕之，鬱鬱以卒。紐雲與奉新張忠武同里，屢走徐州，說忠武，責以大義。丁巳復辟之舉，亦以幼雲促迫成之。事敗，名捕諸當事，幼雲與焉。避歸青島，坐臥一樓，屏絕人事。又十餘年，乃

〔註56〕勞乃宣《青島尊孔文社建藏書樓記》，《桐鄉勞先生遺稿》，文海出版社1969年版，第512頁。

〔註57〕沈曾植《沈曾植集校注》，第801~802頁。

〔註58〕章梫《予將移居青島留別淞社諸同志兼謝贈行之作》，周慶雲編《淞濱吟社乙集》。

〔註59〕黃公渚《島上流人篇》，《雅言》辛巳卷三，南江濤編《民國舊體詩詞期刊三種》第7冊，國家圖書館出版社2013年版，第109~117頁。

卒。同時耆舊若張宣圃制軍、于晦若侍郎、陳貽重京卿、呂鏡宇尚書，皆嘗居青島，後乃徙去。黃公渚（孝紓）奉親居此，感慨前事，為《島上流人篇》，凡二十餘首。」〔註60〕青島故老之多，猶可想見。

青島故老，屢與復辟之役，轉在北京、上海等地故老之上，以恭親王溥偉並前清封疆大吏群集青島故也。張勳《松壽老人自敘》云：「壬子春，公移軍兗州。王給諫寶田奉命辦山東團練，遭國變，避居兗城中，以興復大計說公，極相契合。每夜午，微行過寶田密語，或達旦乃歸。幕客皆不得聞。時恭親王居青島，朝士如於侍郎式枚、劉副大臣廷琛、陳左丞毅、溫侍御肅、胡侍御思敬，先後會島上，謀討賊反正，介寶田納交於公。諸人遊兗，必主寶田所。公輒密就籌議。」〔註61〕劉成禺《世載堂雜憶》云：「胡小石言，辛亥之後，清室遺臣，居處分兩大部分：一為青島，倚德人為保護，恭王、肅王及重臣多人皆居此，以便遠走日本、朝鮮、東三省；一為上海，瞿鴻禨曾任軍機大臣，位最高，沈子培、李梅庵則中堅也。」〔註62〕是也。民初宗社黨復辟、洪憲稱制、丁巳復辟，彼青島遺臣皆與聞。惟一挫於洪憲復辟，再挫於丁巳復辟，諸故老亦多頹然自放，不與「國政」矣。《洪憲紀事詩》「新豐樓館轉皇都」一首注文云：「清室禪政，內外遺臣，群居青島，雖未以身殉，大有田橫島上，五百人憤慨自殺之意。未幾，歐洲戰發，遺老退出避國之桃源，先聚集於濟南。及帝制議起，居濟南者，又分二派：一派誓不臣袁，轉徙上海、大連；一派投奔北京，竟登彼西山前，採其薇矣。項城無意中獲此上品材料，奉以兩朝開濟之殊禮，若輩亦崢然建樹勳業。洪憲云亡，誓不從袁者，仍歸青島。日本勝德，比年青島遺老，乃有純粹價值，寧為雲中之鶴，不為紫陌之雞矣。」〔註63〕當日情勢如此。又，青島亦非純然樂土：溯自民國三年秋，日軍攻青島德租界，清遺民若唐晏致勞乃宣函即有「虞、芮入周之歎」〔註64〕。

十月，上海尚賢堂（The International Institute of China）邀沈曾植作

〔註60〕郭則澐《十朝詩乘》卷二十四，張寅彭編《民國詩話叢編》第4冊，上海書店2002年版，第846頁。

〔註61〕張勳《松壽老人自敘》，民國十年刻本。

〔註62〕劉成禺《世載堂雜憶》，第136頁。

〔註63〕劉成禺《洪憲紀事詩本事簿注》，寧志榮點校，山西古籍出版社1997年版，第289頁。

〔註64〕中國社會科學院近代史研究所編《近代史所藏清代名人稿本抄本》第三輯第8冊《勞乃宣檔五》，大象出版社2015年版，第234頁。

「論宗教大同之趨勢」演說〔註65〕。王闓運亦受邀作演說。

尚賢堂，與青島禮賢書院（Richard Wilhelm Schule）之尊孔文社，桴鼓相應。尚賢堂由美傳教士李佳白（Gilbert Reid）以清光緒二十三年設在京師〔註66〕。贊其議者，湖廣總督張之洞、兩江總督劉坤一、美國長老會傳教士兼京師大學堂總教習丁韙良（William Alexander Parsons Martin）也。尚賢堂極嚴其選，《尚賢堂章程》所謂「華士必諳西語，長於新學；西士必在華數年，熟悉民情，方充其選」〔註67〕。庚子之役，尚賢堂毀於拳民。亂既定，李佳白議覆其堂，時王文韶為總理衙門大臣，議遷上海〔註68〕。尚賢堂遂遷至上海法租界霞飛路。外務部尚書呂海寰任尚賢堂董事會會長。由是極一時之盛。入民國，其勢不減。二年，請王闓運、沈曾植諸人赴尚賢堂演說，與孔教會、尊孔文社實相呼應。三年，李佳白且有復辟之議矣。四年，袁世凱之美籍法學顧問古德諾（Frank J. Goodnow）撰《共和與君主論》，未始非彼輩有以啟之、壯之耳。

冬，周馥、勞乃宣與陸潤庠、呂海寰、劉嶧祺、王季寅、趙爾巽、童祥熊、李思敬、張人駿相約為「十老會」。明年二月，飲於周馥宅，為《十老圖詠》以紀其事。

周馥於清末迭任山東巡撫、兩江總督，營別業於青島，領袖群倫，一時稱盛。關於「十老會」，勞乃宣《十老圖跋》云：「癸丑民國二年之冬，避地青島，呂鏡宇尚書，周玉山、趙次珊、張安圃三制軍，劉雲樵、李惺園兩封翁，童次山觀察，皆在焉。甲寅之春，陸鳳石相國自部門來，王石塢觀察自福山來，與余十人皆老壽：周七十八，陸七十四，呂、劉皆七十三，王及余皆七十二，趙、童、李皆七十一，張六十九。因相約為十老之會。二月乙巳，飲於周宅，並攝影，各賦一詩。」〔註69〕紀其事甚詳。周馥《十老圖照像記》（民國八年補記）云：「甲寅春，呂鏡宇尚書創議，約寓膠澳避兵遺老十人，

〔註65〕 參見饒玲一《尚賢堂研究（1894～1927）》附錄3《尚賢堂年表》，復旦大學2013年博士論文，第194頁。

〔註66〕 李佳白《尚賢堂文錄》，《萬國公報》1897年第102期。

〔註67〕 參見李佳白《京師創立尚賢堂章程》，《富強報》1897年第10期；《捻署准美教士設尚賢堂批（坿章程）》，《集成報》1897年8期。

〔註68〕 李佳白《請入奏尚賢堂章程清折上總理衙門王大臣》，《萬國公報》1900年第136期。

〔註69〕 勞乃宣《十老圖跋》，周馥《十老圖詠》，寫本，藏上海圖書館。

為真率會，以年逾七十為度，乃遍求之，僅得九人。時張安圃尚書，年六十九，因請入會，以足其數焉。馥為置觴，歡飲竟日，且攝影留圖，諸人因賦詩以張其事。無何，德日戰事起，青島日夕數驚，諸人遂各逃散，此事遂無人問及矣。逾五年，鏡宇尚書覓得原詩稿，余復檢得當時攝影原圖……嗟嗟，計甲寅迄今，已逾五年，再逾五年，會終所餘八人不知誰健存也？人生夢幻，原無足道，特是世界滄桑，室家漂搖，遺老且盡，未卜生平何日，是則諸老心中所惓惓不能忘者也。」〔註70〕復驗之勞乃宣《韌叟自訂年譜》云：「青島寓公呂鏡宇（呂海寰字）、劉雲樵、趙次珊、童次山、李惺園皆年七十餘，張安圃（張人駿號）六十九，陸鳳石自都來，王石塢自福山來，皆七十餘，相約為十老會，飲於周氏齋中，各賦詩以記之。」〔註71〕可以互證。《十老圖詠》附有諸家七律，類抒遺民之懷。

袁克文在北京舉寒廬吟社。社友凡七，曰易順鼎、閔爾昌、羅惇曧、步鳳藻、何震彝、梁鴻志、黃濬，所謂「寒廬七子」是也〔註72〕。

何震彝有《寒廬七子歌》詩，敘其顛末甚詳。所謂「寒廬七子」，蓋好事者擬建安故事，袁克文為大總統袁世凱二公子也。袁克文有《寒廬茗話圖》，一時勝流題詩者數十人。

顧準曾在北京舉瀟鳴社，以詩鐘為職，延請名流主課。徐紹楨、徐琪、朱祖謀、胡璧城、吳子明、吳士鑒、陳昭常、陳衍、樊增祥、孫雄、關霽、關賡麟、高步瀛、羅惇曧、楊士琦、章華、王式通、曾廣鈞、劉福姚、劉栩、李稷勳、李岳瑞、許寶蘅、伍銓萃、惲毓鼎、趙惟熙、夏孫桐、沈雲霈、易順鼎、易順豫、顧瑗、蔡乃煌、鄭沅、郭曾炘、郭則澐、石德芬，先後主課。社員多至二百餘人，亦寒山社之匹。民國六年鉛印有《瀟鳴社詩鐘選甲集》二卷。

《瀟鳴社詩鐘選甲集》由易順鼎、樊增祥題簽，樊增祥、殷松年、詹榮麟作序，顧準曾自撰《例言》。茲集前附《主課姓氏錄》、《社員姓氏錄》各一。主課者有徐紹楨、徐琪、朱祖謀、胡璧城、吳子明、吳士鑒、陳昭常、陳衍、

〔註70〕周馥《十老圖照像記》，《秋浦周尚書全集·文集》卷二，臺灣文海出版社1967年版，第1017頁。

〔註71〕勞乃宣《韌叟自訂年譜》，《桐鄉勞先生遺稿》，第57頁。

〔註72〕陶拙庵（鄭逸梅）《「皇二子」袁寒雲的一生》，袁克文《辛丙秘苑·寒雲日記》附錄，山西古籍出版社1999年版。

樊增祥、孫雄、關霽、關賡麟、高步瀛、羅惇曧、楊士琦、章華、王式通、曾廣鈞、劉福姚、劉枏、李稷勳、李岳瑞、許寶蘅、伍銓萃、惲毓鼎、趙惟熙、夏孫桐、沈雲霈、易順鼎、易順豫、顧瑗、蔡乃煌、鄭沅、郭曾炘、郭則澐、石德芬。社員總計約有二百五十人，為童閨、童朗、崇芳、嵩麟、嵩堃、馮汝琪、馮式柳、洪亮、松端、松健、龔元凱、龔景韶、龔作霖、江耆年、初瀛青、余育驥、余字春、徐輝、徐鐵傖、徐延仁、徐元貞、徐霖、虞熙正、朱仁壽、朱黻、胡經一、胡彤恩、胡嗣瑗、胡海峰、胡家祐、胡為一、胡又安、吳秉釗、吳榮悴、吳鍾駿、吳子明、吳先培、吳保琳、吳保珏、吳和狪、吳錫永、盧啟賢、倪惟傑、雷銘璋、崔澤培、崔登瀛、陳慶佑、陳之鼎、陳維緗、陳延祺、陳斗、陳士廉、陳鳴鑾、倫明、文勳、殷松年、孫延畛、孫保圻、孫審懿、孫谷級、孫啟椿、孫壽恒、孫積誠、袁祖光、袁士鑒、袁盛沂、袁仲宜、韓定安、安定中、潘承翰、關霽、關賡麟、田孚基、錢承鈞、錢韶聞、錢耆孫、錢宗昌、蕭亮飛、饒象彝、姚永祚、茅鎮瀛、高鯤南、高毓澎、高佩之、高先仲、高壽昌、高貽粉、勞乃宣、何啟椿、何則琳、何炳森、何羈園、楊克庵、楊人龍、楊用楨、章理綸、章蘭蓀、張恩壽、張伯楨、張振綱、張振麒、張綱、張汝翹、張瑜、張同皋、張恩濡、張玠、張鳳翔、張景延、張允中、王基磐、王敬勳、王文琦、王榮年、王煜、王士諤、王長庚、王揆準、王世堉、王承垣、王崇烈、王崇煥、王浣、王倬、王學勤、王微波、王婉如、王寄生、方世龍、方超、梁載熊、黃梅瑞、黃暉齡、黃松年、黃炳夒、黃慶曾、唐運漢、姜筠、姜鵬、姜麟書、汪家珍、汪如漋、彭飛鸑、彭鑫、成振春、程耀明、程篤周、丁傅福、丁學恭、靈艮石、曾習經、曾福謙、劉保慈、劉基雋、劉國均、劉思德、劉枏、劉明敔、劉讓齋、周瑞琦、周晉祺、邱中馨、牟圻、鄒鼎、林偉元、金葆楨、金崇阜、金綏熙、譚祖任、譚汝鼎、三多、詹榮麟、孔憲榮、孔慶曾、項大任、紀清邰、李權、李國瑜、李哲明、李廷芳、李霈、李維藩、李從龍、李綺青、李彬文、李樸、李丹農、李繼璋、李文甫、李湘、李雲鶴、李蓮塘、李景漢、李清卿、李鵬程、李慰農、李驥仙、李啟明、李殿翔、李佩恩、李紹祖、李振鵬、許之衡、許鄧起樞、許洪綬、許伏民、許昂若、伍銓萃、武錕、杜鋆、趙文粹、趙治邦、趙澄璧、趙瀛、左熙、馬錫坤、馬步瀛、馬襄、夏仁虎、夏清貽、夏寶鈞、賈仲明、柳詒徵、沈宗畸、沈宗麟、沈福田、沈式筍、沈緒貽、沈承熙、沈茗柯、范任、闞鐸、宋庚蔭、宋象曾、宋大章、宋康復、智銓、易順鼎、易廷熹、顧瑗、顧斑、顧承曾、顧準曾、

顧顯曾、顧紹曾、顧懿曾、顧循、蔡乃煌、蔡傳奎、蔡中燮、蔡觀光、萬澐、段雲錦、賀良樸、華景祆、慶珍、鄭孝錕、鄭其藻、鄭其深、定信、秀昌、陸增煒、卓啟堂、葛蔭春、葛振聲、郝樹賢、郭則澐、郭善繼、郭相綸、駱成昌、戚震瀛。〔註73〕

是歲，呂珮芬、顧印愚、梁於渭卒。

呂珮芬（1855～1913），字筱蘇，號弢廬，安徽旌德人。進士。宣統三年，奉旨開缺，僑居天津〔註74〕。有《采唐集》三卷，民國二十五年石印本，集唐人句，分類編次；《分級古文讀本》六冊，民國中華書局鉛印本。另有《經言明喻編》《東瀛參觀學校記》。

顧印愚（1855～1913），字印伯，號所持，又號塞向翁，四川華陽人。光緒舉人。官湖北知縣。辛亥後，隱居武漢。與朋友書札往還，恒嗟傷無已。有《成都顧先生詩集》十卷，民國二十一年鉛印本；《安酒意齋尺牘》一卷，民國十五年華陽王氏菊飲軒石印本。

梁於渭（？～1913），字鴻飛，又字杭叔、杭雪，廣東番禺人。光緒十五年進士。職禮部祠祭清吏司司員。通金石，善畫。辭官居南海，每畫，輒鈐「下第狀元」印。辛亥鼎革，痛哭竟日，逾年卒。有金石學著作《麟枕簿》，疑佚。

1914 年　甲寅

正月九日，總統袁世凱設清史館，延聘遜清遺臣修史。嗣廣發《清史館徵書章程》〔註75〕。清史館設館長、總閱、總纂、纂修、協修、提調、校閱等職，多遜清故老膺其任。趙爾巽任館長，總閱于式枚，總纂柯劭忞、王樹枏、郭曾炘、李家駒、繆荃孫、吳士鑒、吳廷燮、馬其昶、夏孫桐、秦樹聲、金兆蕃。纂修以下，遞有變更，有召而未

〔註73〕顧準曾編《瀟鳴社詩鐘選甲集》卷首，南江濤編《清末民國舊體詩詞結社文獻彙編》第 26 冊，第 343～352 頁。
〔註74〕參見陳寶琛《呂君弢廬墓誌銘》，《滄趣樓詩文集》，上海古籍出版社 2013 年版，第 423 頁。
〔註75〕《清史館徵書章程》，一時公私報刊，率有轉載，如《政府公報》1914 年 886期、《東方雜誌》1914 年 11 卷 6 期、《江蘇教育行政月報》1914 年 16 期、《國學雜誌》1915 年 5 期等。

至者，有至而未修者，有未具名而實與其事者，為類不一〔註76〕。考其大較，纂修則有鄧邦述、章鈺、王大鈞、袁勵準、萬本端、陶寶廉、王式通、顧瑗、楊鍾羲、簡朝亮、張采田、何葆麟、陳曾則、何永樸、夏曾佑、唐息溥、袁克文、金兆豐，協修則有俞陛雲、羅惇佑、吳廣霈、吳懷清、張書雲、張啟後、韓樸存、李岳瑞、駱應昌、胡嗣芬、吳昌綬、朱孔昌、李景濂、徐求概、黃翼曾、檀璣、戴錫章、陳曾炬、李哲明、呂鈺、余嘉錫、邵瑞彭、奭良、瑞洵、陳田、葉爾愷、徐鴻寶、王崇烈、方履中、商衍瀛、陳能怡、王以律、劉樹屏、朱師轍、史思培、趙文蔚、劉三、陳敬第、藍鈺、陳毅、李保恂、張仲炘、陳延齡、宋伯魯、李焜瀛、喻長霖、田應璜、趙世駿、楊晉、齊忠甲、朱希祖、吳王、秦望瀾、李汝謙、羅裕樟、傅增富、朱方飴，開館時提調為李經畬、陳漢第、金還、周肇祥、邵章，總理印書事宜者袁金鎧，校閱者金梁。十七年，《清史稿》由金梁刊出。以修纂多出清遺民之手，且時值國民軍北伐入都，狼奔豕突，軍政紛如，無人督其成，金梁得恣意竄改，故其書頗多「違礙」。故宮博物院院長易培基呈請列為禁書。

　　清史之修，既多出遜清遺臣，則義例如何、筆法如何，關係甚大。朱師轍《清史述聞》中錄有《于式枚等擬開館辦法九條》《梁啟超清史商例第一書》《于式枚修史商例按語》《吳廷燮上清史商例》《金兆蕃擬修清史略例》《金兆蕃上清史館長第一書》《金兆蕃上清史館長第二書》《夏孫桐上清史館長論清史稿現尚不宜付刊書（附與袁潔珊書）》《吳士鑒呈纂修體例》《袁嘉穀陳敬第陳清史凡例商榷》《朱鍾麒擬修清史目例》《袁勵準王桐齡上纂修清史管見書》《張宗祥呈纂修清史辦法（附史目權）》《朱希祖擬清史宜先修志表後記傳議》《劉樹屏陳述邦交志意見書》《盧彤條陳徵集書籍及分類纂辦法》諸文〔註77〕，足資研討。然考諸人之議，端在史法本身。用知諸老與修清史，厥為兩千年史統所繫，未便概以忠清意識形態抹殺之。《清史稿》刊成後，易培基呈文請禁，以為反革命。孟森《清史稿應否禁錮之商榷》云：「清史稿之成也，持論者以趙爾巽非作家，意已輕之，不知官修之書，總其成者，例不以學識先人也。又

〔註76〕參見朱師轍《撰人變遷第六》，《清史述聞》卷三，三聯書店1957年版，第51~64頁。

〔註77〕朱師轍《清史述聞》，第110~281頁。

在館秉筆諸人，當時採清代舊望，來者多以元遺山自況，用修史以報故君，故疑其內清而外民國，此誠有之，但意主表揚清室，與敢於觸犯民國，並非一事，其可疑與否，當據書中內容而言，不當以揣測之故，湮沒甚富之史料，此審查之不可少也」〔註78〕此論較為持平。

附志五　清遺民對清史館之態度

遜清遺民應聘與修清史，節義倫理攸關，當時故老論其事者，頗有出入。學界有相關討論〔註79〕，茲略加補述。漁隱《清代秘聞》云：「民國三年，項城令設清史館，以趙爾巽為館長，並禮致一般遺臣宿儒，共襄其事。趙時正隱居青島，作海上寓公，聞命之後，欲攮撤就道，而同時隱居青島之寓公，群起責難，以號為室遜政，與歷代亡國不同，清帝尚在，尊清猶存，優待專條，載在盟府，遽稱清史，與歷代開國修史無殊。在民國景運方新，欲以此粉飾升平，頌揚盛德，此無足怪。所難堪者，趙為清室舊臣，遊歷中外，頗負時望，雖當鼎革之際，掛冠稍遲，人猶可諒其心跡，若陽託修史之名，陰圖梯榮之計，千秋士論，將謂之何。趙以項城期待之殷，誼難峻拒，因遂來京就職。且對人表示，此次毅然任事，正為所以圖報舊君，是非惠譽，聽之千秋，耿耿此心，可質天日。及至開館之後，因商體例問題，爭論甚烈。當時有人主張宣統御宇，雖僅三年，而帝紀不列宣統一朝，又以清帝之尊號不廢，載在優待條件，則宣統本紀，應稱今上本紀，以示與歷代亡國之君有別，此外類此之問題甚多。趙依違其間，幾不知何所適從。項城聞之，大為震怒，以為清史既為民國所修，義例昭然，不能紊亂，若謂因服官先朝，即應效忠故主，則宜從遠處大處著意，清帝於遜位之後，仍享其安富尊榮，此即食舊臣之報，豈必以稱臣稽首，始得為忠耶？未幾，以青島寓公勞乃宣等，發表言論，詆斥共和。項臣大怒，即發命令，申明國體已定，不得變更，如有敢莠言亂政者，以淆亂國體論罪。清史館諸人，與青島寓公，多通聲氣，且開館之初，趙氏以館長之資格，分函與清室有關係諸人徵求先人遺著，或其譜系，措辭之間，偶有不慎，此類函稿，曾刊載《國華日報》，為項城所知，大滋不悅。若非有人從中幹旋，幾興大獄，

〔註78〕孟森《清史稿應否禁錮之商榷》，許師慎輯《有關清史稿編印經過及各方意見彙編》，「中華民國史料研究中心」1979 年版，第 610 頁。

〔註79〕參見董叢林《從易培基對〈清史稿〉的指謫看其維護辛亥革命的立場》，《故宮博物院院刊》2011 年第 5 期。

自此以後，清史館為項城所嫉視，禮遇日殊。」〔註80〕此一節敘其事甚精要，大致不誣。故沈曾植致羅振玉書云：「臘底乃聞修史之說，都人網羅吾黨，亦有為所動者，（其實未必有特秀才輩，自相推舉耳。）乃知公前信所云鄭昭宋聾，為之嘑然一笑。世豈有出世於未亂之先者，乃入世於大亂之後耶？輕薄朝官，斷不容天地間有獨醒獨清之士，公固超然物外者，或當信此非奇特不情事也。」〔註81〕拈出「網羅」二字，態度可見。

考清史館之立，袁世凱初擬委任徐世昌為館長，時徐甚得志，無意於此，乃改任陸潤庠。陸以受命即為貳臣，卻不顧。袁無可如何，因以趙爾巽長之〔註82〕。蓋趙之督東三省也，宣統遜政後，猶逡巡不肯去職，其守節之志，本不甚堅，與陸潤庠、周馥、劉廷琛輩不同。金梁《清史稿補》曰：「讀史氏曰：（趙）爾巽暫留舊鎮，實備東巡。其修清史，亦為存國故，卒成一代完書，苦心孤詣，自與污命變節者有間。」〔註83〕則以「備東巡」寬之，至於「修清史」以「存國故」，固趙爾巽自家言說也。袁世凱授命之初，趙爾巽遲遲不肯北上，以青島寓公于式枚、劉廷琛、章梫諸人皆持不可〔註84〕，比於貳臣。趙爾巽長館以後，欲聘簡朝亮任纂修。簡不之應，但詰曰：「此豈萬季野時乎？」〔註85〕意亦略同。按曹元弼《葉侍講墓誌銘》云：「及辛亥亂後，公（葉昌熾）悲天憫人，艱貞自矢，新都竊柄，假修漢史，招徠耆舊，歆、豐之徒思洑氎、鮑，公毅然峻拒之，守死善道，渺與世絕。」〔註86〕王舟瑤《一山文存序》云：「昔元裕之欲修金史以報故國，而委蛇於異代之朝貴，君子惜其近於降志辱身。若危太僕之蒙面異姓，借國史以自脫，尤無恥不足道。一山（章梫）以實錄之命出自朝廷，必終其事；國史之聘出於異代，堅不與聞。其辨義之精，自守之固，非有得於鄉先正方遜志諸賢之學者，而能如是乎？」〔註87〕蓋猶隱隱病詬趙爾

〔註80〕漁隱《清代秘聞》，《五雲日升樓》1941 年第 3 卷第 8 期。

〔註81〕沈曾植《沈曾植書信集》，許全勝整理，中華書局 2021 年版，第 189 頁。

〔註82〕參見程太紅、何曉明《遺民與〈清史稿〉的修纂》，《福建師範大學學報》2016 年第 6 期。

〔註83〕金梁《清史稿補·附傳·趙爾巽》，民國三十一年鉛印本，第 34 頁。

〔註84〕徐一士《清史稿與趙爾巽》，許師慎輯《有關清史稿編印經過及各方意見彙編》，第 632 頁。

〔註85〕大陸雜誌社編《中國近代學人像傳》，江蘇廣陵古籍刻印社 1997 年版，第 332 頁。

〔註86〕曹元弼《葉侍講墓誌銘》，葉昌熾《葉昌熾詩集》附錄，第 321 頁。

〔註87〕王舟瑤《一山文存序》，章梫《一山文存》卷首，民國七年吳興劉氏嘉業堂刻本。

巽之「借國史以自脫，尤無恥不足道」，雖十數年後，不能釋懷。周馥《復清史館趙次珊書》有「青島別後，音問久疏，前年曾蒙枉駕見顧，適以事失迓，殊以為歉」[註88] 之語，似謙實慢，用意亦近之；復書稱謂冠以「清史館」三字，尤極寓微意。民國十六年趙爾巽卒，劉廷琛挽以一聯云：「恩重先朝，秉筆亦報先朝，人間何事未忘情，列聖典謨千載鑒；父殉國難，介弟又遇國難，地下相逢應痛哭，九州豺虎一潛龍。」[註89] 則尤語含譏諷，蓋其父趙文穎咸豐時殉難，其弟趙爾豐又以宣統三年被革命軍所殺。是諸公之病其人久矣。林庚白《孑樓詩詞話》云：

> 遜清遺老，什九貌為忠孝，而以民國法網之寬，得恣所欲言。在北洋軍閥時代，以一身出入於清室與民國者，又指不勝屈。「笑罵由他，好官自為」，此輩遺老，亦庶幾矣。曾履川有《落花》四首，於此輩遺老，極諷刺之妙致。其第二首有云：「豈謂摧殘關宿業，只應零落看終場。江山故國空垂涕，風雨高樓且命觴。」其第四首有云：「極呼后土終何補，欲逐前溪不自由。養鴨昔曾張錦幔，酬恩倘似墮珠樓。」皆辭意深刻，聲調激越，直類《春秋》筆法矣。記梁眾異所作絕句，間或近此者。如：「預為死後求佳傳，羞向生前說舊恩。當日遺山真失計，但營亭子不臣元。」蓋為趙爾巽受命民國，就清史館總裁之職而作也，並誌之。[註90]

趙爾巽之被刺，幾無完膚。

雖然，清史館諸公大可以「毅然任事，正謂所以圖報舊君」[註91]「修清史，亦為存國故」[註92]「修故國之史，即以恩故國」[註93]「以元遺山自況，用修史以報故君」[註94]「故國已矣，惟修史自效，庶酬萬一」[註95]

〔註88〕周馥《復清史館趙次珊書》，《秋浦周尚書全集‧文集》卷二，第1013頁。

〔註89〕關志昌《劉廷琛傳》，劉紹唐主編《民國人物小傳》第13冊，上海三聯書店2016年版，第345頁。

〔註90〕林庚白《孑樓詩詞話》，張寅彭編《民國詩話叢編》第6冊，第115頁。

〔註91〕漁隱《清代秘聞》，《五雲日升樓》1941年第3卷第8期。

〔註92〕金梁《清史稿補‧附傳‧趙爾巽》，第34頁。

〔註93〕張爾田《清故學部左丞柯君墓誌銘》，卞孝萱、唐文權編《民國人物碑傳集》卷七，團結出版社1995年版，第80頁。

〔註94〕孟森《清史稿應否禁錮之商榷》，許師慎輯《有關清史稿編印經過及各方意見彙編》，第610頁。

〔註95〕《張爾田致王國維》（六），馬本騰輯注《王國維未刊來往書信集》，清華大學出版社2010年版，第241頁。

「報德酬知關此舉」〔註96〕為說。此非盡矯說，固多衷腸。如紀巨維不願受民國國史館之聘而欲求清史館之席，即以前者為趨奉異朝，後者尚不失為報恩故國；惟纂修、協修諸職已滿，紀巨維僅得校對兼協修，未孚所期，故辭不受，繳還聘書〔註97〕。又如柯劭忞，「袁慰庭總統當國時，屢請徵選為約法會議議員、參政員參政，皆辭不就。旋政府設清史館，趙次珊館長敦聘為總纂，先父（柯劭忞）以清史關係綦重，欣然就之」〔註98〕。趙爾巽則兼為名，緣官修一代之史，可以傳之無窮，其於文人，良非細故。趙爾巽本無史學，遽長史館，殊未服眾。郭則澐謂：「國變後，遺民志士多以國史為急，趙次山起家詞苑，實非其才，設館以來，日孜孜於簿書錢刀之末，其考校館員以到館之勤墮，而學識淺深、功課優劣，不問也。又使宗纂及纂協修一律分任功課，而皆受成於己，無任總核之責也。」〔註99〕其他遜清故老則為名而兼為利，所謂稻粱謀也。繆荃孫與友人函，徑謂此乃啖飯之資，故當民國四年，繆荃孫草《清史例目》問世，易培基撰《清史例目正誤》駁難之，文末曰：「此僅一史例耳，謬誤已多，將來書成，可想見矣。餘不足責，繆君賢者，奈何出此哉。蓋其餔啜際之也。繆君致其友人某君書言，就史職為噉飯所也。清史之為清史，不綦哀耶！」〔註100〕《徐兆瑋日記》所錄存孫雄前後數函，道其狀尤明：「前月本定擬赴東，後因都中屢有清史館日內成立之說，頗思濫竽一席，故遲遲其行，乃遷延至今，尚無眉目。趙次山尚未蒞京，且訰者謀者日見其多。現又有湘綺不日來京就任國史館長，且將清史、國史並為一館之說。湘綺門徒咸思把持此事，如走迂疏，斷難插足，亦遂不作此想矣。」「清史館開辦無期，且謀夫孔多，即令開辦，亦未必許南郭充竽也。」「清史館聘為名譽纂修，侍至今日乃真成

〔註96〕袁金鎧《移入清史館總理發刊事宜有作》，《傭廬詩存》卷二，民國二十三年鉛印本。

〔註97〕參見于廣傑《近代詩壇「河北派」詩人紀鉅維及其詩歌創作》，《燕山大學學報》2020 年第 6 期。

〔註98〕許寶蘅《代擬柯劭忞生平稿》（殘稿），許恪儒編《許寶蘅藏箚》，中華書局 2013 年版，第 170 頁。

〔註99〕郭則澐《郭則澐自訂年譜》，鳳凰出版社 20118 年版，第 43 頁。

〔註100〕易培基《清史例目正誤》，《甲寅》1915 年第 1 卷第 6 期。另參見繆氏弟子陳慶年日記：「得繆藝風師書，於修清史事，自謂年老受苦，乞食無門，不得已而應聘。其語亦何可憐也。身處膏腴，好說窮話，七十後尚如此，殆不能改矣。」（《〈橫山鄉人日記〉選摘》，中國人民政治協商會議鎮江市委員會文史資料研究委員會編《鎮江文史資料》第 29 輯，鎮江市諫壁印刷廠 1996 年版，第 305 頁）

一錢不值之名士矣。」〔註101〕蓋民國三年，孫雄在京，擬應山東民政長高景祺之聘，入其官署，適都下有清史館之議，乃逗留久之，「頗思濫竽」。其所述種種，不啻清史館現形記也。

附文 12 《國務總理熊希齡各部總長等呈大總統國務會議議決特設清史館延聘專員分任編纂請鑒核批示施行文並批》

為呈請事，在昔丘明受經，伯翳司籍，春秋而降，凡新陳之遞嬗，每紀錄而成編。是以武德開基，顏師古聿修隋史；元祐繼統，歐陽修乃撰唐書。蓋時有盛衰，制多興革，不有鴻篇巨製，將奚以窺前代典章之盛、備後人考鏡之資？況大清開國以來，文物粲然，治具咸飭，遠則金川請吏，青海論兵，拓土開疆，歷史之光榮猶在；近則重譯通商，詔書變政，鼎新革故，貞元之絕續攸關。洎乎末葉，孝定景皇后尤能洞觀世運，俯察輿情，宣布共和，與民更始，用能成法美文明之治，洵足追唐虞揖讓之風。我中華民國，追維讓德於大清皇室，特頒優待條文，崇德報功，無微不至。惟是先朝記載，尚付闕如；後世追思，無從觀感。及茲典籍具在，文獻未湮，允宜廣召耆儒，宏開史館，萃一代人文之美，為千秋信史之徵。茲經國務會議議決，應請特設清史館，由大總統延聘專員，分任編纂。總期元豐史院，肇啟宏規；貞觀遺風，備登實錄，以與往代二十四史，同昭垂於無窮。所有決議，擬設清史館緣由，理合呈請鑒核，批示試行。謹呈。

批：據呈已悉，所請特設清史館延聘專員分任編纂，事屬可行，應准照辦。此批。（大總統印）

中華民國三年二月三日

國務總理&財政總長　熊希齡

外交總長　孫寶琦

內務總長　朱啟鈐〔註102〕

附文 13　朱師轍《〈清史稿〉撰人變遷》

清史館成立十五年，聘請總纂、纂修、協修，前後都百餘人，而實際到館者僅及其半。各人所撰之稿尚可知其大概。茲據館中《功課簿》，同事張孟劬

〔註101〕徐兆瑋《徐兆瑋日記》，黃山書社 2013 年版，第 1456、1475、1491 頁。
〔註102〕二月五日第二百六十八號公文，《政府公報》1914 年第 628 期，第 15 頁。

君《清史館員錄》暨夏閏老所謂「三期之變遷」（閏老原函，見第四篇），而述撰稿之經過，使後之研究《清史稿》者，有所資考焉。

《清史稿》正稿本（即關內本），職名計列總纂、纂修、協修六十八人，皆到館之人。然其中尚有到館而未留稿者，有留稿而未用者，尚不少。（張孟劬《館員錄》已詳言之）

修史之人，三期之中，以第一期為最複雜，第二期稍有頭緒，第三期最為整齊。而所撰功課，皆可實考。茲先述第三期各人所撰各稿，列於後：

總纂兼代館長柯劭忞（鳳孫）	《本紀》歸總閱。《儒林》《文苑》《疇人傳》，皆歸整理。《天文志》自始至終，皆一人獨撰。《時憲志》指導天文臺人員撰成。第一、二期中專撰《天文志》，兼撰有列傳。
總纂王樹枏（晉卿）	《志》歸總閱。結束《地理志》。修正《屬國傳》《遺逸傳》。第一期撰列傳，第二期與柯鳳老總閱整理咸同列傳。
總纂吳廷燮（向之）	《表》歸總閱。大學士、軍機大臣、部院大臣、疆臣、藩部諸表，皆其所編，加以修正。第一、二期中，撰表外，尚撰有《地理志》內蒙古之一部分，亦撰有列傳。又，高、仁、宣、文、穆宗本紀，亦其初稿。
總纂夏孫桐（閏枝）	總閱列傳。自嘉道以後，咸同光宣皆歸之。後光宣無暇顧及，由校刻之人，以原稿付印。彙傳則《循吏》《藝術》二傳，皆其所撰。《忠義》初亦擬有條例，後交章式之整理。第一期中，多撰嘉道等列傳及彙傳。第二期中，專任修正嘉道兩朝列傳，又撰《藝術傳》。
纂修金兆蕃（篯孫）	任列傳清初至乾隆總閱。館長初推夏閏老總閱列傳，閏老薦篯孫分任。彙傳《孝義》《列女》，亦歸整理。第一、二期中，曾與鄧邦述合撰《太祖本紀》及清初各傳、康乾列傳。
纂修章鈺（式之）	《忠義傳》歸整理。第一、二期，編輯《藝文志》。
纂修金兆豐（雪生）	同光列傳修正。《禮志》《職官志》，皆歸整理。第一二期，亦任同光列傳及職官志。
協修俞陛雲（階青）	專任《兵志》。第一、二期，亦任兵志。
協修吳懷清（蓮溪）	《食貨》《河渠》《交通》諸志，皆歸整理。第一、二期中，皆任列傳。

協修張書雲（卿五）　　《樂》《輿服》《選舉》諸志，歸整理。第一、二期中，亦任列傳。

協修李哲明（惺樵）　　任本紀。穆宗、德宗二紀，皆歸整理。第一、二期，亦任列傳。又《食貨志》之田志。

協修爽良（召南）　　任本紀，佐柯鳳老整理。前期亦任列傳。曾修正諸王傳。

協修朱師轍（少濱）　　任《藝文志》整理。第一期中，曾撰百七十餘篇。二期佐柯、王二老整理咸同列傳。又助夏閏老修正嘉道列傳。

以上十四人，為結束《清史稿》成書之人，亦皆始終其事之人，用力較多。故《清史稿》所刊職名，皆單行特書於前。尚有校對兼協修孟昭墉一人，第一、二期曾任列傳，第三期專任校對，故上單未列。

第二期撰稿人，比三期約多一半。除第三期各人外，尚有：

總纂繆荃孫（筱珊）　　任順、康二朝列傳，未畢病故。第一期，曾與于晦若等上開館辦法九條。又撰《儒林》《文苑傳》及《臣工列傳》。

總纂秦樹聲（右衡）　　專任《地理志》，未終編病故。

總纂馬其昶（通伯）　　任光宣列傳。又修正《儒林》《文苑傳》。史稿印時，用其《文苑傳》，《儒林》仍用繆稿。

總纂吳士鑒（綗齋）　　任順康列傳，未復到館。第一期，曾輯《藝文志長編》，撰《皇子世表》《公主表》。又分任《地理志》貴州、新疆各一卷。

纂修張爾田（孟劬）　　繼繆筱老任順康列傳。與夏閏老同定康熙朝大臣
又名采田　　　　　　　傳目，僅成圖海李之芳傳一卷，南旋。第一期曾撰《地理志》江蘇一卷。又撰《后妃傳》《樂志》，今史稿所刊，猶其初稿。

纂修姚永樸（仲實）　　佐馬通老任光宣列傳。第一期亦撰列傳。又《食貨志》之鹽法、戶口、倉庫諸篇。

纂修王大鈞（伯基）　　佐夏閏老任嘉道列傳。第一期，曾撰《選舉志》之制科、擢薦。

纂修鄧邦述（孝先）　　佐馬通老任同光列傳。第一期，曾同錢筱孫編太祖、太宗、世祖、聖祖、世宗本紀。又撰宗室王公皇子傳。

協修張啟後（燕昌）　　任《選舉志》。前期任列傳。

按，第二期中尚有新聘協修邵瑞彭（次公）、方履中（玉山），然到館未留稿即去。第二期議整理收束史稿，曾添聘提調邵章（伯絅）一人，專司其事，與撰稿各員接洽。十一年春，曾開一會議，專為統一列傳起見。預議者柯鳳孫、王晉卿、夏閏枝、馬通伯、姚仲實、爽召南、金籛孫、張孟劬、金雪生、王伯荃等十餘人，議決辦法十餘條，邵伯絅記錄其條列後：

一 臣工傳脫稿之期限。……

二 臣工傳分卷方法與葉數。……

三 附傳之體例。……

四 傳論之辦法。……

五 功課擔任之進行。……

六 清稿之辦法。……

以上所議，雖定一年竣事，然以政局與時事關係，時有停頓。延至二年，始略就緒。其間，繆筱老卒，吳綱齋未來，張孟劬亦歸。至十三年，時局益亂。因直奉之戰，東華門常閉，諸人散者益眾，館務停頓尤多。且經費竭蹶，撰者多義務性質。至十五年，僅存第三期之人，人亦比較諳練，撰述漸有秩序，始有今日之成書。雖未能完善，然已幾經整理矣。

初期之人，茲再列表於後。其見於二、三期者，不復贅錄。以下所錄各撰稿功課，據張孟劬《館員錄》及夏閏老所補，復以《功課簿》一一為之核對，誤者改之，闕者補之，大體可無錯誤：

纂修夏曾佑（穗卿）　張云：任《外交志》。夏云：無留稿，僅作《王文韶傳》一篇，未用。（夏云者，乃夏閏老為張孟劬《館員錄》糾補撰稿之錯誤。下仿此。）

纂修劉師培（申叔）　張云：任《出使大臣年表》，後因事辭退。（轍按，《出使大臣年表》後改《交聘表》。又，《諸臣封爵表》《災異志》，亦其原稿。）

纂修唐恩溥（天如）　張云：任《地理志》廣東。夏云：任列傳。（轍按，《地理志》湖南亦其所撰。）

纂修陳曾則（慎先）　夏云：任列傳，稿未用。

纂修袁勵準（珏生）　夏云：任列傳，全未用。

纂修王式通（書衡）　張云：任《刑法志》，未作，後由張采田纂修，只成一卷。今史稿中，則又另一人重纂，非本來面目矣。夏云，未有留稿。（轍按，稽諸《功課簿》，亦未見交稿。）

纂修何葆麟（壽臣）　　張云：任《樂志》樂器一卷，後由張采田重纂。（轍按，亦任列傳。）

纂修萬本端（黃生）　　張云：任列傳。夏云：任《禮志》《輿服》，刪列傳。（轍按，曾任列傳。）

協修李岳瑞（孟符）　　張云：任列傳。（轍按，有《地理志》甘肅一卷。）

協修韓樸存（力余）　　張云：任《地理志》東三省。夏云：《屬國傳》係其一手所作。（轍按，《屬國傳》廓爾喀，係余所補，序亦余所撰。王晉老曾稍修補。又按，力余並任列傳。）

協修朱孔彰（仲我）　　夏云：任列傳。（轍按，先君撰成咸同列傳六七十篇。《曾國藩傳》亦所撰。又補《年羹堯傳》。）

協修姚永概（叔節）　　張云：任《食貨志》鹽法。《食貨志》子目甚多，亦係每人分纂者，其詳待考。夏刪去，補任《忠義傳》，未有留稿字。（轍按，《鹽法》乃其兄仲實所撰。實任列傳，有王得祿等傳。）

協修陳敬第（叔通）　　夏云：到館，未有留稿。（轍按，曾撰《選舉志》學校。）

協修黃翼曾（？雲）　　張云：任列傳。

協修吳昌綬（印丞）　　張云：任《后妃傳》兼閱定。其《后妃傳》則采田修纂，但任輯長編。今史稿中《后妃傳》即據初稿改纂者。（轍按，號伯宛，尚有《交通志》長編。）

協修吳廣霈（漢濤）　　張云：任《邦交志》。（轍按，尚有《地理志》安徽一卷。亦任列傳。）

協修羅惇曧（掞東）　　張云：任《交通志》。（轍按，亦任列傳。）

協修羅成昌（子蕃）　　張云：任列傳。（轍按，號涅生，本名成昌，乃滿人增姓者。撰有《氏族志》滿洲、蒙古、漢軍三卷。清史後刪去未用。又有《地理志》山東一卷。）

協修胡嗣芬（宗武）　　張云：任《輿服志》。（轍按，有《地理志》四川一卷、《河渠志》黃河一卷。）

協修李景濂（右周）　　張云：任列傳。夏云：中途去，稿未用。（轍按，曾撰《刑法志》一卷，未用。）

協修陳田（松山）　　張云：到館未久病故。（轍按，任列傳。）

協修禮璂（斗生）　　張云：到館未久病故。（轍按，任列傳。）

協修葉爾愷（柏皋）　　張云：任《外教志》。夏刪任《外教志》，補未到館三字。（轍按，有《宗教志》喇嘛、基督、回教各一卷。史館後刪《宗教志》未用。葉不常到館，故夏閏老誤記。）

協修瑞洵（景蘇）　　　張云：任本紀。（轍按，任《德宗本紀》。）

協修王崇烈（漢輔）　　（轍按，任列傳。）

協修田應璜（子琮）　　夏云：到館未有留稿。（轍按，有《地理志》山西一卷。）

協修朱希祖（逷先）　　張云：後辭退。（轍按，曾撰《選舉志》封蔭一卷。）

協修徐鴻寶（森玉）　　夏云：未有留稿。（轍按，曾撰列傳。）

協修藍鈺（石如）　　　張云：任《地理志》。（轍按，有江西一卷。又有《食貨》錢法。）

協修劉樹屏（葆良）　　張云：到館未久病故。夏補任《邦交志》，未有留稿。（轍按，亦任列傳。）

協修楊晉（誦莊）　　　夏云：到館後去。

協修陳能怡（養天）　　（轍按，任列傳。又有《貨殖》楊斯盛、葉成衷傳。清史無《貨殖》，二傳歸入《孝義》。）

協修商衍瀛（雲亭）　　（轍按，任列傳。到館未久去。）

協修趙世駿（聲伯）　　張云：到館未久即去。

協修袁嘉穀（樹五）　　張云：任《地理志》雲南。夏云：未有留稿。（轍按，留有雲南稿。）

協修秦望瀾（湘臣）　　（轍按，任列傳。）

協修吳璆（康伯）　　　張云：未到館。

協修史恩培（竹生）　　張云：病故。（轍按，任列傳。）

協修唐邦治（於均）　　夏云：任年表。（轍按，任《軍機大臣年表》。）

協修張仲炘（次山）　　張云：未到館。夏云：到館即去。（轍按，有《地理志》湖北一卷。）

協修傅增淯（雨農）　　夏云：無留稿。

協修陳曾矩（絜先）　　張云：未久去。（轍按，任列傳。）

以上第一期撰稿之人。

　　總計三期，都六十八人，即關內正本所列人數。自民國三年開館，經費充足，聘人最多，故撰稿亦極夥。然漫無頭緒。雖議有體例，而無總閱之人。總纂與協修等，皆無聯絡統系，故人各為政。總纂與協修實平等，稿之能用與否，實無人過問。自李景濂撰《吳汝綸傳》冗長，印示眾，眾謂其有違史例，因而告退。館長始稍稍甄別。民國五六年間，史館受時局影響，經費支絀，薪水迭減，停薪與自去者亦不乏人。七年，繆筱珊先生來京，力主先擬定傳目，以時代為段落，擇人分任。久之，議乃定。自此，人散去益多。然仍不能畫一。至十一年，始有上述邵伯絅提調，再議列傳統一之舉。至十四年，已有大段結束。復再議修正。而第三期付刊之議起矣。說已詳前篇，不贅。撰稿復有附屬當記者一事。史館之稿，雖為館員總纂、纂修、協修所共編，然尚有非館員而收買其稿者。如《刑法志》，金梁《校刻記》言王式通等分輯。書衡雖到館，而實未交過稿，故《功課簿》中無其名。金梁僅據館長室中所懸館員分任功課表，及所聞為此記。其實，此表與各人所撰，迥不相同，所聞亦不確。彼在館中任校刻時短，十五年以前館中事，渠皆不知，故所記多不實。其實，《刑法》李右周曾作一卷，未用。張孟劬僅撰一卷，未成書，所闕尚多。後館中購許受蘅稿，以其稿尚簡明，而館中尚缺，遂用之。此假借於館外者一也。又《藩部傳》中西藏，亦臨時約吳燕紹為之，贈以稿費。此假借於外者二也。尚有《疇人傳》，乃陳棠所撰。其謂為陳年者誤。館中有主張不用疇人一目，將其最著者入儒林，如顧觀光附華蘅方，李善蘭附鄒伯奇。繆筱老原稿有此四人，後用《疇人傳》，將儒林刪去，乃歸疇人。陳棠之稿，即據阮元、羅士琳、諸可寶各正續《疇人傳》而稍有增補，後由柯鳳老刪定。此亦假借於外者三也。

　　尚有未到館及到館未久各人，《清史稿》正本未列者。茲據張孟劬《館員錄》，曾經夏閏老補正者，附載於後，以備參考：

郭曾炘（春榆）　　　張云未到館。夏云到館數年方去，未有成稿。

沈曾植（子培）　　　張云未到館。

寶熙（瑞臣）　　　　張云未到館。

樊增祥（雲門）　　　張云未到館。

以上四人，張錄謂為總纂。

李家駒（柳溪）　　　張云，未到館。夏云，到館數年方去，未有留稿。

勞乃宣（玉初）　　　張云未到館。

于式枚（晦若）　　　　張云：有意見書，未到館。曾擬請其總閱，旋病故。
　　　　　　　　　　　（轍按，于氏曾與繆筱珊、秦右衡、吳綱齋、楊子
　　　　　　　　　　　勤、陶拙存諸公共上《開館辦法》九條。又有駁梁
　　　　　　　　　　　任公《清史商例》各條。實未到館，更無請其為總
　　　　　　　　　　　閱事實。偽本題為總閱，正本無于氏名。乃金梁假
　　　　　　　　　　　借之，以便竊稱此名。故《清史稿》正本削去金氏
　　　　　　　　　　　總閱二字，而題為校刻，從其實也。）

以上各人，張錄謂為纂修兼總纂。

李瑞清（梅庵）　　　　張云未到館。

耆齡（壽民）　　　　　張云未到館。

陶葆廉（拙存）　　　　張云未到館。
　　　　　　　　　　　（轍按，曾與于晦若等上開館九條辦法。）

於式棱（淵若）　　　　張云未到館。

謝遠涵（靜虛）　　　　張云未到館。

朱鍾琪（仰田）　　　　張云未到館。

溫肅（毅夫）　　　　　張云未到館。

楊鍾羲（子勤）　　　　張云未到館。

以上張錄謂為纂修。

宋書升（晉之）　　　　張云未到館。

唐晏（元素）　　　　　張云未到館。

呂鈺　　　　　　　　　張云在館長家。夏云無留稿。
　　　　　　　　　　　（轍按，曾調列傳數篇。）

宋舜年（子岱）　　　　張云未到館。

李葆恂（文石）　　　　張云未到館。

安維峻（筱峰）　　　　張云未到館。

袁金鎧（潔珊）　　　　夏云：未有留稿，後復到，總司校刊。（轍按，《清
　　　　　　　　　　　史稿》正本列名職名末，題曰總理史稿發刊事宜。）

以上張錄謂為協修。

王慶平（耜雲）　　　　張云未到館。

齊忠甲（迪生）　　　　張云未到館。

朱方飴（甘如）　　　　張云到館未久病故。夏補無留稿。

何震彝（鬯威）　　　　張云到館未久病故。夏補未有留稿。

以上個人張錄謂為校對兼協修。

張錄史館館員，據章式之手錄館員單，尚有提調、收掌、校對、科長諸人，已見另篇。茲篇所述，乃撰稿之人，故不贅述。

關外本《清史稿》職名中，尚列有纂修簡朝亮、袁克文，協修余嘉錫（季豫。張云，在館長家。轍詢知曾到館，對館長於史稿有所建議。館長未能用）、王以慜、趙文蔚（轍按，《功課簿》有文蔚，曾一見，任列傳。後改趙文蔚，當係一人，然所撰無多即去）、劉崐、陳延韡、李焜瀛、喻長霖、李汝謙、羅裕樟諸人。館中多不知者，《功課簿》亦無交稿之事。姑附錄於此。《功課簿》中尚有左霈，僅撰《地理志》湖南一卷。關內外本職名皆未列，張錄亦未載，茲附見焉。（轍按，唐恩溥曾重撰湖南一卷，知此稿未用。）

此外，尚有名譽總纂、纂修、協修甚眾，然實未預撰述之列。故茲篇未載。曾見時賢名狀，間有列清史館銜名者，多名譽之職，非本篇遺漏，容俟他日再考焉。〔註103〕

並時有國使館之設，以王闓運為館長。先是，民國元年9月19日，即因故事，立國史館，由大總統宣發《國史館官制》〔註104〕。然考其所由，實胡漢民、黃興、孫中山倡之也。民國三年，始聘王闓運任館長。王逶迤入京，於5月24日行開館禮。時纂修為譚啟瑞、駱成驤、陳嘉言、闊普通武，協纂為宋育仁、陳三立、林世燾、陳慶慈、湯用斌、景瑗、紀巨維、許鄧起樞。開館之日，陳三立、宋育仁未到會〔註105〕。其後，以員不敷用，延聘尚多，左紹佐、周大烈等皆授館職。王闓運以館長屢發委任令〔註106〕，門人、姻親、故交或亦稍得濫竽。然其事不永，掛職諸人，一無所成，食祿而已。當時已有物議。民國四年春，大總統委任楊度為副館長，王闓運返湘，更係虛領其職〔註107〕。王旋謝世。

〔註103〕 朱師轍《撰人變遷第六》，《清史述聞》卷三，第51～64頁。

〔註104〕 參見《國史館官制》，《政府公報》第181期，1912年；〈十二月二十九日臨時大總統命令〉，《協和報》第3卷第5期，1912年；《民國大事記》，《民誓》第1期，1912年。又《國史館官制》，《江蘇省公報》第66期，1912年；《國史館官制》，《安徽公報》第16期，1912年。

〔註105〕 《大事記》，《時事彙報》第7期，1914年。

〔註106〕 王闓運《國史館委任令（第一號至第二號）》，《政府公報》1914年第745期；王闓運《國史館館令（第一號至第七號）》，《政府公報》第745期，1914年。

〔註107〕 《兩史館近狀》，《學生》第2卷第3期，1915年。

　　國史館之設，循前清故事而已。初，袁世凱擬聘康有為主之，康辭不就，因以王代。三年行開館禮，陳三立、宋育仁等名列館籍者，皆不至。《國史館之第一幕》云：「禮儀既備，由王壬秋先生主席設樽，杯觥交錯，和樂雍雍，並不言及館事。今於午餐將散之際，由館長聲言所有館中辦事章程，容遲日再行議定，今日不過為開館之第一日，大家可以早散云云。言畢，相率而退。惟此日忽有小生波折者。蓋因各員悉到，惟陳三立、宋育仁未至。探其原因，則以陳隸湘籍，尚未到京，宋居京師皮庫營四川會館，而亦不肯到館。因該館初由臨時參議員擬定組織法，原定各員，由政府任命。嗣經王壬秋先生到京後，與各員商酌，均謂館員若由任命，成一種官吏性質，即難自由活動。該館擇定人員，多係超然世味、肆懷筆墨，有不衫不履，脫然名場氣概，斷難與普通官吏受同等之拘束，故有改為延請之議。迄由政事堂發表，仍係任命。宋不肯俯就，陳之不來，亦含有此種意味。」〔註108〕由此可知，宋育仁不欲俯就政府任命，惟延請乃為彼等所可；實則果出延請，以王闓運之妄誕，其流弊更多，——王以委任權畀之侍媼周氏，周氏廣羅姻親入館，一時館員為之側目，且撰有《致王壬秋先生書》，攻其「伏於裙釵」〔註109〕矣。張伯駒《素月樓聯語》載其狀云：「袁世凱以王湘綺長清史館（按，當為國史館）。湘綺居京師，戀其女僕周媽，頗為所制。有人嘲以聯云：『長清史館是八斗才，最怕周公來問禮；登湘綺樓望十里埠，不隨王子去求仙。』十里埠為湘綺故居近地。」〔註110〕今由《國史館之第一幕》報導觀之，王闓運雖長國史館，乃於開館之日「並不言及館事」，亦足徵其無所用心。長館期年，不著一字，公卿填門，姬妾弄權，不亦宜乎？且王闓運之於中華民國，意極輕之，嘗謂山間草寇，何有於國史，且啖飯來。雖名士妄誕之習，未必非肺腑之言。

　　春，宗社黨重組，日本東京設總部，大連設支部。組員有肅親王善耆、恭親王溥偉、陝甘總督升允、蒙古人巴布札布等成員及日本人多名。民國五年，組勤王軍，陰謀復辟、分裂，張作霖亟加彈壓。旋解散。

　　按辛亥遜位詔下前一月，清宗室及貴族良弼、毓朗、溥偉、載濤、鐵良等不甘讓政民國，曾私相召集，圖謀破壞，旋以君主立憲維持會為名宣示其旨。

〔註108〕《中央紀事·國史館之第一幕》，《教育週報》第47期，1914年。
〔註109〕蕉心《國史館某某致王壬秋書》，《餘興》第6期，1915年。
〔註110〕張伯駒《張伯駒集》下冊，上海古籍出版社2014年版，第410頁。

世稱宗社黨。有義士彭家珍以炸彈行刺，良弼身亡。遜位詔下，此舊宗社黨遂告解散。按許寶蘅《溥偉與宗社黨札記》記溥偉活動較詳，謂：「宗社黨者，以恭嗣親王溥偉為首腦，為袁世凱所題目，實際上並無正式組織。」〔註 111〕此說蓋能得其實。

　　夏，張伯楨輯印《篔溪歸釣圖題詞》，因類編次。時張伯楨決計歸隱田園。此編有王闓運、宋伯魯、夏寅官、鄭浩、廖維勳、吳剌、吳承仕、談道隆、嵩堃、陸潤庠、徐紹楨、李哲明、鐘聲、項乃登、三多、易順鼎、李綺青等人題詞。

　　《篔溪歸釣圖題詞》一編刻入《滄海遺音集》，鄭沅題簽。載民初勝流詩文如干，今已有學者為之掇拾補遺矣〔註 112〕。玩其情辭，頗可考見民初士人之心態也，大抵寓與世浮沉、悁悁不甘之意。李綺青題詩：「故鄉風景羨羅浮，不作山棲竟枕流。想是丹邱猶有劫，不如安穩在漁舟。」自注：「辛亥間，民軍起，羅浮名剎焚燼殆盡，故及之。」〔註 113〕則猶是遺老聲調。

　　7 月 28 日，奧匈帝國向塞爾維亞宣戰，「一戰」起。既而青島不靖，德、日搆兵。故老多挈家避地，陸潤庠入都，勞乃宣走濟南，章梫之上海，周馥、呂海寰、張人駿奔天津。

　　九月，周慶雲在上海編印《晨風廬唱和詩存》。

　　此集編次在民國二年，刊行在三年，為同人唱和集，收入《晨風廬唱和詩存》，收錄周慶雲、劉炳照、秦國璋、沈焜、汪煦、潘飛聲、趙湯、施贊唐、俞雲、吳俊卿、周鴻孫、劉錦藻、王受祿、許溎祥、俞宗元等人唱和詩，大抵淞濱吟社中人也。劉炳照作序。

附文 14　劉炳照《晨風廬唱和詩存序》

　　予性耽吟詠，遇窮而詩不工，吏隱潯溪，五閱寒暑，得一人焉，曰沈醉愚，其窮殆甚於予，而詩工於予。聞周君夢坡名，未獲奉手。甲辰罹災，浮家海上，其地多富商大賈，無可與言詩者。最後，因醉愚得識夢坡，開敏伉

〔註 111〕　許寶蘅《溥偉與宗社黨札記》，許恪儒編《許寶蘅藏箚》，第 152 頁。
〔註 112〕　參見朱則傑《清詩總集所見名家集外詩文輯考》，《深圳大學學報》2007 年第 6 期。
〔註 113〕　張伯楨輯《篔溪歸釣圖題詞》，民國三年刻《滄海遺音》本。

爽，有經世才。治事餘暇，嗜琴甘酒，而尤癖於詩。自與予交，即勾同志作
消寒會。寓公過客，聞聲相慕，每集夢坡與予詩先成，嗣後續結淞社，應求
益廣。此《晨風廬唱和詩存》一帙，皆夢坡與諸子賡歌各作，錄而存之，以
志一時喁于之樂。慨自辛亥國變以來，淞南兩經兵火，淞北僑民託庇外人宇
下，偷安食息，遺臣窮士，咸集於斯。夢坡坐客長滿，尊酒不空，有孔北海
遺風，所居與予寄廬，僅半里許，詩筒贈答，與往情來。平生作詩之多，無
逾於此者。予窮於世久矣，病廢閒居，日課一詩，消磨歲月。夢坡謹正鹽筴，
日無晷暇，見予所作，有倡必和，傳箋之使，日或再至。予贈詩有云：「忙裏
偷閒愛說詩。」紀實也。歐陽公「窮而後工」一言，予與夢坡各得一字。予
年愈老而遇愈窮，君詣益進而詩益工，至於身世淪落之感，邦國殄瘁之憂，
今之視昔，殆有甚焉，當亦淞社諸子所同聲永歎者乎。癸丑秋七月陽湖覆丁
侁老劉炳照。〔註114〕

冬，周慶雲編《百和香集》印行。

此集亦收入《晨風廬叢刊》。《百和香集》，收劉炳照、潘飛聲、沈焜、許
湜祥、劉士珩、惲毓齡、惲毓珂、王慶芝、張希明、王丙祺、張爾田、俞鍾鑾、
宗嘉樹、邵松年、歸曾祈、歸曾福、顧葆彝、潘文熊、錢溯耆、季紹龍、潘蠖、
翁宜孫、戴啟文、戴振聲、周慶雲、周鍾玉等人唱和詩。集前有潘蠖序。

施贊唐、王鼎梅舉蛻塵吟社於江蘇同里。與社者率多鄉紳。王贊唐
嘗與希社，其自立蛻塵吟社，蓋由希社啟之。至民國四年刊有《蛻塵吟
社唱和第一集》。

施贊唐《槁蟬篇》有曰：「首陽之薇誠苦饑，猶勝餔糟共天醉。」〔註115〕
其以清遺民自居無疑。門人王鼎梅《蛻塵吟社唱和詩》跋云：「吾師《槁吟篇》
作於辛亥九月，當時未嘗示人。」〔註116〕所以秘不示人，當亦由其詩不合時
宜之故。施贊唐曾隸籍希社，與夫自創蛻塵吟社，其志一也。蛻塵吟社社友有
王承霖、陳觀圻、戴啟文、劉炳照、孫肇圻、陳懋森、於漸逵、曹炳麟、李鏡
熙、甘鏡書、徐公輔、莊學忠、徐公修、沈其光、莊啟傳、沈潮、徐琢成、周

〔註114〕劉炳照《晨風廬唱和詩》序，民國三年刊本。
〔註115〕施贊唐《槁蟬篇》，南江濤編《清末民國詩詞結社文獻彙編》第 16 冊，第 7 頁。
〔註116〕王鼎梅《蛻塵吟社唱和詩》跋，南江濤編《清末民國舊體詩詞結社文獻彙編》
　　　　第 16 冊，第 43 頁。

時亮、楊應環、李鍾瀚、楊芃栻、錢衡璋、陳典煌、楊勇慶、王鼎梅。大抵為江蘇人。

　　姚文棟輯《孔宅詩（第一集）》一冊，鉛印行世。卷首有王鴻鈞序。

　　此後不見有《孔宅詩》第二集行世。按清人楊秉杷有《孔宅詩錄》一冊，抄本存世，未知二者關係如何。

　　吳懷清集句詩集《借澆集》刻行。時吳懷清旅京修《德宗實錄》《宣統政紀》，乃集唐人句以抒遺民之痛。當時館中多清室遺臣，感其意，率有作題其集。四方故老，亦靡然和之。

　　計其盛也，如陸潤庠、程棫林、錢駿祥、熊方燧、藍鈺、袁勵準、歐家廉、李經畬、盧湛枝、金兆豐、張書雲、朱汝珍、章梫、吳慶坻、吳士鑒、楊鍾羲、朱寶瑩、劉承幹、孫德謙、唐晏、郭曾炘、張士珩、薛寶辰、王大鈞、黃曾源、黃孝先等各有題詩，亦每以集句為之。吳懷清《借澆集》刻行時，署「啞道人」，其意可知。章梫一序，述其旨甚明，所謂「衣冠猶有遺民」也。

附文 15　章梫《借澆集敘》

　　夫桑海之變，不幸躬逢；舟壑之移，僅以身免。沙蟲俱化，衣冠猶有遺民；荊棘叢生，城郭已成故國。鬱伊誰語？俯仰長嗟。吳蓮溪前輩集唐上同館詩之作，其以斯與？在昔夏后之祚，厄於斟鄩；姬周之微，移於共主。五德無不衰之運，鮮民有未死之心。箕子不臣，欲泣不可；伯夷高餓，行歌自哀。猶憶夫文景全盛之年，開寶隆平之日，從容紫署，珥筆陳謨；出入承明，抽毫注記。玉堂天上，前塵墜於昔歡；蓬萊水清，長夢醒於昨會。此情此景，竊同傷之。而前輩以先朝之舊臣，續皇寔之新史。獨居京國，景物全非；回首秦關，家園何在。近規二曲之事，猶是明遺；遠宗四皓之風，非為漢屈。有庾信鄉關之思，而素守不移；抱遺山國史之才，而貞心獨遠。耿耿未下，拳拳不忘。何忍明言？烏能自己！夫《采薇》一曲，乃逸民託始之篇；《黍離》三章，實亡國大夫之感。陶元亮《田園》之賦，司空圖《遊仙》之詩，鄭所南井底之函，顧亭林《江山》之作，並託吟詠，直抒所懷。至乃薈萃前賢，感慨身世。唐室多播遷之厄，詩人習哀怨之詞。義取斷章，憔悴鍾儀之譜；詞同雜俎，迴環蘇蕙之文。前代遺臣，未有之也。予以伯玉之行年，遭文山之喪亂。詞垣八載，文字無補於兵

戎；危城十旬，發謀終嫌於枘鑿。自憐窮命，同故鄉之舒、胡；與君石交，似國初之顧、李。江天秋老，望京華而涕零；野蕨霜寒，夢故人而語澀。奉章三復，悲不自勝；願書萬本，貽我同好。癸丑秋日，寧海章梫一山甫寄稿，時寓上海。〔註 117〕

章梫輯《德宗實錄》初稿成。

章梫奉命修《德宗實錄》，自宣統始。民國三年，初稿粗定，其後遞有增損。至「宣統十三年（1922）十二月」，謄清皇史大紅綾本一部。至「宣統十九年（1927）」，又有盛京小紅綾本。

是歲，蔣學堅、陳昭常、蘇輿卒。

蔣學堅（1845～1914），字子貞，號懷亭，晚號石南老人，浙江海寧人。清光緒十二年貢生。官訓導。辛亥後，鬱伊不自聊，作《雜感》云：「自行新曆候都愆，花失開時月失圓。我學編詩陶靖節，但將甲子紀流年。」〔註 118〕著有《懷亭詩錄》六卷《懷亭詞錄》二卷《懷亭續錄》六卷《三錄》一卷，晚清民國遞刻本。

陳昭常（1868～1914），字簡持，廣東新會人。進士。辛亥後，任吉林民政長。

蘇輿（1874～1914），字嘉瑞，號厚庵，晚號閒齋，湖南平江人。長沙湘水校經堂肄業。光緒二十三年拔貢。從王先謙受學。康梁言變法，主《翼教叢編》攻之。有《辛亥濺淚集》四卷、《自怡室詩存》四卷，皆收入今《蘇輿集》（嶽麓書社 2008 年版）。另有《春秋繁露義證》等。

1915 年　乙卯

正月，瞿鴻禨發起逸社，所以繼超社也。初集於沈曾植寓所。沈曾植既歿，改集陳夔龍之花近樓、余肇康之倦知廬，而以陳夔龍主其事。蓋陳夔龍官至尚書，為直隸總督北洋大臣，瞿鴻禨而外，彼官銜最高，故遜清故老，翕然從之，推為盟主。至民國十六、十七年間，社事漸歇。

〔註 117〕 章梫《借澆集敘》，張明華、李曉黎編《近代珍稀集句詩文集》，鳳凰出版社 2015 年版，第 437 頁。

〔註 118〕 蔣學堅《懷亭續錄》卷六，《清代詩文集彙編》第 759 冊，上海古籍出版社 2010 年版，322 頁。

　　瞿、沈而外，別有馮煦、繆荃孫、陳三立、吳慶坻、王仁東、朱祖謀、林貽書、沈瑜慶、陳夔龍、王乃徵、張彬、楊鍾羲，凡十四人。至民國七（1918）、八年（1919），以瞿鴻禨、王仁東、沈瑜慶、繆荃孫相繼謝世，社事凋零，不常舉。斯為第一階段，瞿鴻禨、沈曾植主其事。民國九年（1920），逸社重開，多集陳夔龍氏之花近樓、沈曾植氏之寓所。舊有社員而外，王乃徵、鄒嘉來、劉錦藻、徐壽昌、胡嗣瑗、鄭孝胥、陳曾壽、王秉恩、余肇康、陳夔麟、王國維等人先後與其集。越二年（1922），沈曾植鶴駕。同人復多集於余肇康氏之倦知廬。遞至民國十六（1927）、十七年（1928）間而止。斯為第二階段，陳夔龍主其事。《花近樓詩存》附錄諸家唱和詩至夥，可參。

　　陳夔龍以民國三十七年歿於滬上，遷葬杭州。四十年間，所編唱和集甚夥。其花近樓，實滬上風雅所繫，與周慶雲之晨風廬，堪稱瑜亮。又，陳夔龍以民國二年石印《水流雲在圖記》，撮集生平遊覽之跡，為圖七十餘事，綴以短文。沈曾植、陳三立、瞿鴻禨、吳慶坻、吳士鑒、鄭孝胥、樊增祥、周樹模、沈瑜慶、林葆恒、朱啟鳳輩均有題詞。

附志六　陳夔龍編次清遺民唱和集書目

　　1.《大梁留別酬唱集》，清末民初鉛印本、《陳夔龍全集》本。

　　2.《藏海園酬唱集》，清末民初鉛印本、《陳夔龍全集》本。

　　3.《水流雲在圖記》，民國二年石印本。

　　4.《亭秋館哀辭》，民國五年刻本。末附陳夔龍自撰悼妻詩《花近樓百哀詩》。

　　5.《花近樓逸社詩存》，上海聚珍仿宋印書局排印本。

　　6.《貴陽陳庸庵尚書七袠壽言》，民國十五年鉛印本。

　　7.《郵筒酬唱集》，《陳夔龍全集》本。

　　8.《入吳聯吟小草》，民國十九年鉛印本。

　　9.《璧水春長集》；民國二十二年鉛印本、《陳夔龍全集》本。

　　10.《庸庵尚書重宴鹿鳴集錄》，民國二十三年鉛印本、《陳夔龍全集》本。

　　11.《北門驪唱集》，民國二十三年鉛印本。

　　三月，孫雄在北京陶然亭舉可興詩社。

　　可興詩社由孫雄、永光、道皆三人以民國四年（1915）發起於北京，首集在陶然亭。孫雄《可興詩社第一次開會啟》，敘其得名所由云：「敬啟者，風日

清和,正宜觸詠。況聖門垂訓,首重言詩,依永和聲,由來尚矣。彼人等就詩可以興之義,組織一可興詩社。每月一課,由值課者擇一名勝處,折柬奉邀……」〔註119〕其第一次雅集在陶然亭。

四月,周慶雲在上海創春音詞社。

周延礽編《吳興周夢坡先生年譜》載周慶雲創春音詞社,初夏為第一集,以櫻花命題,調限花犯,推朱漚尹為社長。先後入社者有朱漚尹、徐仲可、龐檗子、白也詩、惲季中、惲瑾叔、夏劍丞、袁伯夔、葉楚傖、吳瞿安、陳倦鶴、王蓴農諸先生。其社員蓋亦止此。徐珂《可言》謂入社者凡十二人,並可證。《可言》又謂十七集而風流雲散,是詞社活動僅一二年而已。王西神《春音餘響》述其事,別增曹君直、李孟符、陳彥通、郭嘯麓、邵次公、林子有、葉葒漁、楊鐵夫、林鐵錚、黃公渚等人。

十一月初六（12 月 12 日）,袁世凱復辟,承受帝位,廢民國紀年,改元洪憲。未幾,唐繼堯、蔡鍔、李烈鈞在滇宣布獨立,興師討袁。當是時,遜清故老謀倒袁者殆十之八。

附志七　清遺民參與倒袁述略

遜清故老與袁之恩怨,由來已久。戊戌告密致德宗幽囚是其一,辛亥逼孤兒寡母禪讓是其二,甲寅前後以還政清室為煙幕利用遜清故老是其三。前兩事人所共知,末一事知者較少。民國肇建,宗社黨及若干故老即密謀除袁,以人微,事不成。當民國三年甲寅前後,孔教之焰甚張,袁亦躬赴曲阜致祭,論者不察,遂以袁有心還政清室。由是,遜清故老鼓吹孔教、君主制無虛日。三年六月,勞乃宣撰《續共和正解》,為袁辯護,以周、召方之,意在勉袁還政。劉廷琛作《復禮制館書》,宋育仁亦作「還政清室」演說〔註120〕。袁初猶責其狂悖,謂當以淆亂國體罪論處,後亦不之辨,反因勢而利導之,利用彼等鼓吹君主制,所謂「項城無意中獲此上品材料,奉以兩朝開濟之殊禮,若輩亦崢然建樹勳業」〔註121〕。及洪憲稱制,彼輩之怒,可想而知。

〔註119〕孫雄《可興詩社第一次開會啟》,《宗聖匯誌》1915 年第 2 卷第 2 期,第 41
～42 頁。
〔註120〕參見胡平生《民國初期的復辟派》,第 62～64 頁。
〔註121〕劉成禺《洪憲紀事詩本事簿注》,第 289 頁。

　　洪憲稱制以後，蔡鍔諸人之討袁，梁啟超輩實策劃之。遜清故老，亦多奔走聯絡，向武人陳倒袁之計。遜清故老之「誓不臣袁」者，實繁有徒。蓋袁之以禪讓得總統，猶可恕，稱帝則悍然攖天下之怒，不特革命黨諸人而已。劉成禺《世載堂雜憶》云：「袁氏稱帝時期，革命黨與反對帝制派，群集上海；而復辟黨與清室遺老，亦以上海為中心地，宴會來往，儼然一家，其反對袁世凱則兩方一致也。梅翁一日作趣語曰：『昔趙江漢與元遺山，相遇於元都，一談紹興、淳熙，一論大定、明昌，皆為之嗚咽流涕，實則各思故國，所哀故不相侔。吾輩麇集淞滬，復辟排滿，處境不同，其不為李騫期則同，皆不贊成袁氏帝制自為也，吾輩其金、宋兩朝人乎！』」〔註122〕周樹模曰：「前清變民國，予等皆清室舊臣，民國無君，以人民為君，予等無二姓之嫌，皆可廁身作官。今袁稱帝，予等事之，棄舊君而事叛臣，何以自解？」〔註123〕正其理耳。以故，遜清遺老尤洶洶，仇袁特甚。潘其璿《先府君（潘之博）行述》曰：「南海惡袁盜篡，先已交通諸將謀倒袁，與先君及麥孺博丈日圖之。及籌安會起，國人怒而無措，先君與南海定策，以江寧馮將軍為主動而聯絡各省，以滇、黔邊遠，宜先舉，以廣西陸幹帥義俠，可響應，以許君勉丈義勇，可任舉兵於東粵，迫龍濟光獨立，然後與孫伯瀾等交通江淮北各省，又派人交通閩浙。」〔註124〕足徵遜清故老之情態。

　　又有一端，不可不知。遜清故老之倒袁也，唯恐天下人不堅其意。陶菊隱《政海軼聞》云：「西南軍政府成立，梁啟超草檄討袁，該電在南京電局拍發，迷離惝怳，令人入墜五里霧中，而不知胡嗣瑗實為賣弄玄機之一人也。胡主張清帝復辟，憚袁勢盛，乃與倒袁派勾結，而欲坐收漁利。」〔註125〕黃群《致在君先生書》曰：「晴初（胡嗣瑗）於復辟之役，為著名之復辟派，即其熱心推倒項城，正為其圖謀復辟之初步。……潘若海似與胡同宗旨，彼等反對項城全屬自動，且恐吾人或不反對，而使彼等失其助力，蓋其倒袁之動機，與吾人大不相同也。……胡為馮（國璋）之秘書長，頗有實權，其經手代任公所發之電，頗有為馮所不知者。」〔註126〕及袁敗，遜清故老復辟之志益堅，民國五、六年間，奔走不遑。且也，當袁世凱稱帝以前，海內已知其不免，日人伺故老

〔註122〕劉成禺《世載堂雜憶》，第 136 頁。
〔註123〕劉成禺《洪憲紀事詩本事簿注》，第 182 頁。
〔註124〕沈曾植《沈曾植集校注》，第 981 頁。
〔註125〕陶菊隱《政海軼聞》，上海書店出版社 1998 年版，第 26 頁。
〔註126〕黃群《黃群集》，上海社會科學院出版社 2003 年版，第 314 頁。

之意，頗有擁溥儀復辟之議，特彼之所謂復辟，僅東三省耳，遜清故老以為顧小而遺大，多未允其計。劉成禺《世載堂雜憶》云：「在袁世凱謀稱帝時，日人曾派重要人物，多次往來協商於青島、上海間，欲推宣統復辟，或在東三省建立『大清國』。恭王、肅王移住旅順，即商訂此協議也。青島方面一致贊同，日人乃偕青島遺臣要人，來滬方取同意。瞿子久首先反對，堅持瞿意者，則李梅庵、沈子培、陳散原諸人，梅庵謂是置宣統於積薪上也。青島、上海意見既分，袁世凱多羅致青島重臣入京矣。至張勳復辟，原由胡嗣瑗（時任馮國璋秘書長）與陳某為往來運動主角。對鄭孝胥，則秘不使知。康有為聞風至徐州，處之別室，亦不令參與密議。上海方面先商諸子玖諸人，李梅庵、陳伯嚴、沈子培等，皆謂此事宜大大謹慎，否則皇室待遇，必出奇變。段祺瑞自命開國元勳，北洋兵權尚有把握，安保無事。故復辟事件，上海方面未多參機密。瞿子玖死，清室諡曰『文慎』，蓋胡嗣瑗等尚未忘『宜大大謹慎』之言也。觀此，則『滿洲國』一幕好戲，如無民初滬上遺老反對，恭王、肅王、升允等已早在東三省大開臺矣。」〔註127〕蓋遜清故老之僑居青島者，多急於事功，期在必成，雖遼東彈丸之地，不嫌其小，而遜清遺臣之僑寓上海者，往往隔岸而觀，即委蛇舉事，亦惟全璧是謀，捨大一統而言復辟，非彼輩所敢知。故當民國五、六年間，張勳以武人謀復辟，有一合天下、再現九五威儀之勢，海上遺臣始靡然從之。及瞿鴻磯、沈曾植輩謝世，鄭孝胥、胡嗣瑗、羅振玉之徒則雖還關外建偽滿，亦欣忭無似矣。同為遜清遺臣，其為清室、為天下計，蓋區以別矣。

附文 16　劉成禺《洪憲紀事詩本事簿注》（節錄）

趙竹老世丈（鳳昌）手示《洪憲縉紳》語予曰：「此洪憲爵秩全書，予在北京以一百金得之。」蓋政事堂頒行初訂紅本。帝制取消，銷滅證據，此書亦在焚毀之列，實孤本也。前清《縉紳》，由榮祿堂發行，此書亦由榮祿堂刊印。紅面黃簽，四角包綠綢，全函四冊，字體行格，均仍舊制，與前清《縉紳》無異，內容則有變更。本書函面黃簽，標「爵秩全函」四字，下書榮祿堂出版秋季。封面內頁，眉印橫排「中華民國」四字，下直排「新定官制縉紳」六字。第一頁列榮祿堂序，第二行列起首老鋪新修爵秩全函記，內官列政事堂、禮制館、統率辦事處、將軍府、參政院、審計院、外內城、步軍統領、財政部、陸軍部、海軍部、參謀部、司法部、大理院、審判廳、教育部、農商部、交通部、

〔註127〕劉成禺《世載堂雜憶》，第 136～137 頁。

水利局、立法院、蒙藏院、平政院、國史館、肅政廳。外官分省列將軍、巡按使以下本省文武官吏。本書要點足備一代制度之研究者。（一）政事堂如前清內閣，國務卿則權高於閣丞，猶如民國內閣總理，而隸於大皇帝之下，等於前清之軍機大臣。（二）當時外者，只劉冠雄一人，海軍特遇也。（三）外省將軍有特任者，禮遇隆重，巡按使有受政府特別委任者，情節較重。（四）將軍外武內戚，武加賜號，東三省特殊，易武為安。（五）廣西將軍、巡按使無爵，有反對帝制消息，恐不受也。（六）雲南任龍覲光為將軍巡按使無爵，未赴任，時雲南起義也。（七）貴州無將軍，因起兵免劉顯世職也。（八）新疆巡按使、將軍銜無爵，地遠不足重也。（九）巡按使有授伯爵者。其人有功，或特殊重要也。（十）海陸軍辦事處，仍首刊武義親王黎元洪。又國務卿徐世昌名則糊蓋條紙，外刊段祺瑞名，此《縉紳》成於洪憲紀元前，徐世昌尚未離去國務卿，及洪憲取消，段祺瑞出任，以國務卿名義行之，糊名或在此時。及毀銷帝制文書，縉紳板片無存，此本尚糊名刊書，亦當時可研究之案也。以上各節，皆《縉紳》中可供官制事情史料者。書藏竹老家，其政事堂、各省將軍、巡按使兩官制，為洪憲時所獨有。〔註128〕

附文17　榮祿堂發行《洪憲縉紳》

　　本堂《縉紳》之刻，由來久矣。凡夫郡縣之沿革，道里之遠近，賦稅之出入，官缺之繁簡，廉俸之多寡，品秩之等差，與夫民俗易同之故，山川物產之宜，莫不粲然具備，非僅官職題名瞭如指掌也。惟是新朝帝政體變更，是書雖即隨時修改，而因革損益，或未能悉核靡遺，閱者憾焉。本堂有鑑於此，爰自洪憲元年一月一日為始，確實調查新帝國之組織，內外官制之職銜，悉心釐正，以昭我朝論官得人之盛，而基萬年有道之隆。斯則本堂區區之苦心，願與當代名公巨卿就正之也。如有升遷調補，隨時示函，遵照增刊，尤為禱企。此啟。洪憲元年一月一日本堂主人謹題。

附：政事堂將軍巡按使職權人名爵職

政事堂

　　國務卿徐世昌直隸東海人。

　　左丞楊士琦安徽泗洲人。

　　右丞錢能訓浙江嘉善人。

〔註128〕劉成禺《洪憲紀事詩本事簿注》，第262～264頁。

參議林長民福建閩縣人。曾彝進四川華陽人。

伍朝樞廣東新會人。方樞安徽定遠人。

李國珍江西武寧人。許士熊江蘇無錫人。

張國淦湖北蒲圻人。徐佛蘇湖南長沙人。

法制局：（一）擬定法律命令案事項。（二）審定各部院擬定之法律命令案事項。（三）擬定及審定禮制案事項。（四）調查編譯各國法律事項。（五）保存法律命令之正本事項。

局長顧鰲，四川廣安人。

機要局：（一）頒布恭請鈐章。（二）撰擬命令及各項文獻及各項文電。（三）收發京外各署文牘電信。（四）典守印信。（五）審核各部事務。（六）關於請審來往文件。（七）關於立法院來往文件。（八）與各部來往文件。（九）與本堂各局所人員接洽事件。（十）保管圖書。（十一）編輯審察事務。

局長張一麐，江蘇吳縣人。

銓敍局：（一）關於文官任免事項。（二）關於文官陞轉事項。（三）關於文官資格審查事項。（四）關於存記人員註冊開單事項。（五）關於文官考試事項。（六）關於勳績考核事項。（七）關於恩給及撫恤事項。（八）關於爵位勳章並其他榮典授與事項。（九）關於外國勳章授領及佩帶事項。

局長郭則澐，福建閩縣人。

主計局：（一）核議關於財政事項。（二）稽核關於預算事項。（三）關於財政文件之擬定及編輯保存事項。（四）關於統計之事項。

局長吳廷燮，江蘇江寧人。

印鑄局：（一）製造印刷官文書及其他用事項。（二）刊行公報、法令全書及職員錄事項。（三）鑄造勳章印信圖書及其他物品事項。

局長袁思亮，湖南湘潭人。兼幫辦參事易順鼎，湖南漢壽人。

司務所：（一）關於人員進退。（二）關於官產物保管購置。（三）關於土木工程。（四）關於本堂經費預算決算。

所長吳篯孫，河南固始人。

將軍行署：將軍於軍政事務承大皇帝之命令受陸軍部之監察、指示，將軍於軍事之計劃及命令承大皇帝之命，受參謀本部之監察、指示。將軍因維持該管區域或城廂內外各地方之治安，依巡按使之請求，需用兵力，得酌量情形派兵協助。但遇緊急事變得逕行直處，遇有上項情事，需同時呈報大皇帝並通報

陸軍部及參謀本部。

京兆尹：直隸大皇帝，管轄二十縣。王達。安徽人。

陸軍中將直隸巡按使督理直隸全省軍務一等伯爵朱家寶，雲南黎縣人。

特任陸軍上將昭武上將軍熱河都統督理北邊軍務兼管轄巡防警備等隊，政府特別委任監督財政及司法行政、教育、實業等事一等公爵姜桂題，安徽亳縣人。

一等男爵察哈爾都統督理北邊軍務兼管巡防警備等隊，受政府特別委任監督財政、司法行政、教育、實業等務張懷芝，山東人。

特任陸軍上將鎮安上將軍督理奉天軍務兼節制吉林、黑龍江軍務一等公爵段芝貴，安徽合肥人。

陸軍中將鎮安左將軍督理吉林全省軍務一等伯爵孟恩遠，直隸天津人。

吉林巡按使特別委任兼督司法行政、財政、教育、實業事務一等男爵王揖唐，安徽合肥人。

陸軍中將鎮安右將軍督理黑龍江全省軍務一等子爵朱慶瀾，浙江紹興人。

陸軍中將泰武將軍督理山東全省軍務事宜一等伯爵靳雲鵬，山東濟寧人。

山東巡按使管理巡防警備，受政府特別委任監督全省財政、司法行政、教育、實業事務一等男爵蔡儒楷，江西南昌人。

陸軍中將德武將軍督理河南全省軍務一等侯爵趙倜，河南臨汝人。

河南巡按使管理巡防警備監督全省財政、司法行政、教育、實業事務一等伯爵田文烈，湖北漢陽人。

陸軍中將同武將軍督理山西全省軍務事宜一等侯爵閻錫山，山西五臺人。

山西巡按使管理巡防警備等隊，受政府特別委任監督全省財政、司法行政、教育、實業事宜一等男爵金永，浙江杭縣人。

綏遠城都統督理北邊軍務兼管巡防警備等隊，受政府特別委任監督財政、司法行政、教育、實業事宜一等男爵潘矩楹，山東濟寧人。

陸軍上將宣武上將軍督理江蘇全省軍務事宜一等公爵馮國璋，直隸河間人。

江蘇巡按使管理巡防警備等隊，受政府特別委任監督財政、司法行政、教育、實業事宜一等伯爵齊耀琳，吉林伊通人。

陸軍中將安武將軍督理安徽全省軍務事宜一等公爵倪嗣沖，安徽亳縣人。

安徽巡按使管理巡防警備等隊，受政府特別委任監督財政、司法行政、教育、實業事宜二等男爵李兆珍，福建長樂人。

陸軍中將昌武將軍督理江西全省軍務一等侯爵李純，直隸天津人。

江西巡按使管理巡防警備等隊，受政府特別委任監督財政、司法行政、教育、實業事宜一等男爵戚揚，浙江紹興人。

福建護軍使督理福建全省軍務L等子爵李厚基，江蘇銅山人。

福建巡按使管理巡防警備等隊，受政府特別委任監督財政、司法行政、教育、實業事宜一等男爵許世英，安徽建德人。

陸軍中將興武將軍督理浙江全省軍務一等侯爵朱瑞，浙江海鹽人。

浙江巡按使管理巡防警備等隊，受政府特別委任監督財政、司法行政、教育、實業事宜一等伯爵屈映光，浙江臨海人。

特任陸軍上將彰武上將軍管理湖北全省軍務一等侯爵王占元，山東館陶人。

湖北巡按使管理巡防警備等隊，受政府特別委任監督財政、司法行政、教育、實業事宜一等男爵段書雲，江蘇蕭縣人。

特任海軍中將靖武將軍督理湖南全省軍務一等侯爵湯薌銘，湖北蘄水人。

湖南巡按使管理巡防警備等隊，受政府特別委任監督財政、司法行政、教育、實業事宜一等男爵沈金鑒，浙江吳興人。

特任陸軍中將咸武將軍督理陝西全省軍務一等伯爵陸建章，安徽人。

陝西巡按使管理全省財政、教育、實業事務一等男爵呂調元，安徽太湖人。

將軍銜甘肅巡按使督理甘肅全省軍務一等子爵張廣建，安徽合肥人。

將軍銜新疆巡按使督理新疆全省軍務楊增新，雲南蒙自人。（無爵）

新疆巡按使同上。

特任陸軍中將成武將軍督理四川全省軍務一等侯爵陳宧，湖北安陸人。

四川巡按使管理巡防警備等隊，受政府特別委任監督財政、司法行政、教育、實業事宜一等侯爵陳宧，湖北安陸人。

郡王銜陸軍上將振武上將軍督理廣東全省軍務龍濟光，雲南蒙自人。

廣東巡按使管理巡防警備等隊，受政府特別委任監督財政、司法行政、教育、實業事宜一等伯爵張鳴岐，山東無棣人。

特任耀武上將軍督理廣西全省軍務陸榮延，廣西武鳴人。（無爵）

廣西巡按使會辦軍務，受政府特別委任監督司法行政、實業事務王祖同，河南鹿邑人。（無爵）

特任陸軍中將臨武將軍督理雲南全省軍務龍覲光，雲南蒙自人。（未封爵）

兼署雲南巡按使，受政府特別委任監督司法行政事務龍覲光，雲南蒙自人。
貴州將軍（無）。

貴州巡按使受政府特別委任監督財政、司法行政一等男爵，龍建章。〔註129〕

是歲，陸潤庠、劉玉璋、龐鴻書、鄒福保、于式枚、黃錫朋、李葆恂、麥孟華卒。

陸潤庠（1841～1915），字鳳石，號雲灑、固叟，江蘇元和人。同治十三年狀元。入民國，留宮中，為溥儀師，授太子太保。奉德宗、隆裕梓宮於崇陵。袁世凱擬聘清史館長，卻之。卒諡文端。以書法名世。有《陸潤庠家書》，稿本，藏上海圖書館；與翁同龢合編《槐市聯吟集》二卷，光緒十年刻本。另有《新增宦鄉要則》。

劉玉璋（1842～1915），字特洲，一作特舟，四川奉節人。同治舉人。歷官歐寧、福安知縣，龍巖直隸州知州、建寧知府等。有循吏聲。國變後，作《絕糧吟》：「質庫有緣迎故我，廉泉無計送故吾。閩南四十年來客，恰是邯鄲夢醒初。」〔註130〕有《夔夔堂詩略》一卷《補遺》一卷，民國鉛印本。

龐鴻書（1848～1915），字仲劬，號渠庵，晚號酈亭，江蘇常熟人。光緒六年進士，官湖南布政使、貴州巡撫。入民國，「放浪湖山，沉酣詩酒」〔註131〕，越數年，卒。有《歸田吟稿》二卷附《詩餘》一卷，民國十二年鉛印本。另有《補元和群縣志四十七鎮圖說》《讀水經注小識》等。

鄒福保（1852～1915），字詠春，號芸巢，江蘇元和人。光緒十二年進士，授編修。入民國，閉門不與時事。有《徹香堂詩集》十二卷，上海合眾圖書館民國三十七年抄本，藏上海圖書館；《巢隱老人自祭文‧呻吟語‧自挽詩聯》，民國四年影印本。另有《徹香堂經史論》《讀書燈》，編有《江蘇校士館變法課藝》《范文正、忠宣二公全集》。

于式枚（1853～1915），字晦若，廣西賀縣人。光緒六年進士，授兵部主事。官郵傳部侍郎、禮部侍郎、學部侍郎。入民國，居青島，密謀復辟。卒諡文和。有《於文和公遺詩》，民國《椿蔭叢錄》抄本，藏國家圖書館。另有《考察普魯士國及德意志聯邦憲法成立情形》《普魯士憲法解釋要譯》等。

〔註129〕劉成禺《洪憲紀事詩本事簿注》，第264～271頁。
〔註130〕劉玉璋《夔夔堂詩略》，民國鉛印本。
〔註131〕張守誠《歸田吟稿後序》，龐鴻書《歸田吟稿》卷尾，民國十二年鉛印本。

黃錫朋（1859～1915），字百我，號蟄廬，江西都昌人。進士。晚號凰山樵隱，名其室為蟄廬，用示遺民之志。陳衍《石遺室詩話》稱：「百我以進士官司曹，鼎革伏處不出。」〔註132〕有《蟄廬文略》《凰山樵隱詩集》，今收入《都昌三黃詩文集》（作家出版社 2003 年版）。

李葆恂（1859～1915），字寶卿，號文石，更字叔默，號戒庵，別署猛庵、紅螺山人，奉天義州人。李鶴年之子。官江蘇候補道、直隸道員，充湘鄂兩岸淮鹽督銷局員。深受端方倚重。入民國，避居天津，改名理，字寒石，號鬼翁，別署孤笑老人。清史館成立，聘為協修。有《紅螺山館詩鈔》二卷《遺詩》一卷，民國五年刻本；《無益有益齋讀畫詩》二卷，宣統排印本。另有《三邑翠墨簃題跋》《海王村所見書畫錄》。劉聲木《桐城文學淵源考》、柯愈春《清人詩文集總目提要》皆著錄《猛庵文略》二卷，《桐城派文集敘錄》稱未見〔註133〕。

麥孟華（1875～1915），字孺博，號蛻盦，廣東順德人。舉人。康有為弟子。有《蛻盦詩》一卷，民國十年歸安朱氏刻《粵兩生集》本。

1916 年　丙辰

七月，《鞠社詩草初刊》鉛印問世。

鞠社，劉炳南、陳寶裳等在福建長樂所創也。據《在社同人》名錄及《來賓名錄》，社員有劉炳南、鄭以超、蔣天開、陳光輔、張鳳堻、張鳳章、鄭景熙、陳鳴岐、陳寶裳、劉承昆、江保堯、李韻夔、施平、鄭義勳、陳壽棨、陳保焯、梁維新、鍾大椿、陳應鈞、鍾函、高玉豪。《詩草》所收皆擊鉢吟之作，或只限題，或兼限韻。卷首有劉炳南《鞠社詩草初刊序》、陳保棠《鞠社序》，敘鞠社顛末甚詳。劉炳南序「辛亥壬子而後，時局滄桑，都士人咸厭談世務，日以文酒相過從」〔註134〕云云，蓋紀實也。陳保裳，號潛庵，光緒十九年舉人，歷官陝州知州、汝寧知府。辛亥鼎革，以遺民自居。迨民國五、六年間出山，是又當別論也。

〔註132〕陳衍《石遺室詩話續編》卷六，陳衍《石遺室詩話》，人民文學出版社 2004 年版，第 751 頁。

〔註133〕徐成志、王思豪主編《桐城派文集敘錄》，安徽大學出版社 2016 年版，第 179 頁。

〔註134〕劉炳南《鞠社詩草初刊序》，南江濤編《清末民國舊體詩詞結社文獻彙編》第 25 冊，第 369 頁。

秋，陳伯陶在香港，祀宋末遺民趙秋曉生日，吳道鎔、張學華、汪兆鏞、黃佛頤諸故老之遁居香港者，競為詩詞和之。其後，丁仁長、張其淦、何藻翔、黃日坡、賴際熙、李景康、梁清等亦有追和〔註135〕。蘇澤東編《宋臺秋唱》一冊行於世。

《宋臺秋唱》有民國六年刻本及 1979 年重刻本，作者凡三十餘人。又，陳步墀《繡詩樓叢書》有《宋臺集》一種，收其詩 60 餘首。此集卷首劉揚芬繪宋王臺遺跡圖，並影有陳伯陶、賴際熙故老之墨寶。

吳慶坻編印《辛亥殉難記》，記述辛亥間清廷死亡官員。

《辛亥殉難記》五卷，略分文職、武職、駐防、烈女，附《辛亥殉難表》。金梁復增補一卷，以民國十二年鉛印行世。同類著述尚有蘇輿《辛亥濺淚集》、羅正鈞《辛亥殉節錄》、尚秉和《辛壬春秋》、馮恕《庚子辛亥忠烈象贊》。

附文18　王先謙《辛亥殉難記序》

《辛亥殉難記》者，吳自修提學搜訪是年殉難文武一百五十餘人，為之考實者也。推肇亂之由，自學校至軍屯，新立制度，一以不教之民處之，列省奉行，糜金錢無算。其出洋遊學者，復不加約束，以致流言朋興，莽戎狙伏，謀國不臧。上焉者忽而不察，及難發，而大局已成瓦解之勢，詎不痛與！清室教忠之典備矣，又恩澤素厚天下，臣庶皆有忠義激發之思。而臨時董戒之方，尤列朝所夙講。所謂董戒者何？曰賞罰是已。咸豐初，以粵匪陷鄂，誅遁走之巡撫青麟，一時官吏咸懍然於王章之不可犯。辛亥歲，湖北新軍之變，總督瑞澂棄城登舟，御史臺環請拿問，攝政未允。由是長沙、江寧督撫相率遁走，勢不能再下嚴詔。徇一己之私心，廢祖宗之成法，與自棄其國何異？光緒中，國病亟矣。而度支之困，虐不及民。威柄猶存，人心未去。得其道而御之，誠臣誼士方將引而愈出，用而不窮，如咸、同時可決也，何止如提學所記百數十人也哉？記中如陸巡撫之一門節義，謝總兵之忠憤捐軀，皆第一流人物。其餘捨生取義，足光史冊。當茲時事推移，斯文垂喪，洵不可少之書也。後之人觀於人才與世運相維繫之故，亦不能無感也夫！

郁葆青在上海創鳴社，歷時甚久，至民國二十六年丁丑抗日軍興，社事始歇。鳴社厥初名求聲社，至民國八年己未（1919），始改稱鳴社。

〔註135〕參見黃坤堯《香港詩詞中的人文景觀》，《東華中文學報》2006 年第 1 期。

　　鳴社中人，例非遺老，但夏敬觀等遜清故老為其「社賓」，故附及之。考嚴昌堉《鳴社二十年話舊集序》云：「鳴社初名求聲，始丙辰，其興起後於諸吟社。蓋郁餐霞姻丈貨殖餘暇，耽吟事，始焉集里中故舊有同嗜者十人，為求聲社，不過如昌黎〈南溪始泛〉詩所云，『願為同社人，雞豚燕春秋』者，非欲標榜為名高者也。迨後因友及友，來者遂加多。己未易今名。」〔註136〕《鳴社二十年話舊集》則民國二十四年乙亥（1935）所刊。《瓶粟齋詩話》卷二十四云：「民國壬癸之際，海上有超社、希社、淞社，厥後常州之苕岑、海虞之虞社繼之，而滬之希社、鳴社為最盛。鳴社歷年最久，初名求聲，始於丙辰，主社事者郁餐霞、繭迂父子，及嚴君載如也。每假酒樓舉行社集，勝士如雲。……倭難作，社事寖歇。」是社事寖於民國丁丑（1937）。嚴壽澂先生《〈瓶粟齋詩話〉與滬上舊體詩詞》〔註137〕敘及瓶社，引其先人嚴昌堉「迨丁丑秋，狼煙四起，社事中輟」之語，亦可證。惟嚴文未細論瓶社。乙亥（1935）刻行《話舊集》之緣起，嚴序甚詳，茲不贅錄，但列敘社友名錄如次：孫玉聲、鄭永詒、胡祥翰、郁葆青、周大封、徐識耜、劉體蕃、姚景瀛、嚴昌堉、竺大炘、王丁梅、朱敦良、馮翼雲、許德厚、項寰、徐公修、葉壽祺、姚洪淦、荊鳳岡、張榮培、張人鑒、顧汝澄、陸天放、甲豐芸、袁潛、林鶴年、王仁溥、吳濟、劉匯清、戴振聲、鄧澍、王燮功、徐鋆、莊毅、季望疇、朱大可、朱鈺、邱心培、尤綺。至陳詩、徐丹甫、秦硯畦、王爽園、沈韻笙、劉錫之、沈步瀛、錢頌椒、夏敬觀、李宣龔諸遜清故老則皆係所謂「社賓」，實亦與鳴社諸公為桴鼓之應也。又，考《鳴社丙寅選刊》、《鳴社丁卯選刊》二種，尚有社友姓氏為《話舊集》所失收者，《丙寅選刊》之失收者有吳鵬、祝書根、祝廷華、章廷華、謝鼎鎔、章錫奎、章錫名、楊遵路、王霞、王銓運、任鍾駿、何羨榕、陸文明、蔡其謹、郁元英、鄭翼堂、向璽、劉綏曾、王家錦，《丁卯選刊》之失收者有朱家駒、張景仁、朱錫租、張元祥、金錢崇、楊逢辰、雷以豐、陳邦機、凌鑒冰、朱霞、蔡之宜、吳楚、沈健、張榮培、陸端、李聯珪、陳福萃、費有容、顧彥聰、金祥勳、朱鎧、鄒尊瑩、陳定康、張爾鼎、汪蓉第、鄧澍、沈其光、雷元熙、周佫、鄭永詒、龔鼎彝、顧樹炘、周繡虎、趙恩燾、顧望細、彭慰曾、荊栩。

〔註136〕嚴昌堉《鳴社二十年話舊集》序，民國二十四年鉛印本。
〔註137〕參見嚴壽澂《〈瓶粟齋詩話〉與滬上舊體詩詞》，《詩道與文心》，華東師範大學出版社 2009 年版。

郁葆青（1881～1941），名錫璜，號詩龕、蘭耦等，所居餐霞居、味圓室，上海人。葆青生平，自非遺老，但構園滬上，與彼亦有交通。所輯刊除《鳴社（二十年）話舊集》而外，尚有民國十六年《蘭襟集》、民國二十四年《滬瀆同聲集》《滬瀆同聲續集》，皆同人唱和集也。

附文 19　沈其光《瓶粟齋詩話》（節錄）

叔季之世，文士往往結社，以文章氣節相砥礪。如宋元間之汐社、月泉社；明季江南北有羽朋社、匡社、南社；浙有聞社、讀書社；江西有則社，而吳之幾、復兩社為最著。民國壬癸之際，海上有超社、希社、淞社，厥後常州之苔岑、海虞之虞社繼之，而滬之希社、鳴社為最盛。鳴社歷年最久，初名求聲，始於丙辰，主社事者郁餐霞、繭迁父子，及嚴君載如也。每假酒樓舉行社集，勝士如雲。余己巳客滬，遇宴飲輒攜蔣姬俱往。乙亥九月，社中假龍門精舍故址，舉行話舊集，蒙折柬相招。余寄詩云：「廿年文酒此銜杯，稠疊郵筒往復回。畫卷且留塵外賞，黃花猶向劫餘開。蒼茫海國題襟集，蕭瑟江關作賦才。自笑年時詩債滿，瘦藤不許逐人來。」倭難作，社事寖歇。（此外南社，聲氣亦廣，惟志趣不同。）〔註138〕

附文 20　嚴昌堉《鳴社二十年話舊集序》

自辛亥國變，宙合晦盲，舊臣名士既遯世，靡不以滬瀆為歸。流人所聚，乃藉詩篇酬唱，遣其不可聊之歲月。若超社、希社、淞社，各張一幟，踵起於壬癸之間。詩社之興，於斯為盛。超社屬先朝顯者，天地既閉，託於歌詠，以寄其舊君故國之思。甲寅、乙卯以還，夫己氏餌卑辭厚幣，乃多有捧檄而喜，去此不顧者。謔者謂六書之義，其四曰會意，超字於文，蓋召之即走也。嗣改曰逸社。希社人數眾，流品稍雜，不數年亦即渙散。淞社行之久，其間不乏知名士，然亦不聞音響矣。鳴社初名求聲，始丙辰，其興起後於諸吟社。蓋郁餐霞姻丈貨殖餘暇，耽吟事，始焉集里中故舊有同嗜者十人，為求聲社，不過如昌黎《南溪始泛》詩所云「願為同社人，雞豚燕春秋」者，非欲標榜為名高者也。迨後因友及友，來者遂加多。己未易今名，時余以丈哲嗣迁樓妹丈之介，亦附名其間，月為觴詠，時或徜徉吳越間山水佳處。屈指二十年，未嘗間斷也。

〔註138〕沈其光《瓶粟齋詩話》卷二十四，張寅彭編《民國詩話叢編》第 5 冊，第 708～709 頁。

而此二十年中，人事之變遷，同社人之生死聚散，若與世亂相表裏。於是餐霞丈喟然興歎，約為話舊之集。〔註139〕

　　陳伯陶《宋東莞遺民錄》《勝朝粵東遺民錄》成，刻入《聚德堂叢書》。後又撰《明季東莞五忠傳》，以民國二十二年鉛印行世。

　　遜清覆亡，殉節、守節者未得與朱明一朝比隆。劉成禺《世載堂雜憶》云：「清末朝士，風尚卑劣，既非頑固，又非革新，不過走旗門混官職而已。故辛亥革命為清室死節者，文臣如陸春江等，武臣如黃忠浩等，皆舊人耳，新進朝士，無有與焉。向之助清殺黨人者，既入民國，搖身一變，皆為元勳。朝有官而無士，何以為朝？清之亡，亦歷史上之一教訓也。」〔註140〕即舊人殉國者，亦寥寥可數。此在故老，洞若觀火，故頗欲張大其詞，以植其尊、堅其志。可謂「遺民之焦慮」也。同類著述，尚有若干，茲並附此。

附志八　清遺民撰歷朝遺民錄與遺民詩錄

　　1.《宋東莞遺民錄》，陳伯陶撰，民國五年《聚德堂叢書》本。

　　2.《勝朝粵東遺民錄》，陳伯陶撰，民國五年《聚德堂叢書》本。

　　3.《明季東莞五忠傳》，陳伯陶、九龍真逸撰，民國二十二年東莞養和書局鉛印本。

　　4.《金遺民錄》，孫德謙撰，稿本，藏上海圖書館。

　　5.《元廣東遺民錄》，汪兆鏞撰，民國十一年刻本。署「清溪漁隱」，即汪兆鏞。

　　6.《元八百遺民詩詠》，張其淦撰，民國二十一年鉛印本。

　　7.《明代千遺民詩詠》，張其淦撰，民國十九年（二十一年）鉛印本。

　　8.《清遺逸傳稿》，金梁撰，民國三十一年鉛印本。《清遺逸傳》一名《清史稿補》。

　　9.《清遺民詩詠》，劉承幹撰，稿本，今藏上海程羽黑家。繆荃孫《嘉業堂藏書志》有《清遺民詩詠序》一篇，可參。

　　10.《明遺民傳》，章梫撰。章式生前寫定稿本。今不審何在。

　　11.《采薇百詠》，張學華撰，民國十二年手寫影印本。

　　12.《沅湘遺民詠》，劉善澤撰，民國二年長沙楚益圖書社石印本。

〔註139〕嚴昌堉《鳴社二十年話舊集》序，民國二十四年線裝本。
〔註140〕劉成禺《世載堂雜憶》，第 145 頁。

13.《明逸民詩》，陳邇聲輯，家藏稿。今存軼未知。

【按】李宣龔有《穎生丈見過，言清遺民詩僅輯得四百餘家，並話故園風物之美，感而有作》，似高向瀛（字穎生）亦曾輯《清遺民詩》一部，錄四百餘家詩作。書此備考。又，陳去病撰《明遺民錄》一種，用意有別於上述諸書。

是歲，黃自元、許玨、林紹年、王詠霓、王存善、榮慶卒。

黃自元（1836～1916），字敬輿，號澹叟，湖南安化人。進士（榜眼）。以書法名世。有《黃自元殿試策》，同治七年刻本。

許玨（1843～1916），字靜山，號復庵，別署樂徐老人，江蘇無錫人。舉人。出使參贊。入民國，隱居不仕，「徒抱離騷忠愛之忱，旋遭王風黍離之恨……流涕之餘，更不禁繼之以痛哭」〔註141〕。有《復庵先生集》十卷，民國十五年無錫許氏簡素堂印本。另有《論語要略》。

林紹年（1849～1916），字贊虞，諡文直，福建閩縣人。進士。民國二年，與諸老奉德宗、隆裕太后梓宮於崇陵。歿後，賜諡文直〔註142〕。林葆恒為輯《林文直公榮哀錄》《林文直公登岱圖詠》。有《林文直公奏稿》七卷，民國十六年刻本。

王詠霓（1839～1916），字子裳，號六潭、旌夫、鶴叟，浙江黃岩人。光緒六年進士。任各國公使隨員。宣統辛亥，引疾還鄉，伏處不出。有《函雅堂集》四十卷，光緒二十二年刻本；《道西齋尺牘》，稿本，今有 2019 年《洪家叢書》本（改題《王詠霓履歐書信集》）；《道西齋日記》，光緒十八年石印本，今有嶽麓書社 2016 年整理本。另有《書序答問》《漸源唱和集》《黃岩縣志》。

王存善（1849～1916），字子展，浙江杭州人。入民國，居上海，與遺老相往還。編刻有《寄青霞館奕選》《便於搜檢》《南朝史精語》《輯雅堂詩話》《二徐書目合刻》《楷帖四十種》《弈選諸家小傳》等。

榮慶（1859～1916），字華卿，號實夫，鄂卓爾氏，蒙古正黃旗人。進士。入民國，開清史館，擬聘總纂，辭不就，避地天津。卒，溥儀小朝廷賜諡文恪。有《榮慶日記》，西北大學 1986 年版。

〔註141〕唐文治《復庵先生集序》，許玨《復庵先生集》卷首，民國十五年無錫許氏簡素堂印本。

〔註142〕參見林紓《清林文直公墓誌銘》，《林琴南文集·畏廬三集》，中國書店 1985年版，第 38 頁。

1917 年　丁巳

正月元日，沈曾植在滬上出《武靈勸進圖》示逸社同人屬題〔註143〕，瞿鴻禨、沈瑜慶、鄭孝胥諸人皆有詩詠之。蓋袁世凱洪憲稱制既敗，厥身亦隕，民國五、六年，遂屢有復辟之議，風傳遜清故老間。由是，北京、天津、青島、上海之故老，密函交飛。諸故老頗以郭汾陽、李西平再造王室之功自期。

民國五年，故老復辟之議即多有聞；張勳徐州會議，頗及其事，傳甚遠。迨六年正月，跡益顯。沈曾植致吳慶坻、羅振玉、徐世昌諸函，皆言其事〔註144〕。其在六年元旦出《武靈勸進圖》屬題，固所謂強有力之心理暗示也。胡嗣瑗致馮國璋函有云：「郭汾陽、李西平再造王室之功，將於公見之。」〔註145〕諸遜清故老以此期武人，亦即所以此自期也。

七月，張勳兵變，擁溥儀復辟，復宣統紀元。旋告敗。

溥儀連發上諭，封黎元洪一等公，授張勳、王士珍、陳寶琛、梁敦彥、劉廷琛、袁大化、張鎮芳內閣議政大臣，授梁敦彥外務部尚書、張鎮芳為度支部尚書、王士珍參謀部大臣、雷震春陸軍部尚書、朱家寶民政部尚書，授徐世昌、康有為弼德院正、副院長，授趙爾巽顧問大臣；授張勳直隸總督北洋大臣、馮國璋兩江總督南洋大臣。二日，補授瞿鴻禨大學士、沈曾植學部尚書、薩鎮冰海軍部尚書、勞乃宣法部尚書、李盛鐸農工商部尚書、詹天佑郵傳部尚書、貢桑諾爾布理藩部尚書。當時另刻《洪憲縉紳》一種，授職地方軍、官。

辛亥以還，遜清遺老與謀復辟者，京津而外，多在青島，次則上海。胡嗣瑗、陳曾壽、劉廷琛、于式枚、勞乃宣、章棳、羅振玉輩，皆踴躍非常。然是役也，一出武人，遜清遺臣不過坐享其成，逶迤入京，聊充門面，初非首庸。即故老亦頗知之。沈曾植致羅振玉函所謂：「第此事成自武人，仍當讓武人執政，乃可當過激潮流。太平當在甲子，激濁揚清，不患無機會也。」〔註146〕

復辟議甫大行，一二故老，聞而遠引。瞿鴻禨，辭甚堅，且以書白天下。王國維痛詆之。此係王之不審輿情也。沈曾植北上，期在必得，病亦同。尤可

〔註143〕沈曾植《沈曾植集校注》，第 1011 頁。
〔註144〕許全勝《沈曾植年譜長編》，中華書局 2017 年版，第 438～439 頁。
〔註145〕胡嗣瑗《致馮國璋》，存萃學社編《1917 年清帝丁巳復辟史料匯輯》，大東圖書公司 1977 年版，第 51 頁。
〔註146〕許全勝《沈曾植年譜長編》，第 439 頁。

笑者，沈之北上，事極秘，王國維且嫉且疑，大生怨望。及復辟敗，彼輩疾遁，交相責讓，為狀之窘，蔑以加矣。葉德輝致繆荃孫一函，最為誅心，錄此備閱：「近又有人為人敘書，稱子培為尚書。此張勳時代之名稱，出自張勳，固屬偽詔；果其出皇上，則主憂臣辱，當死難京城，豈有背負尚書官銜而逃命上海者？前此復辟，請歸政之首銜二人，一則電報竊名，一則亡命逃走。遺老架子可謂倒塌盡矣。嘗言今日遺老，皆亡國大夫，斷無再做中興功臣之理。」〔註147〕可謂一字之貶，嚴於斧鉞者矣。

附文 21　張勳、黎元洪（沈曾植代擬）所謂《復位奏稿》

　　竊惟國於天地，必有與立。所以立者非他，則君臣大義、尊卑天下，定位而已矣。有史以來，吾中華國民以五倫五常建邦保疆也，而父子、夫婦、兄弟、朋友之達道，要必借君臣道立，而後四者得有所依而不紊，五常得有所統而可推。民彝自天，歐亞殊性，猶目睛膚色之不同，不能削趾以適屨也。廿載以來，學者醉心歐化，奸民結集潢池，兩者相資，遂成辛亥之變。我孝定皇后，大公博愛，徇中外之請，讓政權於袁氏，冀以惠安黎庶，止息干戈，至仁如天，萬邦傾仰。而袁氏云云，繼之者復云云，五載於茲，海內沸騰，迄無寧歲。生民凋瘵，逃死無門，在國者思舊而不敢言，在野者僉蘇無由達。臣等萬目時艱，病心天禍，外察各國旁觀之論，內察國民真實之情，靡不謂共和政體，不適吾民，實不能復以四百兆人民敲骨吸髓之餘生，供數十政客毀瓦畫墁之兒戲。非後胡戴，窮則呼天，臣勳等請代表二十二省軍民真意，與臣元宏公同監誓，環敬宮門，恭請我皇上升太和殿，收還政權，復位宸極，為五族子民之主，定統一宇內之基。臣等內外軍民，誓共盡命竭忠，保乂皇家，以安黎民，以存黃種。惟我皇上，大慈至德，俯允所請，則天下幸甚，群臣幸甚。臣勳等誠惶誠恐，昧死上奏。〔註148〕

　　八月，在港遺民，刻《宋臺秋唱》三卷成。宋臺者，故宋王臺也，在九龍濱海小山上。與於其唱者，有陳伯陶、吳道鎔、張學華、丁仁長、張其淦、賴際熙、汪兆鏞、伍銓萃等人，多辛亥後流寓香港者也。

　　小磐一九七九年影印本跋，謂《宋臺秋唱》刻於丙辰，即一九一六年，似

〔註147〕錢伯城，郭群一整理《藝風堂友朋書札》，上海古籍出版社 1980 年版，第 563 頁。

〔註148〕此奏稿為沈曾植致劉廷琛函所附，詳見沈曾植《沈曾植函稿》，中國社科院近代史所編《近代史資料》總 35 號，第 88～90 頁。

未確。《秋唱》前有吳道鎔、黃佛頤兩序，落款皆署丁巳。是宋臺秋唱云者，其事在丙辰，其刻則在丁巳也。

附文 22　吳道鎔《宋臺秋唱序》

　　九龍海內，巒嶂沓匝，中有崔嵬峙列者三，大書深刻曰宋王臺。臺南平眺，綠樹寒蕪，風煙掩抑，有村曰二王殿，居民沿故稱，莫詳所自久矣。辛壬之交，屬人卜居其地，自號九龍真逸。登覽之暇，鉤考史乘，知其地為宋季南遷之宮富場村，即以宋故行宮遺址得名。陵遷谷變，閱七百年，今且淪為異域。而久湮之跡，顧發露於易代避地之遺民，此非偶然也。自是而後，懷古之士，俯仰憑弔，稍稍見之吟詠。丙辰秋，真逸以祝宋遺民玉淵子生日，大集同志於茲臺。酒醑既設，魂招若來，有詩一章，有詞一闋，和者喁喁，遂以盈帙。蓋痛河山之歷劫，懷斯人而興歸。其歌有思焉，其聲有哀焉。昌黎所謂「曠百世而相感，誠不知其何心」者，非耶！其同邑蘇君選樓，雅尚士也，彙而集之，名曰《宋臺秋唱》，又為圖弁首，懷古憑弔、山居唱酬諸作，輯附卷後。其視杜伯原之谷音、謝晞發之天地間集、吳清翁之月泉吟社，託旨略殊，體亦差別，然而性情所得，未能忘言，其所感一也。雖然，感生於心，亦既不自知何心矣，心之忘何所不忘哉，而有不忘者存，斯可以觀性情焉。噫嘻！其忘也，茲其所以未能忘歟。歲在丁巳，端節前三日，澹庵永晦。〔註149〕

附文 23　黃佛頤《宋臺秋唱序》

　　《宋臺秋唱》者，東官蘇選樓先生所輯也。嗟夫！讀水雲之野史，總是傷心；聽清碧之谷音，原難制淚。青天何世，滄海多風。長歌皆變徵之聲，遯跡亦思歸之操。茲編之制，曷容已歟？宋臺僻在官富，囊隸寶安。遺臣之所曾蹟，少帝之所暫駐。怒濤欲齧，岹嶤千霜；危石誰銘，荒涼三字。九龍真逸管寧闢地，陳咸閉門，纂述餘閒，斯焉登眺。當夫霜天素節，海國蕭辰。謝臯羽之西臺，偶從學子；王英孫之南墅，時集遺民。爰於丙辰季秋，同祝玉淵子生日焉。天潢苦節，怨斜陽之易昏；嶺海遺忠，薦寒泉而共享。黃龍痛飲，匡復何年；朱鳥招魂，哀歌有客。咸成騷些之作，足譜神弦之章。固已激齊館之商飆，奪梁臺之清吹。他若鶴嶺踏月，鯉門望潮。捫亮節之廟碑，重搜史闕；拾景炎之宮瓦，彌珍研材。白石續冬青之辭，攖寧贈離黍之什。靡不哀散林木，響淒煙

〔註149〕蘇澤東編《宋臺秋唱》卷首，民國六年刻本。

霜。期共溯夫流風，屑徒描夫光景。斯又言茂陵於灞上，金狄如逢；閱典午於雒中，銅駝欲泣者矣。嗚呼！蘇劉義之不返，翊戴無繇；馬南寶之孤吟，感傷奚補？詩溫酒熟，難覓可人。水剩山殘，翾非吾土。覽斯集者，其將如洪稚存所云，讀臧洪之傳，發自衝冠；登廣武之原，皆先裂血乎？抑第視為天地間集一流，而祈與月泉吟社之列乎？各存會心，靡所逆睹已。歲在強圉大荒落立春日鐵城頑豔生黃慈博謹序。〔註150〕

　　唐宴、宋文蔚創麗澤文社於上海。文社頗延鄭孝胥、沈曾植、馮煦為諸生閱卷。入該社者，有張志沂、劉之泗、劉朝敘、楊懿涑、江萬平、王文蔚、葉蒲孫、張廷重、劉公魯、何晉彝等，多世家子弟。

　　張志沂為張佩綸之子，楊懿涑為楊鍾羲之子，劉之泗為劉士衍之子，劉朝敘為劉銘傳之孫，皆是其例〔註151〕。劉朝敘《讀唐元素師遺詩感賦》詩云：「嘗憂私學橫，懼此大道裂。思衛道以文，啟社占麗澤。多士走其門，群奉為矩鑊。健者張（志沂）與劉（之泗），葉（元）何（晉彝）咸不弱。敘也虱其間，私幸獲親炙。」〔註152〕則世家子弟如張志沂、劉之泗，尤為挺出者也。迨民國八年（1919），麗澤文社改稱晦鳴社。鄭孝胥民國八年八月初四日記云：「閱麗澤文社課卷，麗澤改曰晦鳴。」〔註153〕其所以改名之故，今不可曉。然考唐宴《海上嘉月樓詩》有《秋興四首晦鳴社課題偶作》詩〔註154〕，意者此後或兼事吟詠耳。

　　蜀中春禪詞社同人印《春禪詞社詞》行世。春禪詞社，前身為問琴閣詩社，又名錦江詞社、成都詞社。蓋其肇建，初無名義，但稱詩社而已。並時若宋育仁、趙熙、鄧洪荃、林思進等人皆其社員〔註155〕。

　　林思進《清寂堂詩錄》卷二有《喜趙堯翁來成都，宋芸老招飲問琴閣為詩社》詩〔註156〕，可證最初之發起人厥為宋育仁。

〔註150〕蘇澤東編《宋臺秋唱》卷首，民國六年刻本。
〔註151〕參見陳萬華《麗澤文社與張志沂》，《現代中文學刊》2012 年第 6 期。
〔註152〕劉朝敘《讀唐元素師遺詩感賦》，唐宴《海上嘉月樓詩》附，《清代詩文集彙編》第 784 冊，第 55 頁。
〔註153〕鄭孝胥《鄭孝胥日記》，第 1799 頁。
〔註154〕唐宴《海上嘉月樓詩》附，《清代詩文集彙編》第 784 冊，第 52 頁。
〔註155〕參見李樹民《宋育仁與趙熙交遊考略》，《鹽業史研究》2014 年第 1 期。
〔註156〕林思進《清寂堂集》，巴蜀書社 1989 年版，第 65 頁。

是歲，高賡恩、史悠厚、王先謙、童祥熊、劉炳照、葉昌熾、劉岳雲、張祖翼、張士珩、沈汝瑾、勞守慎、吳庚卒。

高賡恩（1841～1917），字曦亭，晚號南溪遺叟，河北北塘人。進士。卒後，溥儀諡文通。有《雙峰祠記》，宣統刻本。

史悠厚（1842～1917），字苓賓，號酒翁，江蘇武進人。「宣統辛亥後，罕與人接，聞人毀我朝，則憤甚……遺命木主書皇清布衣某某」〔註157〕。有《酒翁年錄》（一名《史苓賓自訂年譜》）一卷，民國六年鉛印本〔註158〕。

王先謙（1842～1917），字益吾，號葵園，湖南長沙人。同治進士。授編修，官至江蘇學政。入民國，改名王遁。有《虛受堂文集》十六卷《詩存》十八卷《書札》二卷，民國十年刻本，收入今《王先謙詩文集》（嶽麓書社2018年版）。另有《詩三家義集疏》《尚書孔傳參正》《釋名疏證補》《漢書補注》《水經注合箋》《後漢書集解》《後漢書旁證》《新舊唐書合注》《鮮虞中山國事表疆域圖說》《蒙古通鑑長編》《國朝后妃備考》《韓非子集解》《荀子集解》《莊子集解》《漢鐃歌釋文箋正》《日本源流考》《西國通鑑》《五洲地理志略》，編有《十朝東華錄》《續古文辭類纂》《駢文類纂》《國朝十家四六文鈔》《江左制義輯存》《增補近科館課分韻詩抄彙編》，校刻有《皇清經解續編》。

童祥熊（1844～1917），字小鎔，一字次山，浙江鄞縣人。光緒九年進士，改庶吉士。散館授編修。十八年，署安徽按察使。光緒末，授安徽勸業道。入民國，避居青島。著作多散佚。今存《光緒九年癸未科會試朱卷》而已。

劉炳照（1847～1917），字光珊，號復丁，江蘇陽湖人。諸生。有《無長物齋詩存》四卷，日本明治四十一年（光緒三十一年）刻本；《無長物齋詞存》五卷，民國四年刻本〔註159〕。

葉昌熾（1849～1917），字蘭裳，又字鞠裳、鞠常，晚號緣督廬主人，江蘇長洲人。進士。民國元年，作《寒山寺志》後序，署「寂鑒遺民」。有《辛臼簃詩讔》《奇觚廎詩集》三卷附《前集》一卷《補遺》一卷，收入今華東師範大學出版社2012年整理《葉昌熾詩集》本；《藏書紀事詩》七卷，宣統二年

〔註157〕 錢振鍠《史苓賓先生傳》，汪兆鏞編《碑傳集三編》卷四十六，周駿富編《清代傳記叢刊》第126冊，第724頁。

〔註158〕 王德毅稱此書有宣統三年排印本（參見王德毅《中國歷代名人年譜總目》，臺北華世出版社1979年版，第267頁），似誤。

〔註159〕 劉氏初有《留雲借月庵詞》，屢次增刻，《無長物齋詞存》為最後刪定本（參見朱德慈《近代詞人考錄》，中國社會科學出版社2004年版，第133頁）。

刻本，今有北京燕山出版社 1999 年整理本、廣西師範大學出版社 2021 年影印本（附錄整理王欣夫前輩箋正本）；《奇觚廎文集》，民國十年刻本；《葉昌熾評時文》一冊，稿本，藏國家圖書館。另有《緣督廬日記》《語石》《寒山寺志》《邠州石室錄》《五百經幢館碑目初稿》《緣督廬叢稿》等。

劉岳雲（1849～1917），字佛青，又作佛卿，江蘇寶應人。光緒丙戌進士。分戶部主事。官至紹興知府。入民國，改名震，「謝絕賓客，築楹數椽，嘯詠其中，一意著述。每值歲時元旦，先向北再拜」〔註 160〕。學術主經濟，張舜徽稱「識時達變」〔註 161〕。有《食舊德齋雜著》二卷，光緒刻本。另有《五經算術疏義》《礦政輯略》。

張祖翼（1849～1917），字逖先，號磊盦，又號磊龕、濠廬，號坐觀老人，安徽桐城人。光緒舉人。有《倫敦竹枝詞》，光緒十四年《觀自得齋叢書》本。另有《倫敦風土記》，《小方壺齋輿地叢鈔》再補編本；《清代野記》，民國三年鉛印本；《張祖翼書札》，稿本，藏國家圖書館；《漢碑範》，民國石印本。另有《下里巴人集》。藏碑版甚夥，舊有《磊盦金石跋尾》稿，今有有重慶出版社推出《張祖翼經典藏拓系列》行世。

張士珩（1857～1917），字楚寶，又字冶衲，號張樓，別署冶山居士，安徽合肥人。李鴻章外甥。入民國，避居青島。有《韜樓遺集》三卷，民國十一年刻本；（編）《濟上鴻泥圖題冊》一卷附錄二卷，宣統二年鉛印本；《冶山居士讀書隨記》二冊，稿本，藏上海圖書館。另有《竹居錄存》《竹居先德錄》。

沈汝瑾（1858～1917），字公周，號石友，江蘇常熟人。「武漢發難，身丁國變」〔註 162〕，撰《生壙後志》以明志。有《鳴堅白齋詩存》十二卷補遺一卷，民國十年刻本，今有廣西師範大學 2018 年點校本。另有《沈氏研林》，日本二玄社印本。

勞守慎（1864～1917），字郎心，廣東南海人。陳伯陶《清勞公朗心墓誌銘》稱其入民國，居澳門，命二子結髮，毋變服〔註 163〕。善易學。有《經驗

〔註 160〕 唐文治《劉佛卿先生神道碑》，錢仲聯編《廣清碑傳集》卷十六，蘇州大學出版社 1999 年版，第 1093 頁。

〔註 161〕 張舜徽《清人文集別錄》，華中師範大學出版社 2004 年版，第 564 頁。

〔註 162〕 沈汝瑾《生壙後志》，《鳴堅白齋詩存》，廣西師範大學出版社 2018 年版，第 408 頁。

〔註 163〕 參見林志宏《清遺民基本資料表》，《民國乃敵國也：政治文化轉型下的清遺民》，中華書局 2013 年版，第 413 頁。

雜方》《羅芝園應驗惡核良方釋》《紀慎齋先生惡核良方釋疑　蟲脹腳氣兩症經驗良方》。

吳庚（1871～1917），字少蘭，山西鄉寧人。進士。官陝西臨潼知縣。如民國，自號空山人。有《空山人遺稿》四卷，民國七年刻本。另有《鄉寧縣志》。

1918 年　戊午

三月三日，樊增祥、羅惇曧、王式通、郭則澐等清室舊臣修禊於陶然亭，「詩尾各署洪憲紀元後二年戊午上巳日」〔註164〕。

署「洪憲紀元後二年」云云，極具表演意味。劉氏《洪憲紀事詩》載其大略，且為溯其原委，略謂：洪憲元年，文學侍從之臣，曾進宜春帖子，仿蘇子瞻《閣子詞》「靄靄龍旗色，琅琅木鐸音」體制，貯以龍盒，書以風箋。帝制久長，真開國雅頌之音也。丁巳上巳，洪憲舊臣修禊萬牲園、十剎海二處，所為詩歌，感慨聖世，油然有故君之思。猶未公然直書洪憲，僅有署洪憲後一年丁巳上巳日者。戊午年上巳，大會於陶然亭，洪憲舊臣，蒞者大半，舊遺老名宿尤多，詩尾各署洪憲紀元後二年戊午上巳日，傷感舊事，被諸歌詠，如樊山、實父、惇曧、叔海、書衡諸人，有揮淚而縱談往事者。烏乎！故宮禾黍，由大內而轉移新華，今之哀洪憲者，皆前日哀清室之遺臣也。憂從中來，不可斷絕，江亭灑淚，如何如何。風景不殊，舉目有河山之異，此戊午上巳修禊，所以獨拈「江亭」二字為韻，不知別有江亭喚蜜之意否？《翠娛室詩話》載戊午上巳陶然亭修禊詩事最詳。其辭曰：今年戊午三月三日，上巳修楔，別具新意。乃在陶然亭，風影雅不及萬牲園，雖小有丘壑，卻無林泉之趣。而是日到者共八十有二人，各賦一詩，拈「江亭」二字為韻。樊山「亭」韻云：「北來已閱四上巳，惟洪憲年觴詠停。」收句云：「八十二人作嘉會，倍於永和全丑山陰之蘭亭。」蟄雲「江」韻云：「新蘆滿眼防吟屐，野藿齋心近佛幢。」「亭」韻云：「強顏北客談丘壑，招手西山入戶庭。」確是江亭修禊，不能移置他處。瓌公七古兩首。「江」韻云：「今年禊事出新意，南窪稍稍寒氣降。遠賓不勞置重驛，鞫部更擬煩新腔。畫師同時皆第一，協律京國元無雙。舊人拆簡一歎息，聊拂絹素開僧窗。誰知美滿天所婚，遽挾風勢如翻江。要令晉楚皆亂轍，終羞曹鄶不成邦。吾曹強項犯風力，車骨亦復相擊撞。事業興亡天公意，盛集回憂傾酒

〔註164〕劉成禺《洪憲紀事詩本事簿注》，第261頁。

缸。」「亭」韻云:「小車先客排松局,葦塘尺水猶清冷。城陰障日裏寒意,柳梢漲綠回春醒。黃塵豈邊埋春色,荄蒿銳如發新硎。西山闖然入戶庭,茲堂亦擬榜聚星。佳人疑若避尹刑,風中不見來輜軿。高望觚稜一回首,金鑾昔對青山青。風流好事圖異日,接會撫遊視此亭。」又有某名句云:「往事陶然來此地,舊臣春夢到新亭。」是日大風揚塵。尤為是亭生色。〔註165〕

秋,周慶雲編《晨風廬唱和詩續集》刊行於世。

民國三年周慶雲刊《晨風廬唱和詩存》行世,詳見前文。至是年而有《續集》之刊,作者大率猶前,然亦頗有新入者。其新增入者,則列名於各卷之前。有許滇祥、周慶雲、錢溯耆、錢綏綮、施贊唐、汪煦、潘飛聲、惲毓齡、惲毓珂、王蘊章、管鴻詞、白曾麟、許子升、陳詩、戴啟文、吳俊卿、李德潛、楊芾棫、王承霖、樓村、歸曾祈、姜鳳章、王禮誼等人。

附文 24　李詳《晨風廬唱和詩續集序》

余友周君夢坡,有超世夷曠之致,雖生長華腴,軒軒焉如修鶴之避雞群。昔於稠人廣座中一見,瀟然異之,定交五年矣。夢坡為淞社領袖,社詩經君督刊印行,即今所傳《淞社甲乙集》是。又自編與友人倡酬之作,為《晨風廬唱和詩初集》,刊於甲寅。今復鋟其續集,徵序於余。因叩其命名之義,答以魏桓範與管幼安書,請見於蓬門之側,承訓誨於道德之門,厥途無由,託思晨風,今景仰賢者,故以名廬云云。嗟乎,此猶是秦風欽欽思賢之心,夢坡獨寄思幼安,意其有在乎?竊謂有北林之鬱,而後有晨風之集,雕鶚屬霄,何所不可?其駃彼者,必有所以致之。君好賢,如緇衣權與大具。宿老放士,歲必數預,君晏如。余之衰病偃蹇,亦以末至授簡為樂,故余詩亦附焉。往嘗私論夢坡,如馬嶰谷行庵之客,多附《韓江雅集》以傳,而以君鄉浙人為最,樊榭、鮚琦、菫浦,皆天下士也。君業鹺,與嶰谷等,所致賓客,在今季世,亦殊有名,自為詩又不減沙河逸老,夢坡其嶰谷後身,即不然,其何以好事如此?念嶰谷當乾隆盛時,君不幸際方州幅裂,君焦然無所附麗,偷息一隅,仍以尸席幼安寓其思賢之意。士之抱一節之行,有不從君遊者,則可謂之無識。彼桓士雖名智囊,夢坡視桓,其亦貌同心異也與。昔魏太子擊誦《晨風》,而文侯喻其旨意,太子以諷文侯之忘。夢坡志在思賢,斷章取義,各有所在,而余終以吾輩即不

〔註165〕劉成禺《洪憲紀事詩本事簿注》,第261～262頁。

如幼安,若《韓江雅集》上中之輩,尚可與之為齊盟之狎主。然則夢坡無為遠慕幼安,且日謀種樹,鬱然以待鶼鶼鷹隼之集,則於此時將有再續三續而不已者,請以余言為左契,可乎?戊午中秋後三日,揚州興化李詳。〔註166〕

　　冬,嵩堃繪《春曹話舊圖》成,寫前清禮部官員十二人之雅集,曰郭曾炘、陳寶琛、聶寶琛、多福、耆壽、嵩堃、張則川、蘇源泉、楊其煥、呂吉甫、汪兆鸞、曹經沅。民國十一年壬戌,曹經沅出此卷請陳寶琛題引首,漫社第三十一集示同人,徵請題詠。郭曾炘、蕭延平、黃維翰、周貞亮、陳士廉、路朝鑾、曹經沅、孫雄、俞鍾鑾、趙晉臣、李哲明、諸以仁諸家題詠之作,並丁傳靖一跋,皆收入《漫社二集》。

　　春曹話舊之集,在是年夏五月。此圖今存於世,曾見於「雅昌拍賣」〔註167〕。圖有陳寶琛引首,嵩堃序,王謝家序、後序各一,丁傳靖跋。漫社雅集而後,曹經沅尚不時以圖請題,民國二十一年壬申猶有章鈺題詠。民國二十八年,袁思亮題「己卯六月立秋前一日湘潭袁思亮獲觀」,不審是否從曹經沅處獲觀。圖卷拖尾之末有識語曰「庚辰七月既望山陰朱冰盦獲購於上海古玩商場」,題於民國二十九年。蓋此圖早從曹經沅手中流出矣,特其時未詳。計題詠、鈐印此圖者三十餘家,有嵩堃、曹經沅、郭曾炘、張朝墉、丁傳靖、王樹枏、孫雄、夏孫桐、邵章、陳曾壽、陳夔龍、王潛、朱祖謀、夏敬觀、李宣龔、寶熙、郭則澐、周貞亮、章梫、金兆豐、諸以仁、鄭孝胥、胡嗣瑗、陳寶琛、冒廣生、趙椿年、林開謩、楊鍾義、柯劭忞、俞陛雲、江翰、章鈺、袁思亮、樊增祥、陳衍。

附文 25　嵩堃《春曹話舊圖序》

　　光緒三十年,予年二十有二,始以任子官禮部,而先恪愍公方為刑部侍郎,稽查壇廟大臣。維時海宇臣一,百神效靈。德宗景皇帝聖躬既瘳,親莊祭祀,每逢郊社諸大典,父子朝衣冠侍從輦轂下,同列觀者多歎慕以為榮。顧予年少耽書史,罕更人事,偶與同僚接杯酒殷勤之歡,亦以京師縉紳所聚為適然耳。其後三年,先恪愍公出為廣州都統。予丁母艱,乞假隨之任所。每讀報,未嘗不歎時事日非,回思昔者依日月之光輝,已有邈焉不可及之慕,然後知

〔註166〕李詳《晨風廬唱和詩續集》序,周慶雲編《晨風廬唱和詩續集》卷首,民國七年刻本。
〔註167〕此圖情形,參見雅昌拍賣:http://auction.artron.net/paimai-art29060536/。

關庭近職之足榮，僚友聚處之歡難得而易失也。先恪愍公既殉難廣州，予扶柩歸京師。營葬甫畢，而朝廷遜位。昔之同官禮部者，一時瓦解冰泮，散之四方，貧者或乞為胥吏，而南司舊跡，當日趨蹌習儀之所，瓦礫蓬蒿，頹圮既不可復識，又忽土木經營，聞且新易主矣。嗟夫，盛必有衰！古之人或視為自然之數，而周大夫經黍離之墟，獨徘徊而不忍去。況予家世之興衰，一身之窮亨舒慘，其視世事之轉移如此，能不泫然隕涕哉！今年夏五月十五日，前官禮部者凡十人，公宴郭春榆、陳弢庵二先生於廣和居。越日，二先生復招同人，用相酬酢，屬予繪《春曹話舊圖》紀其事。莊周云：「逃空虛者，聞人足音，則跫然以喜。」況兄弟親戚之謦欬其側者乎？予不聞諸前輩之足音久矣。今日之會，感念生平，寄託觴詠，視謦欬何如也？予既悲人事之變遷，因並痛門庭之慘禍，遂備述之。至於哀毀餘生，憂悸顛倒，不能述先恪愍公之忠烈，而諸前輩諒其不孝之身，重許與於斯會，則又予隱疢在心，且又感之不勝感者矣。戊午冬嵩埜記。〔註168〕

附文 26　王謝家《春曹話舊圖前序》

圖十二人，皆前禮部官。年位最，閩陳弢庵、侯官郭春榆二師。次，大興聶寶琛獻廷，滿洲多福介臣、耆壽介眉、嵩埜公博，黃陂張則川瀚溪，會寧蘇源泉本如，寧海楊其煥文甫，旌德呂吉甫邠伯，太湖汪兆鸞玨齋，綿竹曹經沅紃薌。曹君主其事，屬嵩君作圖，余為補序：

夫歌殘玉樹，不無激楚之悲；記密金鑾，應有懷香之侶。聽雲間一曲，貞元之朝士無多；憶闕下之千官，天寶之舊人猶在。而乃鵝驚地上，鹿逐原中，值典午之陸沈，更同寅之寥落。滄桑屢變，風絮各飛，何圖棋劫之餘，更慶簪朋之聚。此《春曹話舊圖》所以不能已於作乎？夫其案稱瑞錦，相逢多南宮舍人；詔掌新綸，妙選皆西州彥士。入直宿蘭香之省，孰非風雨聯交；趨朝隨樺燭之光，盡屬雲霞結契。奚張接坐，倚是兼葭；杜李齊名，係由桑梓。斯即地非同舍，人限分曹。而既忝書笏之英，豈無傾襟之雅？況乎金爐共熱，赤筆偕簪，故人皆錦帳之郎，勝友悉青縑之客。齋宮酬酢，常來太乙之壇；綿蕝周旋，俱習開元之典。柳子厚是祠曹之俊，夙與盟心；劉夢得為主客之豪，早稱握手。故夫時逢清晏，沐賜休閒，延俊高齋，命傳綺日。風前街放，佳賓欹帽而來；花底朝回，僚掾隨車而至。禮文脫略，提鷺挈鷗；燕飲流連，炮鱉膾鯉。蓋不

〔註168〕孫雄編《漫社二集》卷下，民國十二年鉛印本，第23a～23b頁。

僅樂時，亦實足驗承平之無事也已。未幾，唐宮塵黯，宋殿風吹。地軸沸騰，天閣搖動。斯時也，曹官雲散，羽檄星馳。赤縣傳烽，遑問常卿之掌；黃圖改步，已無供奉之司。間嘗經過舊署，慨念前遊，見夫老樹愁青，野苔慘碧，伏鼀晝見，寒鷗晨號。荒煙蔓草，誰識舊日之容臺；斷甓零瓷，莫辨當年之望省。瑞藤壽草，早已芟除；膳部冰廳，都無基址。嗚呼！禮曹改制，今甫八年；國體更新，亦僅七載。乃不謂唐虞禪讓，竟廢秩宗；周召共和，翻刪官禮。蓋一轉瞬間，不特昔之崇墉傑宇，盡付劫灰，即並昨之壞壁頹垣，亦成榛莽。天實為之，謂之何哉！諸公靈光重望，仙步名流，當茲盛衰絕續之交，而為俯仰今昔之會。追懷疇曩，如睹開寶繁華；寤寐承明，細述貞觀政要。含餘雞舌，齒煩猶芬；語到狼烽，目皆欲裂。是其時移境擅，樂往哀來。撫事記元都之樹，前度茫然；清談戲洛水之濱，茲遊淒若。憑欄送目，河山之風景不殊；敷衽論心，身世之感愴詎少。鸞亭鳳閣，已成幻夢之場；桂酒椒漿，半是傷時之淚。低回無限，根觸偏多。所猶幸者，亡秦玉璽，僅付群黎；辭漢金盤，未歸他姓。禍亂雖延於九域，廢興不在乎一家。故得抱器無慚，陳疇待問。詩吟月社，不妨黍離麥秀之詞；會集玉山，尚饒花徑草堂之樂。向使李花應讖，別有真人；桑蓋呈祥，更生天子。新朝佐命，無非首策元勳；舊國遺臣，已作夢奠故老。抱崖山之隱痛，碧海從亡；希彭澤之高風，白衣蹈節。其何能優游輦轂，酬倡尊罍如是耶？茲則鵷鷺無重列之嫌，鴻鵠泯安歸之歎。九重端冕，辭黃屋而不居；百爾所共，勵丹忱而自若。此固諸君遭時之幸，亦見勝朝食報之隆。偶會群賢，並來二老。陳堯佐為沖人之傅，郭泰業是尚書之官。奉幾撰杖，曹司多馬帳生徒；拂素題箋，賓友盡鳳池伴侶。說四朝之故事，即是《摭言》；錄三輔之見聞，□成掌錄。斯亦可謂簪裾之雅遊，耆碩之盛事者也。僕春卿舊屬，夏甸佚民。七載幽棲，敢企西臺之節；一官羈跡，曾叨南省之班。溯往事而難忘，悵斯遊之不與。恭瞻縑素，如接履綦。感喟無端，追陪有待。請留後序，再為王郎斫地之歌；用綴小文，聊作曹霸丹青之引。〔註169〕

唐鑒等編印《弋石泳遊集》行世。

是歲，吳重熹、許涎祥、王祖畬、徐致靖、曾國才、戴鳳儀、瞿鴻禨、王仁東、江春霖、鄭文焯、沈瑜慶、梁濟、謝甘盤、惲毓鼎卒。

〔註169〕孫雄編《漫社二集》補遺卷，第12a～13b頁。

吳重熹（1838～1918），字仲懌，或作仲怡，號石蓮，山東海豐人。同治舉人，官至河南巡撫、郵傳部左侍郎。晚年居天津，與遺老相唱和。有《石蓮閣詩》六卷附詞一卷樂府一卷，民國五年刻本；《石蓮閣吟草》，稿本，藏北京大學圖書館；《石蓮雜著》，稿本，藏北京大學圖書館；《吳重憙中丞書札》，稿本，國家圖書館藏；（輯）《山左人詞》四十六卷，光緒二十四年刻本；（輯）《九金人集》百五十五卷，光緒刻本。另有《南吳舊話錄》《吳氏世德錄》《豫醫雙璧》。

許湘祥（1841～1918），字子頌，號狷叟，浙江海寧人。舉人。入民國，居上海。著有《狷叟詩錄》一卷，光緒三十二年刻本；《狷叟詩刪存》四卷，民國十一年刻本；《介庵駢體文剩》一卷，民國二十一年鉛印本；（編）《諸吟壇賜和重遊泮水詩》，民國六年鉛印本。另有《海寧鄉賢錄》。

王祖畬（1842～1918），字歲三，一字漱山，號溪山老農，江蘇鎮洋人。光緒九年進士。臨歿，《示兒輩》云：「天地玄黃真變幻，君親恩義最懷思。少康祀夏配天日，報與而翁泉下知。」〔註170〕門人為私諡文貞。有《王文貞文集》十卷《別集》四卷《制義》一卷《詩存》二卷，附《（溪山老農）年譜》二卷《續編》一卷《附錄》一卷，民國十一年刻本。另有《讀左質疑》《讀孟隨筆》《孟子讀本》《經籍舉要》《禮記經注校證》《太倉州志》《鎮洋縣志》。手校《漢書》一部。

徐致靖（1844～1918），字子靜，江蘇宜興人。光緒二年進士，授編修。官禮部侍郎。有《偉侯府君行狀》，光緒二十三年刻本。

曾國才（1848～1918），字華臣，四川簡陽人。肄業於尊經書院。主講於簡陽鳳鳴、鳳翔書院。入民國，作《感時》詩云：「民國中原局變遷，不爭公理只爭權。恃強畢竟文輸武，持論終須正敵偏。暫可弭兵南北定，斷無平等治安全。鬢絲禪榻維摩老，冷眼閒看待五年。」〔註171〕感慨繫之。有《橘園詩鈔》六卷，民國八年刻本。

戴鳳儀（1850～1918），字希朱，號敬齋，福建泉州大庭人。光緒八年舉人。累試不售，以光緒二十年選入內閣，二十四年直中書。辭官歸隱後，辦松村精舍、詩山書院。自撰年譜，入民國後，皆以甲子紀年。《自審》詩有句「從今蓬戶桑樞地，文鼎亭林日杜門」「戢山赴義船山隱，擔荷斯文亦仔肩」〔註172〕，

〔註170〕王祖畬《溪山詩存》卷下，民國十一年溪山書屋刻本。
〔註171〕近代巴蜀詩鈔編委會編《近代巴蜀詩鈔》，巴蜀書社2005年版，第373頁。
〔註172〕戴鳳儀《自審》，《松村詩文集》下冊，商務印書館2018年版，第492頁。

《聞頌新律有感》有句「我亦中原一遺老，回頭欲溯建寅前」〔註173〕，民國時自序詩集亦曰「我朝」〔註174〕。有《戴敬齋（自撰）年譜》《四書闡義》《松村文集》《松村詩草》《松村聯集》等，今人以家藏稿為主體，整理為《松村詩文集》（商務印書館2018年版）。另有《郭山廟志》《詩山書院志》《南安縣志》。

瞿鴻禨（1850～1918），字子玖，號止菴，晚號西岩老人，湖南善化人。同治十年進士。官至軍機大臣。入民國，避居上海。溥儀小朝廷賜諡文慎。有《瞿文慎公詩選》四卷、《瞿文慎公文存》一卷附書札一卷，收入今《瞿鴻禨集》（湖南人民出版社2010年版）。另有《恩遇記》《聖德紀略》《儤直紀略》《恩遇紀略》《舊聞紀略》等。

王仁東（1854～1918），字剛侯，號旭莊，別署完巢，福建閩縣人。舉人。官蘇州糧道兼蘇州關監督。入民國，居滬上。有《完巢剩稿》一卷，民國十年鉛印本。

江春霖（1855～1918），字仲默，一字仲然，號杏村，晚號梅洋山人，福建莆田人。進士。卻袁世凱福建宣慰使之命、嘉禾勳章之授，蓄髮為道人裝。有《梅陽江侍御奏議》二卷，民國十六年鉛印本，收入今《江春霖集》（馬來西亞興安會館總會文化委員會1990年版）。

鄭文焯（1856～1918），字俊臣，號小坡，又號叔問、大鶴山人，奉天鐵嶺人。舉人。官內閣中書。〔註175〕有《大鶴山房全書》，光緒至民國九年間刻本，計有《說文引羣說故》、《揚雄說故》一卷、《高麗國永樂好太王碑釋文纂考》一卷、《醫故》二卷附錄一卷、《詞源斠律》二卷、《冷紅詞》四卷、《樵風樂府》九卷、《比竹餘音》四卷、《苕雅餘集》一卷、《絕妙好詞校錄》一卷、《瘦碧詞》二卷。另外有《大鶴山人詩集》二卷，民國十二年蘇州振新書社刻本；《大鶴山人手寫詩稿小冊》一卷，民國六年上海震亞圖書局石印本；《大鶴山人雜稿》，稿本，藏國家圖書館；《大鶴山人詩稿》，稿本，含《補梅書屋詩稿》《詩集》《存稿》及《瘦碧庵詩草》四種，今有《清代詩文集彙編》本；《鄭叔問先生尺牘》，民國七年石印本；《國朝著述未刊書目》，光緒刻本；《夢窗詞甲乙丙丁稿補遺小箋》，《四明叢書》本；《古玉圖考補正》，上海書店出

〔註173〕戴鳳儀《聞頌新曆有感》，《松村詩文集》下冊，第493頁。
〔註174〕戴鳳儀《松村詩草序》，《松村詩文集》下冊，第401頁。
〔註175〕生平詳戴正誠《鄭叔問先生年譜》，民國三十年鉛印本。

版社 1994 年影印本；《鶴翁異撰》，抄本；《石芝西堪札記》，民國刻本；《大鶴山人遺墨》，民國十年震亞圖書局石印本；《南獻遺徵箋》，民國二十年刻本；《清真居士年譜》，上海書店出版社 1994 年影印本。今人輯有《大鶴山人詞話》，南開大學出版社 2009 年版；《大鶴山人自用印集》，國家圖書館出版社 2017 年版。

沈瑜慶（1858～1918），字志雨，號愛蒼、濤園，福建侯官人。沈葆楨子。光緒十一年舉人。歷任江南水師學堂會辦、總辦。先後入張之洞、劉坤一幕。光緒二十七年起，歷任淮陽兵備道、順天府尹、廣東按察使、江西布政史、江西巡撫、貴州巡撫等職。辛亥後，引疾歸，僑寓上海。〔註 176〕有《濤園集》四卷，民國九年鉛印本，今有福建人民出版社 2010 年整理本。

梁濟（1859～1918），字巨川，廣西桂林人。內閣中書。梁漱溟父。民國間，投積水潭自盡，留《敬告世人書》。諡貞端。有《桂林梁先生遺書》，商務印書館 1927 年版。

謝甘盤（1859～1918），字幼盤，晚號亦叟，江西南城人。光緒十八年進士。官吏部主事。入民國不仕，改道裝，名所居曰亦園〔註 177〕，「寇平山居，結茆澗阿，變易姓名，稱曰亦叟，種松植竹，歌哭其間」〔註 178〕。有《晞鑄堂文抄》十六卷、《青芙山館詩抄》十二卷，宣統刻本；《策論舉隅》，光緒二十四年刻本。

惲毓鼎（1863～1918），字薇孫，一字澄齋，河北大興人。光緒十五年進士。入民國，嘗謂：「今之改仕民國者，亦皆藉口於為斯民公僕，救中國之危亡。且國無專屬，並無事二姓之嫌。正朱子所謂『自有一種議論』也。」〔註 179〕有《澄齋詩鈔》四卷，惲寶惠 1963 年油印本；《惲毓鼎澄齋日記》，浙江古籍出版社 2004 年版；《惲毓鼎澄齋奏稿》，浙江古籍出版社 2007 年版；《樂齋漫筆》，中華書局 2007 年版；《崇陵傳信錄》，後世改稱《清光緒帝外傳》，北京古籍出版社 1999 年版。編《世界教育會紀載》，宣統二年鉛印本。

〔註 176〕參見沈成式《沈敬裕公年譜》，沈瑜慶《濤園集》附錄，福建人民出版社 2010 年版。

〔註 177〕王廣西、周觀武編《中國近現代文學藝術辭典》，中州古籍出版社 1998 年版，第 1052 頁。

〔註 178〕李瑞清《清故吏部主事謝君墓碑》，《清道人遺集》，黃山書社 2011 年版，第 69～70 頁。

〔註 179〕惲毓鼎《惲毓鼎澄齋日記》，浙江古籍出版社 2004 年版，第 584 頁。

1919 年 己未

三月，阮壽慈刻《藕香吟社消寒集》行世。

藕香吟社者，由阮壽慈舉於鹽城。《消寒集》，汪嘉堂書耑。所載唱和諸詩，有鹽城阮壽慈石泉、歙縣程松生筠甫、鹽城徐燮荔亭、鹽城金式陶鞠逸、鹽城張瓚蕻齋、定遠黎鴻年永卿、鹽城張祉蔭蓀、鹽城陶祖典慎甫、丹徒黃立三笠衫；又有投稿人，曰鹽城徐夢榴小荔、錢塘吳保泰頌平、歙縣吳承煊東園、鹽城曹樹桐小樹、鹽城王錫庠廉群。

附文 27　管象廙《藕香吟社消寒集序》

象廙蒞任之明年穀雨後，鹽城之便倉鎮牡丹花盛開，卞子仲咸蒿梧約余往觀，且告之曰：枯枝牡丹，為晉忠貞公手澤，流傳已七百餘年矣。余欣然允之。時同城而往者，有徐君荔亭、金君鞠逸、黎君永卿，茲三人者，素稱為歲寒三友者也。談次，袖出《藕香吟社九九消寒集》見示，且屬序焉。余思君子之於學，無窮通異也，朋儕詩酒之樂，隨時隨地，皆可達諸性情於詩也，不必其盡在春秋佳日也，而所以共葆歲寒者尤摯。夫天地閉，則賢人隱；天有四時而成冬，草木零落，百蟲蟄伏，正天地閉之時也。仕君子懷才不仕，里閈優游，往往於朔風積雪時，紅爐暖酒，刻燭催詩，互鬥尖叉，排日文讌，誠韻事耳。且考社中諸友，大半皆海濱碩彥，僑寓名流，或業守縹緗，或名登仕版，藉腕底之詩歌，消胸中之塊壘，《消寒》一集，當如古之傷心人，別有懷抱者在也。乃知同社諸君，皆當世畸人逸士，隱於詩，隱於酒者也。又皆杜門不出，高尚其志，慨時局之淪胥，甘空山之寂寞，如候蟲時鳥，有感斯鳴，藉詩酒以鳴其不平者也。僕一行作吏，如繭蠶自縛，案牘勞形，未獲與諸君子列席聯吟，提倡風雅，亦殊自愧矣。吾知斯集一出，正如天香國色，弁冕群芳，便倉花事，不得專美於前矣。行見洛陽紙貴，一卷長留，其足以信今傳後者，當更久也。世之覽此詩者，當不河漢斯言。歲在庚申穀雨後三日，莒縣官象廙拜序。〔註180〕

4 月，徐世昌在總統府集靈囿創晚晴簃詩社，延聘僚客，徵選有清一代詩什。先後與其事者，有樊增祥、王樹枬、易順鼎、周樹模、柯劭

〔註180〕管象廙《藕香吟社消寒集》序，南江濤編《清末民國舊體詩詞結社文獻彙編》第 26 冊，第 7～10 頁。

态、郭曾炘、秦樹聲、徐樹錚、曹秉章、趙衡、吳傳綺、張元奇、王式通、宋伯魯、陳田、成多祿、董受金、郭則澐、林紓、嚴修、高步瀛、吳廷燮、郭樹聲、陶湘、沈祖憲、鄭沅、丁傳靖、閔爾昌、章華、關賡麟、夏孫桐、吳昌綬、金兆蕃、傅增湘、紀巨維、吳笈孫、許保蘅、傅嶽棻、章鈺、金梁、江瀚，皆一時之選。至民國十八年刻《晚晴簃詩匯》二百卷成，越二年重刻。《晚晴簃詩匯》，又名《清詩匯》。

　　晚晴簃詩社由徐世昌以民國八年（1919）4月間舉於總統府之集靈囿。是社與他社不同，月四五集，尋常宴飲而外，惟以編詩為務，歷十年（1929）始克刊行，越二年（1931）乃有重刊本，名《清詩匯》，或名《晚晴簃詩匯》，都二百卷。先是，民國十一年（1922）徐世昌下野，社事中斷。次年（1923），徐世昌徙居天津，乃繼事銓選。惟詩社由總統府改遷藏園，即傅增湘北京之舊宅也。徐世昌在津，以函札與北京諸公商榷銓選事宜，今所存《徐世昌手札》猶可按考〔註181〕。選詩之役，徵之《徐世昌手札》及閔爾昌《記〈晚晴簃詩匯〉》，可知徐世昌、王式通、夏孫桐、閔爾昌、曹秉章、董康、郭曾炘、傅增湘、金兆蕃諸人出力為最多。關於詩社成員，今有李佳行、陸瑤二君相繼考論〔註182〕，其人有：樊增祥、王樹枏、易順鼎、周樹模、柯劭忞、郭曾炘、秦樹聲、徐樹錚、曹秉章、趙衡、吳傳綺、張元奇、王式通、宋伯魯、陳田、成多祿、董受金、郭則澐、林紓、嚴修、高步瀛、吳廷燮、郭樹聲、陶湘、沈祖憲、鄭沅、丁傳靖、閔爾昌、章華、關賡麟、夏孫桐、吳昌綬、金兆蕃、傅增湘。然二君考之未備，筆者據相關文獻，另得詩社成員七人，曰：紀巨維、吳笈孫、許保蘅、傅嶽棻、章鈺、金梁、江瀚〔註183〕。

　　四月二十七日，孫雄舉瓶社於北京陶然亭，所以為翁同龢生日徵詩。翁同龢號瓶廬居士，故曰瓶社。刻有《瓶社詩錄》二卷。

　　瓶社由孫雄以民國八年己未（1919）四月二十七日舉於陶然亭。是日，為翁同龢九十生辰。按孫雄籍常熟，為翁同龢鄉人，當光緒末，亦嘗任翁同龢筆劄之役。考夏孫桐有《四月二十八（按當作七）日為翁文恭師生日孫師鄭召集

〔註181〕 傅辛《徐世昌手札》，《收藏家》2003 年第 12 期。
〔註182〕 李佳行《〈晚晴簃詩匯〉的編纂及文獻價值初探》，北京大學 2004 年碩士論文；陸瑤《〈晚晴簃詩匯〉研究》，蘇州大學 2013 年碩士論文。
〔註183〕 參見潘靜如《〈晚晴簃詩匯〉的編纂成員、續補與別纂考論》，《中國典籍與文化》2016 年第 2 期；《〈晚晴簃詩匯〉編纂史發覆——兼論清遺民與徐世昌等北洋舊人的離合》，《蘇州大學學報》2018 年第 2 期。

陶然亭結瓶社徵詩》詩〔註184〕。趙炳麟《柏岩感舊詩話》卷一曰：「孫師鄭於文恭生日，為瓶社徵詩，以志思慕。仲仁投詩云……」〔註185〕按仲仁即張一麐也，亦係瓶社成員。諸家記載均同。孫雄刻有《瓶社詩錄》二卷。據此，可知有社員有：孫雄、郭曾炘、吳昌綬、王照、邵瑞彭、徐元綬、鄧鎔、朱寯瀛、宋伯魯、宗威、張一麐、俞鍾鑾、丁祖蔭、壽璽、姚宗堂、張素、連文澄、李岳薿、易順鼎、齊耀琳、夏孫桐、王存、郭曾炘、張蘭思、楊廣、楊濟、王式通、關賡麟、周紹呂、左紹佐、丁傳靖、吳士鑒、陳寶琛、姚永概、閔爾昌、孫景賢、樊增祥、王乃徵、陳三立等。諸社員有非躬與陶然亭之會者，則率以詩寄而已。《瓶社詩錄》卷一末附楊濟《瓶社第一次雅集序》。

附文 28　楊濟《瓶社第一次雅集序》

在昔著雍閹茂之歲，翁文恭公罷政歸里居，來視我先王父。濟以童子，拜公於堂隅，仰見公鬚髮皤然，而志氣如神。詞韠韠焉使人樂聽之，不能去。既退，王父謂繼曰：「是賢宰相也。得罪於太后及其用事者臣剛毅，因以見放，曾無怨望沮喪之容，而眷顧軍國，不忘社稷，是真能以道處其身者。賢宰相也！」濟由是知公之為人。厥後，少有知識，時時展讀公與吾家先世往還書牘，論議宛如相瞻對，益窺其要，益敬之。公之卒也，於今蓋十六年矣。四月戊寅，實公九十生辰。其門弟子孫吏部雄效七月五日祝高密鄭君故事，為會於京師之陶然亭以祀公。期而至者三十餘人，郭侍郎曾炘實主其坫。謂之瓶社，思之至也。將歲歲以時會集講習，曷簪垂於不替？群公既皆為詩文以紀其始，吏部復貽書於濟而命之辭：

夫公之文章道誼，皭然與日月爭明。華夏蠻貊，罔不率俾，蓋無得而論焉。議者往往以甲午之役為公病，余於是乎不能無說。惟時東鄰以三島之強，馮陵上國，虔劉我邊陲，睥睨我臣民。凡有血氣，莫不憤怒。公以為尊君攘夷，人同此心，遂發愚衷，蘄於一戰，固不虞人之利其災而媒孽其後也。國之大柄，不在於公，而在於人。徵兵不至，至則不行，行則無械，宿將為壁上之觀，雄鎮無餱糧之助。是孰致之然哉？嗚呼，虎飛鯨躍，世熟視而不敢誰何，獨於一二純臣，攻擊慘毒之不遺餘力，所謂清議亦目論而已。雖然，師徒撓敗，辱國失威，其禍蔓延，至今益烈，九京可作，有餘憾矣。抒孤憤以雪國恥，放淫詞

〔註184〕夏孫桐《觀所尚齋詩存》卷二，民國二十八年鉛印本。
〔註185〕趙炳麟《柏岩感舊詩話》卷三，張寅彭編《民國詩話叢編》第 2 冊，第 545 頁。

而闡幽光，是後死者之責也，而況平昔嚮慕者乎，而況於親炙之者乎？抑余聞公之論學，兼採漢宋，而以躬行實踐、明體達用為歸。昌其道、廣其業，變今之俗而反之正，使名教不亡，彝倫攸敘，公之志也，殆將於瓶社乎？彌諸屠維協洽仲夏之月，常熟楊濟敬序。〔註186〕

附志九　孫雄編次唱和集書目

1.《鄭齋感逝詩題詞彙錄》，民國七年鉛印本。

2.《瓶社詩錄》二卷，民國八年鉛印本。

3.《漫社集》，民國十一年鉛印本。【按】署程炎震輯，孫雄實助其成。

4.《漫社二集》，民國十二年鉛印本。

5.《漫社三集》，民國十二年鉛印本。

6.《蠅塵酬唱集》，民國十三年鉛印本。

7.《落葉集》二卷，民國十五年鉛印本。

8.《南通孫氏念護堂題詠集》，民國二十一年鉛印本。

五月十九，上海，逸社第四集，楊鍾羲出《雪橋詩話圖》徵題。陳夔龍、馮煦、沈曾植、余肇康、鄒嘉來、王乃徵、朱祖謀並有作。

雪橋為楊鍾羲別署，同人題詠詩收陳夔龍編《花近樓逸社詩存》卷一。

郭曾炘、郭則澐父子在北京蟄園舉蟄園吟社，至民國十七年（1928）郭曾炘謝世而止。蟄園吟社以擊缽吟為主，此亦閩人客宦京師者之傳統也。出入蟄園者，率多遜清故老。先後刊有《蟄園擊缽吟》二卷、《蟄園律集》前後編二卷。

按民國二十一年壬申新竹德興書局匯刻《擊缽吟偶集》九種，洋洋大觀，為閩人四世所積。侯官郭氏，以鍾、缽世其家者垂百年，雖客宦京畿，遞承未輟。郭柏蔭《郭中丞詩鐘存稿》，殆是個人詩鐘勒為專集之祖。其子傳昌、式昌，孫曾炘、曾準、曾程，曾孫則澐，亦多能鍾、缽。其五世孫郭白陽猶能克紹箕裘，自撰《竹間續話》，多談及鍾、缽。晚近京津鍾缽之盛，曾炘、則澐父子，與有力焉。其私宅蟄園，為鍾缽風會所繫，蓋不在關賡麟氏稊園之下。

舉蟄園吟社以前，郭氏嘗有栩園詩社之結，其時約在民國三年至五年前

〔註186〕楊濟《瓶社第一次雅集序》，孫雄輯《瓶社詩錄》卷一附，南江濤編《清末民國舊體詩詞結社文獻彙編》第 9 冊，第 149～152 頁。

後。陳聲聰云：「時詩社盛行，癸丑上巳，梁任公召集都人士百餘人，修禊於西郊三貝子花園，喧動一時，於是關穎人即據以創立稊園詩社，郭蟄雲亦先後成立栩園詩社、蟄園詩社，以詩鐘及擊缽吟為主，但亦偶有題詠詞闋，多載入《國聞週報》之《采風錄》中，聲應蓋寡。」〔註187〕按癸丑為民國二年（1913），又蟄園詩社約舉於民國九年（1920），則栩園詩社之立自當在此七年之間。惟栩園云者，不詳其說，疑陳聲聰或誤記。按郭則澐在天津構有栩樓，確然可徵。抑北京別有所謂栩園也？考之前修，顧貞觀有《栩園詞棄稿》，不知其栩園舊址在京耶？抑在鄉耶？錄此備考。

　　蟄園吟社之成立，據郭則澐《蟄園擊缽吟》序言，當在民國九年庚申，亦即蟄園落成之年。據《蟄園擊缽吟》卷首所附《蟄園吟社同人姓氏》，社友凡八十人：樊增祥、郭曾炘、曾福謙、易順鼎、林紓、鄭孝胥、張元奇、楊士晟、陳衍、楊鍾羲、孫雄、郭曾珂、林開謩、陳壽彭、王式通、查爾從、三多、丁傳靖、成多祿、鄭沅、羅惇曧、曹秉章、白廷夔、楊壽枏、周登皞、薛肇基、陳懋鼎、章華、王存、林灝深、吳用威、閔爾昌、傅增湘、冒廣生、袁勵準、方爾謙、何啟椿、羅惇曧、林葆恒、郭宗熙、葉崇質、鄧鎔、王念曾、高步瀛、王承垣、高稔、陸增煒、胡嗣瑗、溫肅、許寶蘅、傅嶽棻、關霽、陳任中、陳憲弼、宗威、汪榮寶、關賡麟、周學淵、黃穰、王世堉、靳志、崇彝、黃懋謙、劉子達、邵瑞彭、高贊鼎、侯毅、林步隨、余燮梅、李濂、郭則澐、曹經沅、吳寶彝、黃濬、楊毓瓚、黃孝紓、陳訓亮、黃孝平、宗湤、曾克端。考郭曾炘《俎年集》有《新正八日缽社吟集以盆花作獎品，樊山、闇公各有詩紀事並索和》〔註188〕，又有《缽社以神武門殘荷命題，限於篇韻，未能盡意，枕上不寐，偶憶連年畿輔戰事，復成此章》〔註189〕。此二詩蓋皆作於民國十年（1921）。然則蟄園詩社，同人往往兼稱缽社，蓋以其從擊缽之例，限題、限篇、限韻、限即席而成耳。是故民國二十二年所刊之《蟄園擊缽吟》二卷，大抵此十來年同人雅集所得。郭則澐《蟄園擊缽吟序》云：「己酉自遼幕外簡，省親京邸，則時彥方尚折枝，此事幾廢。國變後，折枝益盛。林丈畏廬嘗以余言一舉社事。陳子仲騫之聯珠社，關子穎人之稊園社，亦先後並作。余竟不獲

〔註187〕陳聲聰《燕京詞人歷有詞社之集》，《填詞要略及詞評四篇》，廣東人民出版社1986 年版，第 101 頁。
〔註188〕郭曾炘《匏廬詩存》，《清代詩文集彙編》第 787 冊，第 131～132 頁。
〔註189〕郭曾炘《匏廬詩存》，《清代詩文集彙編》第 787 冊，第 135 頁。

繼鄉先輩餘緒，勉圖修舉，心竊愧之。庚申，蟄園成，請於先公，集社於園之結霞閣。入社者不限鄉籍，月一集，集必二題，寒暑無間。」〔註190〕按，折枝，詩鐘之類，與擊缽吟不同，故云然。蟄園擊缽吟社先後歷九十餘集。自郭曾炘謝世，社事不常作，而郭氏亦多居天津。及盧溝橋事變以後，郭則澐自沽徙京，又有蟄園律社之集。夏緯明《近五十年北京詞人社集之梗概》云：「及盧溝橋事變後，郭嘯麓由津移居北京，又結蟄園律社及瓶花簃詞社。每課皆由主人命題備饌。夏枝巢仁虎、傅治薌岳棻、陳純衷宗藩、張叢碧伯駒、黃公渚孝紓、黃君坦孝平、關穎人、黃嘿園，皆為社中中堅。」〔註191〕準此，則當是時，蟄園律社與瓶花簃詞社蓋一體而異用，社員多兼二社。又按，盧溝橋事變以後重開之蟄園律集，同人所作收錄於《蟄園律集前後編》之《後編》，凡上、下二卷。據《蟄園律集後編同人姓氏》可知，凡社友四十九人，曰：鄭孝檉、周登皞、汪曾武、薛肇基、趙椿年、楊壽枬、吳燕紹、顧祖彭、龔元凱、陳懋鼎、傅增湘、陳寶銘、宗威、夏仁虎、陸增煒、黃穰、方兆鰲、胡寶善、黃懋謙、許鍾璐、陳宗藩、傅嶽棻、鄭其藻、關賡麟、崇彝、陶洙、袁毓麟、陳銘鑒、吳錫永、崔麟臺、丁震、郭曾法、郭則澐、高贊鼎、林彥京、黃襄成、劉以臧、顧彝曾、宋庚蔭、瞿宣穎、郭則濂、劉希亮、張伯駒、黃孝紓、黃孝平、薛以炘、郭可詵、王開濟、楊秀先。

　　鄧洪荃輯印《花行小集》行世。收鄧鎔、向楚、鄧洪荃、趙熙、宋育仁雅集詞作。

　　《花行小集》有趙熙敘。略云：「己未春，余遊成都，城南花事方盛，文酒之會，或以詞紀之，休庵遂錄成冊，蓋遠世事而美遨遊，多難時所稀有者矣。昔陸務官觀至成都有《寓居》之篇，其詩曰：『家住花行西復西。』今花行未知何所？而余寄跡於梁園，固庾蘭成所稱花隨四時者也，因題其嵩曰《花行小集》。」〔註192〕

　　是歲，朱孔彰卒、繆荃孫、潘炳年、錢桂笙、羅正鈞、梁鼎芬、管世駿、王嘉詵、丁寶銓卒。

〔註190〕郭則澐《蟄園擊缽吟》序，民國二十二年刻本。
〔註191〕慧遠（夏緯明）《近五十年北京詞人社集之梗概》，張伯駒編《春遊社瑣談‧素月樓聯語》，北京出版社1998年版，第23頁。
〔註192〕趙熙《花行小集》敘，民國八年刻本。

　　朱孔彰（1842～1919），字仲武，一字仲我，號聖和老人，江蘇長洲人。
舉人。著有《半隱廬叢稿》，民國二十五年鉛印本；《咸豐以來功臣別傳》，光
緒二十四年石印本（此書或題《中興將帥別傳》《中興名臣事略》，別有刻本、
鉛印本）；《古今女將傳贊》，民國二十六刻本；《題江南曾文正公祠百詠》，光
緒十三年刻本、民國二十四年補刻；《說文粹》，民國石印本。

　　繆荃孫（1844～1919），字筱珊、小山，號藝風，江蘇江陰人。光緒丙子
進士。入民國，任清史館總纂，撰《儒林》《文苑》《臣工》諸傳。以目錄、金
石學名世。編有《江蘇省通志稿》。編、刻、著甚富。編刻有《雲自在龕叢書》
《藕香零拾》《常州先哲遺書》《名家詞》《對雨樓叢書》《煙畫東堂小品》等。
著述方面，今有鳳凰出版社《繆荃孫全集》本，分「目錄」「金石」「詩文」「日
記」「筆記」「雜著」六類，凡 15 冊，目錄類計有《藝風藏書記》《藝風藏書續
記》《藝風藏書再續記》《清學部圖書館善本書目》《清學部圖書館方志目》《詞
小說譜錄》《唐書藝文志注》《遼藝文志》，金石類計有《江蘇藝文志》《藝風堂
金石文字目》《金石分地編目》，詩文類計有《藝風堂文集》《藝風堂文續集》
《藝風堂文漫存》《藝風堂詩存》《碧香詞》《藝風堂賦稿》《藝風堂書札》，日
記類計有《繆荃孫日記》，筆記類計有《雲自在龕隨筆》《雲自在龕筆記》《藝
風閣校書隨筆》《秦淮廣記》，雜著類篇目甚多，不可枚舉。

　　潘炳年（1844～1919），字耀如，晚號退庵，福建長樂人。同治十年進
士。入民國，「遁跡山野，或枯坐終日，夜輒啍嚱或悲哭，強之出遊，亦潛
隱去」〔註 193〕。

　　錢桂笙（1848～1919），字季蒒，一作季香，室名從桂堂，湖北江夏人。
清光緒二十年舉人。嘗任兩湖書院、鹿門書院及存古學堂講習。邃經學。辛亥
鄂中兵起，「遁歸不入城闉」〔註 194〕，自號隱叟。曾與纂《湖北通志》，有《湖
北風俗志》《湖北物產志》《湖北藩封志》等。著《錢隱叟遺集》十卷，民國十
年鉛印本。

　　羅正鈞（1855～1919），字順循，湖南湘潭人。舉人。歷任知縣知府及湖南
學務處提調。入民國，袁世凱等人或有徵聘，「堅卻羅致，撰述自遣」〔註 195〕。

〔註 193〕陳寶琛《潘耀如同年墓誌銘》，《滄趣樓詩文集》，第 430 頁。
〔註 194〕周以存《錢季香先生家傳》，《錢隱叟遺集》卷首，《清代詩文集彙編》第 765
　　　　冊，第 663 頁。
〔註 195〕陳三立《清故山東提學使羅君墓誌銘》，《散原精舍詩文集》，上海古籍出版社
　　　　2003 年版，第 982 頁。

有《左文襄公年譜》，光緒二十三年刻本；《船山師友記》，光緒三十三年刻本；《劬盦官書拾存》，民國九年湘潭羅氏養正齋刻本；《劬盦文稿》，民國九年湘潭羅氏養正齋刻本；《劬盦聯語》，民國九年湘潭羅氏養正齋刻本；《辛亥殉節錄》，民國九年湘潭羅氏養正齋刻本。

梁鼎芬（1859～1919），字星海，號節庵，諡文忠，廣東番禺人。進士。入民國，守陵種樹。臨歿，「嘗自言我心淒涼，文字不能傳出」〔註196〕，遂焚其詩。余紹宋記其遺言尤詳，略云：「刻集，非公意也。癸丑春間，公有三良之志，而不得遂。事前手書遺言：『我生孤苦，學無成就，一切皆不刻。今年燒了許多，有燒不盡者，見了再燒，勿留一字在世上。我心淒涼，文字不能傳出也。』」〔註197〕其悲苦可知。著述有：《節庵先生遺詩》，民國十二年沔陽盧氏慎始基齋刻本；《節庵先生遺詩續編》，民國三十三年鉛印本；《節庵先生遺詩補輯》，1952年鉛印本；《款紅廎詞》，民國二十一年刻本。今有黃云爾整理《節庵先生遺詩》本，華東師範大學出版社2011年版。別著《梁祠圖書館章程》，宣統間鉛印本。輯有：《端溪叢書》，光緒二十五年刻本；《經學文鈔》，光緒三十四年存古堂刻本；《後南園詩社詩課》，宣統刻本。修《番禺縣續志》，宣統三年刻本。

管世駿（1860～1919），字德輿，亦作德夫，浙江黃岩人。進士。有《漢管處士年譜》一卷，光緒二十二年刻本、民國吳興劉氏《求恕齋從書》本〔註198〕；《邑乘管窺》二卷《拾遺》十二卷，稿本，藏浙江圖書館；《古今圖書集成摘抄》二卷，稿本，藏浙江圖書館。另纂輯台州史文獻多種。

王嘉詵（1861～1919），初名如曾，字少沂，一字劻宜，晚號蟄庵，江蘇銅山人。貢生。著有《養真室詩存‧蟄庵詞》，民國十三年彭城王氏刻本。纂《銅山縣志》，民國十五年刻本。

丁寶銓（1869～1919），字衡甫，號佩芬，一號默存，江蘇人。進士。妹婿羅振玉。被刺，死。有《傅青主先生年譜》一卷，宣統三年刻本。另輯《霜紅龕集》四十卷，宣統三年刻本。

〔註196〕徐世昌《晚清簃詩話》，傅卜棠編校，華東師範大學出版社2009年版，第1252頁。

〔註197〕余紹宋《節庵先生遺詩目錄》識語，梁鼎芬《節庵先生遺詩》，黃云爾點校，華東師範大學出版社2011年版，序第5頁。

〔註198〕林志宏《清遺民基本資料表》謂《漢管處士年譜》撰於「國變」後，以高管寧「漢獻帝時東渡遼地，魏廷徵命十至，皆不就」之節。此或本前人附會之談歟？《漢管處士年譜》有光緒二十二年刻本，非作於「國變」後。

1920 年　庚申

　　秋，駱成驤在其成都私宅清漪樓創觀瀾詩社。蜀中所謂「五老七賢」，宋育仁、陳鍾信、盛世英、尹昌衡等皆其社員。

　　觀瀾詩社由駱成驤以民國九年庚申（1920）舉於成都之私宅清漪樓。考駱成驤《清漪樓詩集》卷三《清漪樓集觀瀾詩社首唱四章》〔註199〕，是必詩社始創所作，歲在庚寅，鑿鑿可考。此詩後別有《前題酬芸老見和之作》《前題酬陳孟孚前輩》《前題酬盛璜書》《前題酬尹碩權》四首，且附前三家原作。是則宋育仁、陳鍾信、盛世英、尹昌衡四人必係觀瀾詩社首批成員。又，卷四《馮雨樵先生八秩雙壽又值遊泮完婚周甲之年賦此為壽》其一尾聯云：「老筆莫嫌輸五色，曾邀詩社聚觀瀾。」〔註200〕是馮譽驄亦當係觀瀾詩社成員。復考《清漪樓雜著》有《觀瀾詩社序》一篇，作於庚申，略有云：「庚申秋，滇軍攻成都……舊同學盛璜書、李心佘、顏雍耆、秦聲北諸兄弟遞相屬和……時前輩（按宋育仁）約余與文海雲、龔葆青入國學會，著錄詩文科者，宋、文、龔、駱四人而已。余請獨立詩社，集會法草成，而陳孟孚、尹仲錫兩前輩，皆樂與賞析，碩權新自燕歸，有脫劍賦詩之意。余乃開清樽，設醴酒，延請十公者，為榆枌社，刻期賦詩，推芸子為社長，命余任理事，請社長定名觀瀾，為序其意。」〔註201〕云云。是觀瀾詩社初立時，與其事者十一人，曰宋育仁、駱成驤、文龍、龔葆青、陳鍾信、尹昌衡、尹昌齡、盛世英、李心佘、顏楷、秦肇北。宋育仁任社長，駱成驤任理事。是該社成員與俗傳所謂蜀中「五老七賢」者正多重合。另，此文末尾有盛世英跋，略謂宋育仁創詩社，始於庚申九月，初設於家，方數課，以所居偏遠，改社於尹昌衡處。至次年辛酉，宋育仁不多至也。

　　林兆翰在天津舉存社，月課詩文，由章鈺、趙元禮、王守恂、周登皞等故老加以評議。後章鈺編集《存社徵文選卷匯存》，有民國十六年鉛印本。

　　陳誦洛《蟫香館別記》曰：「林墨青庚申立存社，月課詩文，吳子通、王

〔註199〕駱成驤《清漪樓集觀瀾詩社首唱四章》，《清漪樓詩存》卷三，《清代詩文集彙編》第 790 冊，第 672 頁。

〔註200〕駱成驤《清漪樓集觀瀾詩社首唱四章》，《清漪樓詩存》卷三，《清代詩文集彙編》第 790 冊，第 691 頁。

〔註201〕駱成驤《清漪樓集觀瀾詩社首唱四章》，《清漪樓詩存》卷三，《清代詩文集彙編》第 790 冊，第 714 頁。

緯齋、李琴湘遞膺冠軍。公顧而樂之，乃於次歲倡為城南詩社，聲應氣求，先後入社者頗眾，今且逾百人矣。」〔註202〕按林墨青，名兆翰，晚號更生，天津人。存社成員甚眾。自民國十二年（1923）起，月必課詩文，由章鈺、趙元禮、王守恂、周登皞諸老輪值評議，擇其尤者登諸《社會教育星期報》（此報即林兆翰所辦）。民國十八年（1929），《社會教育星期報》改稱《廣智館星期報》，存社社課仍依舊例登之不輟，至民國二十四年（1935）乃止。

　　蔣兆蘭、徐致章聯合遺民創白雪詞社。社員陸續有程適、儲鳳瀛、李丙榮、任援道、儲南強、儲蘊華、陳思等人。

　　劉聲木《萇楚齋隨筆》卷十「徐致章等遺民詞社」條稱：「『神州陸沉，寰瀛蕩潏，是何等世界也。獰鬼沙蛆，封豕長鯨，是何等景象也。鐵血涴地，銅臭薰天，是何等觀念也。集澤鴻嗷，泣途虎猛，是何等慘痛也。』此壬戌五月，徐煥琪明府致章《樂府補題後集》序中語。何其沉痛如此，傷心人，誠別有懷抱也。明府身丁末造，聯合遺民五人，創立白雪詞社，即編輯社詞，以為是書，隱寓黍離麥秀之感。其志嘉，其行卓，迥非末流所能企及，爰錄其同社五人名氏於後：徐致章字煥其，光緒戊子舉人……蔣兆蘭字香谷，諸生……程適字肖琴，號蟄莽，光緒丁酉拔貢……儲鳳瀛字映波，光緒癸卯舉人……李丙榮字樹人，丹徒人，諸生……」〔註203〕考《樂府補題後集甲編》程適序云：「其必繼聲《樂府補題》者，則以宋賢玉潛、碧山、蘋洲、篔房諸子生丁末造，自署遺民……一往情深，寓之詠物，體繪工寄託苦矣。以今視昔，雖時變不同而情感則一。」〔註204〕其亦以遺民自居無疑。據《甲編》目錄，別有任援道、儲南強、儲蘊華、李丙榮、陳思五人作品。《甲編》蔣氏後序謂任援道、儲南強、儲蘊華三人為後來加入者。《乙編》目錄後之識語，可知以上八人為同社，而李丙榮、陳思、王朝陽、趙永年四人為同聲。又據《乙編》蔣氏跋，知至民國十七年（1928）而社事中斷。

　　是歲，潘文熊、陳遹聲、朱益濬、紀巨維、陳潯、鮑心增、陳際唐、唐晏、易順鼎、李瑞清卒。

　　潘文熊（1844～1920），字渭漁，號幼南，又號質之，江蘇常熟人。光緒三年進士。官刑部主事、揚州府學教授。入民國，居鄉里，有詩曰「十世文章

〔註202〕陳誦洛《蟬香館別記》，陳誦洛《陳誦洛集》，廣陵書社 2011 年版，第 332 頁。
〔註203〕劉聲木《萇楚齋隨筆》，中華書局 1998 年版，第 211 頁。
〔註204〕南江濤編《清末民國舊體詩詞結社文獻彙編》第 22 冊，第 85～86 頁。

悲掃地（順康雍乾嘉道咸同光宣），五朝毛土數遺民（餘生於道光壬寅冬）」〔註205〕。有《寶硯齋詩詞集》五卷，民國十九年常熟潘氏鉛印本。

陳遹聲（1846～1920），字蓉曙，一字駿公，號畸園老人，浙江諸暨人。清光緒十二年進士，選翰林院庶吉士，散館授編修，出為松江知府。三十三年，授川東道。「辛亥而後，遁跡苧蘿山下，邈與世絕」〔註206〕。輯《明逸民詩》二十卷、《畸廬稗說》二卷以見志。徐世昌任總統，數徵不出。有《畸園第三次手定詩稿》三十二卷，民國石印本。

朱益濬（1847～1920），字尊卿，江西蓮花人。光緒進士。官湖南提法使。辛亥武昌事起，署湖南巡撫。入民國，歸隱故里。卒諡文貞。著述多散佚，《湖南闈墨》（衡鑒堂光緒刻本）、彭勃編《溪州古詩選錄》（永順印刷廠 1989 年版）存其作品少許。

紀巨維（1848～1920），字香驄，一字伯駒，號悔軒，晚號泊居老人，門人為私諡端愨，直隸獻縣人。紀昀五世孫。清同治十二年拔貢，官霸州訓導，選授內閣中書。久居張之洞幕府。歷主經心、江漢、兩湖書院講席，復監督存古學堂。「辛亥北歸，伏居里閈者又近十年」〔註207〕「杜門卻掃，窮老以終」〔註208〕。卒後門人私諡端愨。有《泊居剩稿》一卷《續編》一卷，民國鉛印本，今有劉青松《新輯泊居剩稿》（中國社會科學出版社 2021 年版）。

陳瑋（1850～1920），字經佘，號辛湄，四川綿陽人。張之洞視學蜀中，目仁壽毛蜀雲、綿竹楊叔嶠與其為蜀中三傑。光緒戊戌進士。以知縣分發進士。歷任孝豐、黃安、穀城縣令。辛亥辭官歸里，卒於家。有《屠亭詩集》十六卷，民國鉛印本。

鮑心增（1852～1920），字川如，一字悒士，號潤漪，晚署蛻農，江蘇丹徒人。光緒十二年進士。歷官吏部考功司主事、郎中，改軍機章京郎中。宣統間，外放山東青州知府。辛亥聞國變，「愀然投劾歸，閉門課徒，峻辭賓侶」〔註209〕。有《蛻齋遺集》二卷，詩稿、講義各一卷，民國鉛印本。另有（輯）

〔註205〕潘文熊《為君定寫漁隱圖感賦》，《寶硯齋詩詞集》卷三，《清代詩文集彙編》第 750 冊，第 112 頁。

〔註206〕馮煦《畸園第三次手定詩稿序》，《清代詩文集彙編》第 763 冊，第 557 頁。

〔註207〕佚名《紀巨維傳略》，紀巨維《泊居剩稿》卷首，《清代詩文集彙編》第 769 冊，第 738 頁。

〔註208〕高凌霨《泊居剩稿序》，《清代詩文集彙編》第 769 冊，第 738 頁。

〔註209〕田毓璠《蛻齋詩稿序》，《清代詩文集彙編》第 775 冊，第 442 頁。

《先妣陳淑人行述》，清光緒二十九年刻本；（合撰）《賓叔柳公崇祀鄉賢錄》，宣統二年刻本。

陳際唐（1853～1920）〔註210〕，字堯齋，江西懷寧人。貢生。歷任江蘇丹陽、元和、吳縣知縣、山西河東道道員、山西按察使、新疆布政使等。入民國，歸隱天津。應聘總纂《懷寧縣志》。有《牧令芻言》一卷，清光緒三十四年刻本；《求是齋公牘匯存》八卷《鹽務》六卷《署臬公牘》不分卷，宣統二年山西濬文書局鉛印本。

唐晏（1857～1920），滿族瓜爾佳氏，原名震鈞，字在廷，又字元素，北京人。舉人。辛亥後，居上海。有《涉江先生文抄》一卷，民國四年鉛印本；《海上嘉月樓詩》一卷，民國十年鉛印本。另有《香奩集發微‧韓承旨年譜》《天咫偶聞》《國朝書人輯略》《海上嘉月樓勸學遺箋》《庚子西行紀事》《渤海國志》《洛陽伽藍記鉤沉》《八旗人著述存目》兩漢三國學案》。

易順鼎（1858～1920），字實甫、實父，號哭庵，湖南龍陽人。舉人。有《琴志樓詩集》，上海古籍出版社 2012 年版。舊稱《琴志樓叢書》或《哭盦叢書》者，刻非一時。另編有《吳社集》《舊雨聯吟》《鄂湘酬唱集》《玉虛齋唱和詩》《仿擊缽吟》等酬唱詩集。

李瑞清（1867～1920），字仲麟，號梅庵，晚號清道人，江西撫州人。進士。卒後，經馮煦、吳錡聯名奏請，溥儀小朝廷諡「文潔」。有《清道人遺集》二卷《佚稿》一卷《擷遺》一卷，民國二十八年鉛印本，今有黃山書社 2011 年點校本。

1921 年　辛酉

春，嚴修在天津創城南詩社。公園霞飛樓、華安飯店、江南第一樓、明湖春飯莊，胥為雅集之所。爾後社事益盛，社集益眾。其流品頗雜，不盡為故老。約以民國三十六年（1947）終結，先後歷時凡二十六年。

略考陳誦洛詩文隨筆，知城南詩社詩課甚多，然諸家所作，不盡存集中，蓋詩鐘遊戲，作者弗貴。按，南海吳壽賢子通《陳誦洛〈轉蓬集〉跋》云：「城南結社，始自辛酉之春，誦洛以次冬入社，年為最少，韓信登壇，一軍皆驚。嚴範孫、

〔註210〕林志宏《清遺民基本資料表》生卒年作「1869～1935」，誤。參見趙劍鋒《清末新疆布政使陳際唐事蹟鉤沉——〈碑傳集〉補正一則》，《新疆地方志》2015 年 2 期。

王任安、趙幼梅諸君子競目為清才。」〔註211〕初舉於民國十年辛酉（1921），無疑也。陳誦洛《蟬香館別記》曰：「林墨青庚申立存社，月課詩文，吳子通、王緯齋、李琴湘遞膺冠軍。公顧而樂之，乃於次歲倡為城南詩社，聲應氣求，先後入社者頗眾，今且逾百人矣。」〔註212〕然則嚴修之立城南詩社，由存社啟之，其後大興，掩而上之。陳誦洛《今雨談屑》：「吾社文酒之會，初無定址。辛酉歲在公園霞飛樓，壬癸之際在華安飯店，甲子而後在江南第一樓者凡二年。旋又改明湖春，每兩星期一聚，每食不過八簋，所以存真率之致。一餐之費，概由與會者平均出之。其初次到會者，則居賓位，社例然也。」〔註213〕其社例如此。

然城南詩社雖多有遺民隸籍，然終非遺民詩社。故郭則澐《自訂年譜》有云：「（民國二十四年）冬歸枑樓，沽上人士有為城南吟社者，欲招山人（郭則澐自指）入社，山人以蘭艾雜淆，執不可。」〔註214〕考郭則澐之作，見民國二十二年印行之《癸酉展重陽水西莊酬唱集》。與酬唱之集者，例可視為社員。然郭則澐本志，非城南詩社中人。此當觀其大略，未可執一。

城南詩社之相關文獻，諸家別集隨筆而外，另有民國十三年編印《城南詩社集》、民國十三年馬仲瑩繕寫《城南詩社小傳》、《癸酉展重陽水西莊酬唱集》、《乙亥重陽雅集詩錄》、民國二十七年趙元禮輯《戊寅重九分韻詩存》、民國二十八年佚名編《城南詩社齒錄》、民國三十年《城南詩社同人集影題名紀年》、《快哉亭詩詞》黏貼本二冊、許以栗題箋《津門城南詩社唱和集》所附之《津門城南詩社題名錄》等。高洪鈞先生《天津城南詩社成員一覽》考得成員姓名甚詳，先後入社者當在 150 人以上。〔註215〕其人有：張兆奎、蔣玉梭、黃贊樞、盧吏田、高文才、劉慶汾、馮學彥、徐世光、胡浩如、嚴修、謝崇基、王守恂、章鈺、張蘭思、陳恩榮、孟廣慧、楊贊賢、楊懿年、趙元禮、朱士煥、顧祖彭、劉吟皋、李廷棟、李金藻、劉寶慈、喻謙、劉祖培、孟錫祉、陳寶泉、吳健邦、蔣汝中、張爾震、楊鴻綬、劉春霖、王武祿、戴宗吳、劉賡垚、嚴侗、方中、桂岩、於振中、李廣濂、吳壽賢、張同書、馮問洵、吳孟龍、趙芾、陳沏清、高慶題、徐宗浩、王秉囍、黎炳文、方東宇、謝銘勳、周學輝、李國瑜、

〔註211〕吳壽賢《轉蓬集跋》，陳誦洛《陳誦洛集》卷二，第 133 頁。
〔註212〕陳誦洛《陳誦洛集》，第 332 頁。
〔註213〕陳誦洛《陳誦洛集》，第 208、209 頁。
〔註214〕郭則澐《郭則澐自訂年譜》，第 80 頁。
〔註215〕參見高洪鈞《天津城南詩社成員一覽》，《天津記憶》第 80 期《津門文壇瑣記》（2011 年 5 月 22 日內部發行本），第 53～56 頁。

沈之洮、王金鼇、陳中嶽、陳汝良、胡維域、李孺、張士芬（以上見民國十三年《城南詩社集》，計 63 人）、步其誥、林兆翰、張念祖、章士釗、彭粹中、管鳳和、楊晉、俞殿荃、孫松齡、李維翰、張豫駿、徐敏、任傳藻、陳惟壬、桂憲章、趙子羢、葉樹章、張宗和、金以庚、丁其慰、周登皥、周慶榜、喬曾佑、曹經沅、馬鍾琇、王賢賓、孫鳳藻、謝嘉祐、王揖唐（以上見民國十八年馬仲瑩繕稿《城南詩社小傳》，原載 69 人，新增 29 人）、楊壽枏、郭則澐、許以栗、高凌雯、查耀、劉潛、嚴智怡、俞祖鑫（以上見民國二十二年（1933）《癸酉展重陽水西莊酬唱集》，原載 14 人，新增 8 人）、楊星耀、邢之襄、郭春靄、馬鍾琦、孫蓉圖字、方爾謙、王人文、章梫、孫潤宇（以上見民國二十四年《乙亥重陽雅集詩錄》，原載 27 人，計新增 9 人）、金梁、程卓澐、徐兆光、陳實君、姚彤章、王豹叟、胡季樵、徐震生、華壁臣、嚴仁穎（民國二十五年丙子重陽作會水西莊，原有 36 人，計新增 10 人）、胡寶善、馮可培、許鍾璐、孫學曾、王賡綸、張弘弢、劉鴻翔、王伯龍、張友棟、陳軌怡字、徐斯異（以上見民國二十七年（1938）趙元禮輯《戊寅重九分韻詩存》，原載 33 人，計新增 11 人）、吳公亮、岳霙、楊晶華、韓梯（以上見民國二十八年佚名編《城南詩社齒錄》，原載 46 人，計新增 4 人）、胡嵯門、王吟笙、李一廠、黃潔塵、王綸閣、曾公贊、張吉貞、張梯青、馮孝綽、石松亭、李濯愚、張聊公、王禹人、金致淇、任道承（以上見民國三十年辛巳春攝《城南詩社同人集影題名紀年》，原載 26 人，新增 15 人）。總凡 149 人。

秋，亞洲學術研究會成立於上海。孫德謙任編輯，汪鍾霖、鄧彥遠任理事，王國維、羅振玉、曹元弼、張爾田等任稿員。創有《亞洲學術雜誌》。

歐戰後，「東方」二字轉貴，該會應運而生，一時風會使然。《亞洲學術雜誌》（1921.8～1922.8）創刊號有《亞洲學術研究會簡章》及《亞洲學術研究會雜誌例言》。簡章「以六條為體，以八項為用」：「六條有目，曰主忠信以修身，尊周孔以明教，敦睦親以保種，講經訓以善世，崇忠孝以靖亂，明禮讓以弭兵。八項有目，曰亞人之性情，亞人之政治，亞人之道德，亞人之法律，亞人之禮俗，亞人之和平，亞人之教學，亞人之文化。」〔註216〕云云。六條最末一目

〔註216〕汪鍾霖、鄧彥遠《本會紀事：亞洲學術研究會簡章》，《亞洲學術雜誌》1921年第 1 期。

謂「明禮讓以弭兵」，足見彼心中有一歐戰在也。考之《亞洲學理淺識》，釋此條云：「弭兵會終不能保全歐之和平，齊物論愈足以速社會之破壞。在今日，東方西方，非實行禮讓之精神，均無以救政俗之敝亂。」〔註217〕昭昭然矣。《雜誌例言》云：「論說者將我亞洲舊有之學術，發明真理，著為篇章，以備世賢之研究。不過事高論，亦不為陳腐之談。凡瑣屑之考據，空疏之議論，皆在所摒棄，於近今學說之背謬者，則辭而闢之。」〔註218〕其旨可見。

張朝墉舉漫社於北京之半園，即張宅也。厥後二三年，凡七十餘集。以民國十三年（1924）改稱「嚶社」，人員亦小有變動。未幾，復稱「漫社」，延至民國十九年庚午，改稱「賡社」。同人詩作，今世所存，有孫雄編《漫社集》二卷〔註219〕、《漫社二集》二卷《補遺》一卷、《漫社三集》二卷《補遺》一卷，均張朝墉題簽，民國十一至十二年間鉛印本。主要成員張朝墉、蕭延平、陳瀏、賀良璞、成多祿、孫雄、黃維翰、周貞亮、程炎震、陳士廉、路朝鑾、向迪琮、曹經沅十三人。

陳瀏《後漫社詩》第一首云：「蜀髯張半園，平生趨風雅。足跡走萬里，自浙來都下。燕市多酒徒，招邀結漫社。髯實為之長，以詩自陶寫。取義在漫與，累月杯屢把。」〔註220〕是漫字，取漫與之義也。同題第二首云：「易漫而曰嚶，社名迭更代。」〔註221〕即在民國十三年。然徵之同題第三首云：「近得稼溪書，書詞其簡短。云已復漫社，勝呂集秸阮。」〔註222〕是不久即復「漫社」舊稱，其詩題名所謂「後漫社詩」者，此之謂也。《漫社集》卷首《漫社同人題名》為張朝墉、蕭延平、陳瀏、賀良璞、成多祿、孫雄、黃維翰、周貞亮、程炎震、陳士廉、路朝鑾、向迪琮、曹經沅十三人〔註223〕。《漫社三集》卷首於《社友題名》而外，別附《特別社友題名》《特別社友題名續錄》，則以彼輩與漫社同人更互酬唱之故。《特別社友題名》曰：樊增祥、陳寶琛、王樹枬、俞鍾鑾、陳嘉言、陳衍、柯劭忞、宋伯魯、郭曾炘、周樹模、宋小濂、姚宗堂、李岳蘅、舒正曦、趙晉臣、徐鼎霖、鄭沅、王式通、徐兆瑋、吳昌綬、顧祖彭、丁祖蔭、涂鳳

〔註217〕 汪鍾霖、鄧彥遠《亞洲學理淺識》，《亞洲學術雜誌》1921 年第 1 期。
〔註218〕 《亞洲學術研究會雜誌例言》，《亞洲學術雜誌》1921 年第 1 期。
〔註219〕 《漫社集》題程炎震輯，孫雄序稱黃維翰任編校之役，實則孫雄皆與其事也。
〔註220〕 陳瀏《陳瀏集》，黑龍江人民出版社 2001 年版，第 296 頁。
〔註221〕 陳瀏《陳瀏集》，黑龍江人民出版社 2001 年版，第 297 頁。
〔註222〕 陳瀏《陳瀏集》，黑龍江人民出版社 2001 年版，第 297 頁。
〔註223〕 《漫社同人題名》，程炎震輯《漫社集》卷首，民國十一年鉛印本。

書、程學恂、邵章、陳韜、鄧邦述、周紹昌、楊圻、傅增湘、閔爾昌、宗威、邱
翊華、袁勵準、譚祖任、延鴻、關賡麟、郭則澐、張志潭、楊廉、楊定襄。《特
別社友題名續錄》曰：趙爾巽、陳重慶、秦綬章、竺大炘、閔荷生、鄧一鶴、姚
人龍。《漫社集》卷首有程炎震序，敘漫社旨趣甚明。

附文 29　程炎震《漫社集序》

　　乞漿得酒之年，慷慨悲歌之地。日不停御，風欲焚輪。水閱世而滔滔，民視
天而夢夢。揚湯止沸，訝濕薪之煙多；入市攫金，恨銅山之鑄少。雖復九衢若砥，
雙闕排空，立魯國之儒冠，走叢臺之炫服，靡不息陰惡木，假潤狂泉，莫楚優生，
芝蘭敗馥。此則士衡希世，猶悼緇塵；威輦佯狂，難安白社者矣。若乃西蜀公子，
東吳王孫，不惠不夷，亦玄亦史，集猶乘雁，噬若餓麟。聊假日以逍遙，本無情
於祿仕。然而踽踽周道，懼四夷之交侵；遙遙未央，踵五噫而流歎。寓之謠詠，
諧以於喁。魚樂江湖，雞鳴風雨。求暫歡於積慘，信異曲而同工者。嗟乎！時非
天寶，何來無病之呻；身如浮雲，且作無心之合。森眾製之已富，遂奮藻以導言。
梁父吟成，非寓興於晏子；蘭亭序就，或見方於石崇。〔註224〕

　　是歲，周馥、勞乃宣、李滋然、陳田、沈曾桐、鄒嘉來、王榮商、
王以慜、屠寄卒。

　　周馥（1837～1921），字玉山，號蘭溪，安徽至德人。官至閩浙總督、兩
廣總督。入民國，避居青島。丁巳復辟，授協辦大學士。卒諡愨慎。有《玉山
文集》二卷《詩集》四卷，民國十一年石印《周愨慎公全集》本（另含奏稿五
卷，電稿一卷，公牘二卷，《易理匯參》十二卷，《治水述要》十卷，《河防雜
著四種》一卷，《負暄閒語》二卷，年譜二卷）。

　　勞乃宣（1842～1921），字季瑄，號玉初，又號韌叟，浙江桐鄉人。同治
十年進士。出任直隸知縣。光緒三十四年奉詔進京，任憲政編查館參議、政務
處提調，授江寧提學使。宣統三年任京師大學堂總監督。入民國，寓居青島。
與周馥、陸潤庠、呂海寰、劉喬祺、王季寅、趙爾巽、童祥熊、李思敬、張人
駿為「十老會」。佐德人尉禮賢長尊孔文社藏書樓。有《歸來吟》二卷，民國
五年刻本；《桐鄉勞先生遺稿》八卷，文五卷，詩三卷，民國十六年刻本。另
有《新刑律修正案匯錄》《義和拳教門源流考》《庚子奉禁義和拳匯錄》《拳案

〔註224〕程炎震《漫社集序》，《漫社集》卷首，民國十一年鉛印本。

雜存》《拳教析疑說》《各國約章纂要》《共和正解》《直隸旗地述略》《等韻一得》《增訂合聲簡字譜》《讀音簡字通譜》《古籌算考釋》《古籌算考釋續編》《矩齋籌算》《籌算蒙課》《捐悶錄》《私家教育釋疑》等。

李滋然（1847～1921），字命三，四川長壽人。進士。官廣東揭陽、順德、曲江、文昌、東莞等縣知縣。宣統三年，授主事銜。入民國，自號「采薇僧」，明其志〔註225〕。有《采薇僧集》，文一卷，詩草一卷，附一卷，民國六年刻本。另有《周禮古學考》《四書朱子集注古義箋》《群經綱紀考》《四庫全書書目考》《明夷待訪錄糾謬》。

陳田（1849～1921），字松山，號黔靈山樵，貴州貴陽人。進士。有《陳田詩稿》四集，曰《滇遊集》《泝沅集》《悲歌集》《津門集》，計二十八頁，凡五十六題八十五首，羅福葆手抄本，藏羅家〔註226〕。另有《明詩紀事》《周漁潢先生年譜》《貴陽陳氏聽詩齋所藏明人集目錄》。

沈曾桐（1853～1921），字子封，號同叔，浙江嘉興人。沈曾植弟。光緒十二年進士。授編修，官至廣東提學使。入民國，不仕。有《奏辦廣東士敏土廠試辦章程》，宣統鉛印本。上海圖書館舊著錄《百硯齋日記》一種，係沈曾桐名下，學界相沿已久。非是，此日記乃其弟沈曾樾所留〔註227〕。曾樾（1855～1922），字子林，浙江嘉興人。沈曾桐弟。貢生。

鄒嘉來（1853～1921），字孟方，號紫東，號遺盫，江蘇吳縣人。光緒十二年進士。官至外務部尚書。入民國，「一謁孝定景皇后梓宮，兩謁崇陵」〔註228〕。丁巳復辟，授弼德院顧問大臣。有《怡若日記》《遺盫日記》，稿本，藏上海圖書館。

王榮商（1853～1921），字友萊，浙江鎮海人。光緒十二年進士。翰林院編修、侍講。入民國，不仕，深悲「白髮無多遺老盡，青山如昨主人非」〔註229〕。有《容膝軒詩草》，八卷，民初遞印本；《容膝軒文稿》八卷，民國刻本；（編）《蛟川耆舊詩補》十二卷，民國七年刻本；（編）《楹聯彙編》八卷，光緒十九

〔註225〕 參見程曦《清代進士李滋然》，中國人民政治協商會議四川省長壽縣委員會文史資料研究委員會編《長壽縣文史資料》第 2 輯，1986 年版，第 1～7 頁。
〔註226〕 參見王堯禮《陳田詩稿抄本》，《貴州文史叢刊》2013 年第 3 期。
〔註227〕 參見王亮《嘉興沈氏史料辨正二則》，《文匯報》2017 年 12 月 29 日。
〔註228〕 陳三立《清故光祿大夫外務部尚書鄒公神道碑銘》，《散原精舍詩文集》，第 1047 頁。
〔註229〕 王榮商《郊行有感》，《容膝軒詩草》卷四，《清代詩文集彙編》第 776 冊，第 694 頁。

年石印本。另有《漢書補注》《東錢湖志》。

王以慜（1855～1921），字夢湘，湖南武陵人。光緒十六年進士。授編修。出任江西知府。入民國，棄官歸隱，易名文悔，字古傷。有《檗塢詩存》，光緒刻本；《檗塢詩存續集》一卷《後集》二卷，稿本，藏上海圖書館；《檗塢詩存別集》，光緒二十九年石印本；《鮫拾集》，光緒三十一年刻本；《檗塢集唐雜感詩》，清末（或民初）武陵刻本。

屠寄（1856～1921），初名庾，字敬山，一字景山，又字靜山，號枚君，別號無悶居士，江蘇武進人。清光緒十八年進士，選翰林院庶吉士。歷官工部主事、淳安知縣、京師大學堂總教席。辛亥後任清史館總纂。有《結一宧駢體文》二卷《詩略》三卷，光緒十六年刻本；（編）《國朝常州駢體文錄》三十一卷，光緒十六年刻本。另有《蒙兀兒史記》《中國地理教科書》《黑龍江輿圖說》。

1922 年　壬戌

秋，楊鍾羲在上海撰《雪橋詩話餘集》八卷竟，全書告成。合初集、續集、三集、餘集四集，總四十卷，存有清一代詩家藝文韻事以逮典章制度，而尤嫻八旗文獻。

劉承幹《雪橋詩話餘集》序有云：「承幹既為刻三集，壬戌之秋，復出《餘集》八卷見示，猶前志也。」〔註230〕楊氏清末久在史館，得讀內府諸藏，又嘗與盛昱編《八旗文經》，蓄積甚富。先是，清室遜政，楊鍾羲僑寓上海，撰《初集》十二卷、《續集》八卷、《三集》十一卷，先後交劉氏嘉業堂刊行。《餘集》八卷，仍循故事交劉氏，十五年丙寅（1926 年）刊行〔註231〕。

是歲，劉齏祺、王振聲、楊晨、傅毓湘、沈曾植、蕭應椿、陳恩浦、翁斌孫、謝崇基、黃篤瓚、毓朗、李經鈺、吳鼎雲、胡思敬、陳詞博卒。

劉齏祺（1842～1922），字雲樵，江西德化人。舉人。嘉興縣令。劉廷琛之父。並以書法名鄉里，號「九江雙絕」。入民國，避居青島。八旬壽誕，溥儀賜「福壽」匾額一方〔註232〕。

〔註230〕楊鍾羲《雪橋詩話全編》，第 2122 頁。
〔註231〕參見鄭升《楊鍾羲〈雪橋詩話〉研究》，廣西師範大學 2018 年博士論文。
〔註232〕劉廷琛《劉公雲樵府君行狀》，民國九年刻本。

　　王振聲（1842～1922），字劭農，號爛柯山樵，北京通州人。同治十三年進士。官至徽州知府。入民國，自號心清老人。民國十一年，值重宴鹿鳴，溥儀賜仙桂重芳額，有句云「十年安作遺民老，一第還邀故主知」〔註233〕。有《心清室詩存》《心清室文稿》《心清室奏稿》《心清室函稿》《心清室評語選錄》《趨庭退記》《撰聯類鈔》，皆朱絲欄稿本，藏國家圖書館。今人整理有《王振聲詩文書信集》，鳳凰出版社 2020 年版，僅收詩、文、聯、書札。輯有《引年珠玉編》，宣統三年鉛印本。

　　楊晨（1845～1922），字蓉初，號定夫、定甫，晚號定叟，浙江黃岩人。光緒進士。官御史。溥儀大婚，曾貢物表賀。著有《崇雅堂叢書》，含自撰《崇雅堂詩稿》二卷，自撰《崇雅堂文稿》四卷，自撰《敦書呫聞》二卷，校撰《詩考補訂》五卷（王應麟撰，盧文弨補校，楊晨補訂），編《路橋志略》六卷，編《湖墅倡和詩》《生辰唱和詩》各一卷，輯《臨海異物志》（三國吳沈瑩撰）《二徐祠墓錄》各一卷，輯《三國會要》四冊，編《台州藝文略》一冊，民國二十五年前後鉛印行世。另輯《台州叢書》，民國八年石印本。

　　傅毓湘（1845～1922），字金波，湖南湘鄉人。舉人。有《樓山吟草》，稿本，藏地未詳〔註234〕。

　　沈曾植（1855～1922），字子培，號巽齋、乙盦、寐叟，浙江嘉興人。光緒進士。入民國，隱居上海。丁巳復辟，授學部尚書。有《海日樓詩》十二卷《曼陀羅寱詞》一卷，收入錢仲聯編《沈曾植集箋注》，中華書局 2001 年版；《海日樓文集》，廣東教育出版社 2018 年版。另有《海日樓題跋》《沈寐叟金石書畫題跋》《海日樓藏書目》《海日樓簡端錄六朝墓誌》《元朝秘史》《蒙古源流箋證》《島夷志略廣證》《護德瓶齋涉筆》《恪守廬日錄》。許全勝編有《沈曾植史地著作輯考》，中華書局 2019 年版。

　　蕭應椿（1856～1922），字紹庭，號頵公，雲南昆明人。舉人。官山東候補道、東三省民政使。「國變後改名大庸」〔註235〕，經辦鹽務。在濟南創辦山

〔註233〕王振聲《同治元年壬戌恩科秋闈余年二十有一，舉於鄉，今屆辛酉周甲，余年八十，例應重宴鹿鳴，荷同鄉諸公合詞上陳，仰蒙御書賜頵暨徐大總統題額，勉成俚句恭紀，呈乞大吟壇政和》，《王振聲詩文書信集》，鳳凰出版社 2020 年版，第 132 頁。

〔註234〕參見尋霖、龔篤清編著《湘人著述表》，嶽麓書社 2010 年版，第 1159 頁。

〔註235〕徐金銘《皇清誥授光祿大夫頭品頂戴奉天提法使司提法使兼署民政史司民政史昆明蕭公墓誌銘》，韓明祥編《濟南歷代墓誌銘》，黃河出版社 2002 年版，第 292 頁。

東工商銀行。有《紫藤花館詩集》，未見，當已佚，僅《朱蕭詩聯手稿》一卷，藏山東圖書館。另有《樂源書院課本》（稿本，藏山東圖書館）《五洲述略》《山東收回礦權案》《野客叢書考證》（三十卷，稿本，藏山東圖書館）。

陳恩浦（1857～1922），字子青，號雲如，湖北蘄水人。生員。陳沆孫，陳曾壽父。有《青珊瑚館遺墨》，民國十五年石印本。

翁斌孫（1860～1922），字弢夫，號笏齋，江蘇常熟人。光緒三年進士。歷任翰林院侍講、侍讀、起居注官，外授山西大同知府。入民國，隱居天津。有《甲午恩科春闈小記》，稿本，藏常熟圖書館；又日記 36 冊，僅存 7 冊，藏翁萬戈處。今有張劍點校《翁斌孫日記》附《甲午恩科春闈小記》，鳳凰出版社 2015 年版。

謝崇基（1861～1922），字履莊，雲南昭通人。光緒十二年進士。日本留學生監督、天津兵備道。辛亥後，僑寓天津，不與人事。章鈺稱其「國變後，以窮餓死，卒天津」〔註 236〕。著有《兩漢洗齋詩草》，稿本。

黃篤瓚（1862～1922），號俯山，湖南湘潭人。舉人。趙啟霖《九懷詩》稱其辛亥後，留髮辮如故。〔註 237〕修《平陰縣鄉土志》，清光緒三十三年刊本。

毓朗（1863～1922），滿族愛新覺羅氏，字月華，號餘癡。官軍機大臣。入民國，參與宗社黨復辟。有《餘癡初稿》一卷，光緒鉛印本；《餘癡生詩集》三卷，民國十一年石印本。

李經鈺（1867～1922），字連之，號庚餘，別號逸農，安徽合肥人。李蘊章四子，光緒癸巳舉人。河南候補道。誥授通奉大夫，資政大夫。入民國，不仕，居上海。著有《友古堂詩集》，民國十三年鉛印本。

吳鼎雲（1867～1922），字曾圃，安徽合肥人。辛亥變作，北向涕泣〔註 238〕。有《蘿日軒詩鈔》，民國鉛印本。

胡思敬（1870～1922），字漱唐，號退廬，江西新昌人。進士。民國三年，將柏園改稱冬青園，明志也。張勳復辟，授左副都御史。有《退廬文集》八卷《疏稿》四卷《退廬詩集》四卷《驢背集》四卷，民國南昌刻《退廬全書》本。另有《丙午釐定官制芻論》《戊戌履霜錄》《國聞備乘》《王船山〈讀通鑑論〉

〔註 236〕 章鈺《謝履莊觀察示兒帖題句》，《四當齋集》卷十一，民國二十六年鉛印本。
〔註 237〕 參見林志宏《清遺民基本資料表》，《民國乃敵國也：政治文化轉型下的清遺民》，第 408 頁。
〔註 238〕 參見林志宏《清遺民基本資料表》，《民國乃敵國也：政治文化轉型下的清遺民》，第 440 頁。

辨正》《鹽乘》《大盜竊國記》《聖武記纂誤》《魯論方要類釋》。編《明人小史八種》《九宋人集》《元二大家集》《三家易說》《古文辭類纂補》。輯刻《豫章叢書》《問影樓輿地叢書》《問影樓叢刻初編》。

陳詞博（？～1922），廣東南海人。溫肅《題陳詞博所藏王概畫卷》稱其以千金進貢，蒙賞御書匾額。〔註239〕

1923 年　癸亥

八月，王秉恩、柯劭忞、陳三立、辜鴻銘、葉爾愷、鄭孝胥、朱祖謀、陶葆廉、李𥞦、章鈺、寶熙、王季烈、張美翊、徐乃昌、陳曾矩、陳毅、金梁、劉承幹、羅振玉、王國維等二十人發起東方學會。〔註240〕柯劭忞任董事長，衛禮賢為董事。

羅振玉以是年六月始籌建東方學會。編有《東方學會叢書》，出版有《殷禮在斯堂叢書》《史料叢刊初編》《六經堪叢書》等數百種文獻。

附文 30　羅振玉《東方學會簡章》

第一條：本會以研究東方三千年來之文化，約以哲學、歷史、文藝、美術四類為宗旨。

第二條：本會先於北京、天津立總會，以後再推行於各省為分會。

第三條：本會所行之職務如左六項：

一、設圖書館、博物館以集圖書、博物。

二、設演講部以貫學術。

三、設印書局以流通古今書籍，並本會學術雜誌。

四、設招待部以招待東西各國之學者，以溝通學術。

五、通行部。

六、設發掘部以發掘古□今古名蹟、廢墟遺址，以資考古。

第四條：本會商於北京選擇合宜之地建築學會所，於天津建會所及藏書樓、博物館。未成以前先設籌備處，以籌備本會事務。

第五條：本會經費擬分兩期籌集，每期籌集一百萬元。第一期預定建築會

〔註239〕參見林志宏《清遺民基本資料表》，《民國乃敵國也：政治文化轉型下的清遺民》，第397頁。
〔註240〕鄭孝胥《鄭孝胥日記》，第1959頁。

所、圖書館、博物館，費二十萬元。圖書及博物亦價四十萬，餘四十萬存銀行生息，為會中常費。

第六條：籌集經費由本會發起人任之，凡各國有贊助者，本會尤為歡迎。

第七條：本會入會會員不分國籍，凡贊成本會宗旨者，得由本會發起人及各國大學院、大學校介紹入會，會員規則隨後訂之。

第八條：本會成立後，應設左職員，其名各臨時定之：

    一、會長正副各一人

    二、幹事

    三、會計

    四、書記

    五、譯人

    六、招待員

    七、庶務員

第九條：除前列職員外，更設評議會，不論國籍，以學術湛深者充之。

（下缺第十條）〔註241〕

九月，關賡麟秕園詩社擬舉行第二百次大會，招邀京中吟侶，共為詩鐘之戲。樊增祥、丁傳靖各為小啟一。會既畢，編《秕園二百次大會詩選》鉛印行世。

秕園詩會，乃寒山詩社之支派，專務詩鐘。至民國十二年九月，迎來第二百次大會。《秕園二百次大會詩選》封面有樊增祥書名，落款曰「甲子如月」，則此書鉛印當在民國十三年甲子。然「甲子如月」云云，似此乃樊增祥預先題寫，原以為當在甲子某月印成，故云然。以此而言，《詩選》印成於十二年，亦不悖情理。要而言之，此書當鉛印於十二年底或十三年初。丁傳靖《秕園二百次大會小啟》云：「溯斯社之濫觴，即寒山之支派。……既而寒山社址移置宣南，雖西園雅集之畫圖，盛傳日下；而東郭先生之綦履，弗便宵征。乙卯之秋，秕園特起。八年以來，一時稱盛。」〔註242〕關於「寒山社」，詳見前文「民國元年壬子」條。

〔註241〕《簡章》未見發表，見羅振玉手稿，參見王若《新發現羅振玉〈東方學會簡〉手稿跋》，《中華讀書報》2008 年 9 月 5 日。

〔註242〕丁傳靖《秕園二百次大會小啟》，南江濤編《清末民國舊體詩詞結社文獻彙編》第 12 冊，第 97 頁。

附文 31　李綺青《稊園詩鐘社第二百次大會序》

在昔月泉會課，傳野老之閒情；《樂府補題》，振遺民之殘響。記《春夢》之錄，夢後惟多；逢汐社之朋，尊前易感。何必旗亭賭唱，定有雙鬟；毋嫌石鼎聯吟，力爭險韻。準寒山之故事，留老圃之秋容。本無名利之紛爭，不外田園之雜興。則有稊園時彥，羊石詞流，居鄉鄅社之豪，地饒花竹之勝。機雲比屋，家傳花萼之編；群紀齊肩，室聚芝蘭之氣。自開吟社，召集騷人；酌定會章，公諸同好。但求真率，不居牛耳之名；為廣交遊，恥竊龍頭之號。設只雞之局，略具盤飧；集群鷗而盟，何分賓主。旬日一敘，如約偕臨。嵇阮無行跡之拘，皮陸皆倡和之作。於是盍簪已定，橐筆同來。共標體物之佳題，先仿晚唐之斷句。刻燭以俟，試竟陵之妙才；擊缽而催，數溫岐之叉手。如廉白之爭鼠穴，難辨雌雄；比莊惠之遊魚梁，各鳴志趣。聽任時人之覆瓿，如當天女之投壺。亦有別出心裁，專搜屬對，嚴整同於伏馬，和諧等若呼鸞。儷白妃青，燦此七襄之錦；鈎心鬥角，難於一字之安。妙有類乎藏，巧實同於射覆。攢眉瘦佛，盡費其敲推；斂手詞仙，亦窘于競病。馬牛之風不及，燕雀之稱胥平。名曰撞鐘，實如琢玉。然而山陰修禊，盡是清流；漢上題襟，類皆名士。仿玉溪之麗制，偶賦風懷；憶金谷之俊遊，不科酒數。合干將莫邪於一冶，並春蘭秋菊而齊芳。花發毫端，盡出文通彩筆；珠生字裏，都歸孝穆縚繩。況夫雲矗竭山，已無廣德；煙深崖海，僅係祥興。沈初明《通天》之文，不無寓感；王仲宣《登樓》之賦，半為思鄉。並無避地之晉安，姑且行歌於燕市。臨江宅裏，誰問舊居；野史亭邊，或存俳體。斯又摩挲銅狄，總生禾黍之悲；惆悵金梁，不少夢華之作也。

歲值昭陽，月值重九，集社經二百次，心賞如初；鈔胥易數十人，手腕皆脫。九衢豪第，孰為泛菊之名區；三市傭夫，那識題糕之雅事。遂循故例，大會詞場。嗟乎！日月弗居，人事代謝。桓南郡龍山彷彿，參佐徒存；劉彭城戲馬荒涼，風流安在。雪鴻無恙，認印跡於泥中；秋蟬何知，託哀吟於籠裏。略抒關河之感，益光彈坫之盟。此尤即事拈題，不必滕王閣上；登高任意，無須太華峰頭者也。綺青才謝駱丞，怕見尋花之序；貧同陶令，室餘漉酒之巾。忝預詠觴，叨陪裙屐。馬工枚速，半是頹唐；王後盧前，兩無位置。幸恕當筵之風漢，許鳴布鼓於雷門。謬作引喤，還隨殿後。自云某也，猶是東西南北之人；願質諸君，再定甲乙丙丁之稿。歸善李綺青漢父序。〔註243〕

〔註243〕李綺青《稊園詩鐘社第二百次大會序》，南江濤編《清末民國舊體詩詞結社文獻彙編》第 12 冊，第 97 頁。

賴際熙在港創學海書樓，港紳醵金以助。何藻翔、吳道鎔、陳伯陶、張學華、區大原、區大典、朱汝珍、溫肅、岑光樾諸老先後來此講學。

先是，賴際熙租賃香港中環堅道小樓一角，聘何藻翔講國學，用資存續，不意收效甚著，遂進而有學海書樓之設。

孫雄編《漫社二集》既竣，序而刊之。

漫社最初由張朝墉以民國十年舉於北京之半園，社員舊有蕭延平、陳瀏、賀良璞、成多祿、孫雄、黃維翰、周貞亮、程炎震、陳士廉、路朝鑾、向迪琮、曹經沅等人，詳見前文。

附文 32　孫雄《漫社二集》序

社集讌飲賦詩，託始於建安七子，厥後永和修禊，流觴分詠，風流文采，照耀千秋。然僅值良辰而招吟侶，非必月有集、旬有課也。唐之詩人，因事讌會，亦多以韻語互相唱酬。有清康雍以來，越中屬樊榭、杭菫浦、符幼魯諸先生主持彈坫，月有贈答，西泠諸子，為世豔稱。嘉道而降，此風尤盛。在京則有宣南詩會，潘功甫主之，初會凡九人，陳碩士、朱蘭坡、梁茞林、程春海、錢衎石、張詩舲俱在其列，其非兩京朝官而與於斯會，不在九人之列者，則有陶文毅、林文忠、胡墨莊、黃霽青諸公。詩會飲酒之費，皆陶文毅所寄。社課雖未刻有專書，而披覽諸家遺集，名作如林，尚可考見。功甫南歸後，自題宣南詩會圖，有云：「衣冠袞袞私榮遇，文字區區見苦心。」蓋實錄也。在浙則有清尊集，汪小米主之，例以賓主八人輪值，每集作竟日之敘，題則主人命之。月凡一舉。小米卒後，其弟又村刻社課十六卷，名曰《清尊集》。吳仲倫序云：「是集選為主者，雖僅有八人，而浙東西千里間知名之士以及寓公過客之嫻吟事者咸在，而閨秀之遙同者，亦附錄焉。」今觀集中，如湯貞愍、戴文節、張仲雅、嚴鷗盟、張叔未、吳仲雲、梁晉竹、端木鶴田諸名人，咸有撰述，蓋不獨其詩可傳，其人亦各有千古矣。辛酉季夏，都門同好有漫社之集，月舉二次，初僅十人，後又遞增三人。張君北牆年最長，實主其事。以齒之先後，迭為賓主。至壬戌孟春，凡十四集，主社課者數適一周，因付寫官，定名曰《漫社集》，黃君申甫任編校之役。迄於仲秋上旬八日，舉行第三十一集，主社課者數已再周，擬再付寫官，定名曰《漫社二集》，其編校之役，則由不佞任之，同人並督為弁言。

余惟世變之亟，至今日而極矣。十年以來，玄黃戰野，陵谷易位，魚黿蛟龍，萬怪惶惑，吾儕迂拘之士，誠未能測其所屆。然干戈軍旅猛鷙暴戾之氣，必以詩書俎豆之澤化之，此固古今中外一定不易之理，可操左券以俟之也。孔子論詩，特揭興觀群怨之義。漫社十餘人言論志趣，縱有不同，而求友嚶鳴，同聲相應，感物有作，斐然成章，固均無悖於興觀群怨之旨。惟余賦性偏激，時或不免漸多變微之音，然《板蕩》《民勞》《繁霜》《十月》，竊附於小雅之怨誹，所謂「言之者無罪，聞之者足以戒」也。世運有剝必有復，天下之生有亂必有治。吾輩枕經籍書，委蛇俯仰，幸而遭際時會，發抒蘊蓄，則以陶文毅、林文忠為師；不幸身罹百憂，見危臨難，則以湯貞愍、戴文節為法；即令優游圖史、流連文酒以終老，亦當步碩士、春海、墨莊、鷗盟、叔未、鶴田諸君子之後塵而未遑多讓焉。秉燭宜勤，分陰可惜，顧與同社諸子共勉之而已。壬戌中秋之月，常熟孫雄序。〔註244〕

是歲，段朝端、張勳、敦崇、程增瑞、朱家寶、李於鍇、曹元忠、黃宗爵、葉泰椿卒。

段朝端（1843～1923），字笏林，號蔗叟，江蘇淮安人。貢生。捐訓導。有《椿花閣詩集》八卷，民國八年鉛印本；（輯補）《顧亭林先生詩集箋注》，徐嘉注，光緒末徐氏味靜齋刻本。纂《江蘇通志》《淮陽府志》《續纂山陽縣志》。另有《王司空詩集注》《宋徐節孝先生年譜》《吳山夫先生年譜》《三洲畫史》《邵氏姓解辨誤》等稿抄本，藏上海圖書館。又，《淮人書目小傳》，已佚〔註245〕。

張勳（1854～1923），字少軒，一作紹軒，號松壽老人，江西奉新人。謚忠武。一時悼詩、輓聯不計其數；其子張夢潮輯《奉新張忠武公哀挽錄》所收尚非其全，有民國十三年鉛印本。

敦崇（1855～1923），字禮臣，號鐵石，晚號贅叟，別號鐵獅道人，富察氏。歷官兵部筆鐵式、廣東恩施知府。清亡後，「時或自言自語，時或拍案呼吒」，「遇疾不服藥，歲時生辰不受家人朝拜，日求速死，嘗自擬輓聯曰『遼海好如歸去鶴，塵寰不作再來人』」，「以黃冠終」〔註246〕。有《南行詩草》一卷，

〔註244〕孫雄《漫社二集》序，民國十二年鉛印本。
〔註245〕參見季雲霞《段朝端〈淮人書目小傳〉輯釋》，《淮陰師範學院學報》2009年第 3 期。
〔註246〕周承廕《鐵獅道人傳》，《紫藤館詩草》卷首，《清代詩文集彙編》第 780 冊，第 765 頁。

宣統三年文德齋刻本；《紫藤館詩草》一卷，民國鉛印本；《都門紀變三十首絕句》一卷，光緒刻本；《畫虎集文鈔》一卷，民國刻本。另有《燕京歲時紀》《湘影歷史》《皇室見聞錄》《隆裕皇太后大事記》。

程增瑞（1858～1923），字觀嶽，號琴鶴，江蘇吳縣人。捐道員候補。祖程廷桓有《安定程氏成訓義莊規條一卷》，程增瑞續增一卷，民國五年石印本。

朱家寶（1860～1923），字經田，一作金田，號墨農，雲南寧州人。進士。歷任知縣、知府、道員、按察使、巡撫、倉場總督、直隸省長、民政部尚書等職。辛亥之役，與人言：「家寶食清之祿，死清之事，城存與存，城亡與亡，諸君勿復多言。」入民國，任直隸民政長兼都督。洪憲稱制，受封一等伯爵，辭不拜。丁巳張勳復辟，授民政部尚書。事敗，不復問天下事。民國十年辛酉，營生壙，周馥為作《朱經田生壙記》〔註247〕。

李於鍇（1863～1923），字叔堅，甘肅武威人。進士。官山東蓬萊知縣。入民國，袁世凱「授甘肅巡警道，於鍇堅辭，不赴官，杜門謝客，鮮與世接，及袁氏稱帝，戚然遂絕音問」。民國三年，又有清史館協修之聘，亦不就。溥儀婚，奉賀禮，受賜「寒松勁草」匾額〔註248〕。有《味檗齋遺稿》二卷，民國二十年鉛印本，收入今《李於鍇遺稿輯存》（蘭州大學出版社1987年版）。

曹元忠（1865～1923），字夔一，一作揆一，號君直，江蘇吳縣人。宣統間，特聘禮學館纂修。有《箋經室遺集》二十卷，詩四卷（卷十七至卷二十），民國三十年鉛印本。另有《司馬法古注音義》，光緒二十年刻本；《樂府補亡》，民國二十七年刻本；《禮議》，民國五年南林劉氏《求恕齋叢書》本；《箋經室古書題跋》，抄本，今有《箋經室所見宋元書題跋》，上海書店出版社1994年版；《蒙韃備錄校注・西使記》，稿本，今有上海古籍出版社1995年《續修四庫全書》影印本。

黃宗爵（1866～1923），字芸漵，號金墩，後改名彥鴻，臺灣淡水人，祖籍福建侯官。進士。

葉泰椿（1867～1923），字寧愚，號鶴巢，江西武寧人。光緒二十年進士。

〔註247〕周馥《朱經田生壙記》，《秋浦周尚書全集・文集》卷二，第1019～1021頁。
〔註248〕參見林志宏《清遺民基本資料表》，《民國乃敵國也：政治文化轉型下的清遺民》，第416頁。事見安維峻《讀涼州李叔堅傳書後》、汪辟疆《李雲章父子學術》，李於鍇《李於鍇遺稿輯存》附錄，蘭州大學出版社1987年版。又見武威通志編委會編《武威通志・人物卷》，甘肅人民出版社2007年版，第155～156頁。

授內閣中書。部宗人府主事。入民國,「隨潛樓居青島,以醫自活。妻子偶追至,尋遣之,奔走復辟,無一日或忘」〔註249〕。有《島居遺稿》二卷,民國十八年刊本。

1924 年　甲子

　　二月,孫雄等人舉嚶社於北京城北宋小濂之止園,取「嚶其鳴矣,尚其友聲」之誼。此所以繼漫社而起。職是之故,嚶社成員,多係漫社故老。漫社中,程炎震逝世,蕭延平、陳瀏他走。若宋小濂、徐鼐霖、王樹枏、涂鳳書、丁傳靖輩則新加入而成一嚶社者。陳瀏雖不在京,而唱和弗輟,蓋仍隸名嚶社。嚶社似未嘗刻同人唱和集。

　　並時北京有聲社、穀社、棠社,亦相繼興於此數年間,與嚶社相羽翼。穀社為延鴻所創,棠社為張潤普所創。

　　陳瀏《聞嚶社諸公花朝集都下止園感歎有作》長序云:「止園者,有清恭忠親王(載訢)故邸,今屬之吉林宋使君者也。臨什剎海上,頗饒樹石之盛。……甲午、乙未間,余嘗珥筆園中。鄒枚舊侶,邈若山河,龍種王孫,棲皇道路,而園林易主矣。宋使君者,詩人也。塞外歸來,無心簪組,維摩病起,不耐參禪。先是,奉節張髯侯結漫社半園。(據成壽寺之西偏。)閱時三載,賓客雨散,使君別就止園召集之,而易其名曰嚶社。自園主人暨新城王先生、三臺蕭君、丹徒丁君、雲陽涂君外,餘皆漫社舊人也。」〔註250〕其《後漫社詩》第二首亦云:「我之初出關,社事稍荒廢。髯也改張之,蜀賢有進退。新城王先生(樹枏),於我為先輩。厥有丁髯者(傳靖),疇昔夙相對。洸洸宋止園(小濂),幾年主窮塞。易漫而曰嚶,社名迭更代。」〔註251〕是也。孫雄之序張朝墉《甲子集》曰:「余與白翔先生聞聲相思三十餘年,自庚申年有漫社之集,始相識於都門麗澤他山,歡喜無間。先生自丁巳以後,每歲臘尾輒哀所作詩為一集,以是年甲子名之,蓋隱託柴桑遺意也。共和十有三年中元甲子,先生年六十有五矣。臣朔雖饑,豪興猶昔,鬻書自養,鍵戶高歌。是年,漫社舊友散而之四方者,十之二、三,因於仲春之月,會於城北宋氏止園故址,更

〔註249〕魏元曠《島居遺稿序》,葉泰椿《島居遺稿》卷首,民國十八年刊本。
〔註250〕陳瀏《聞嚶社諸公花朝集都下止園感歎有作》,《陳瀏集(外十六種)》,黑龍
　　　　江人民出版社 2001 年版,第 381 頁。
〔註251〕陳瀏《陳瀏集(外十六種)》,第 297 頁。

名嚶社，月仍一舉。臘八後五日為嚶社第十一集。」〔註252〕是嚶社代漫社而立，月仍一舉，至是年臘八凡舉十一集。考黃維翰《稼溪詩草》卷三有《花朝嚶社初集宴宋中丞止園》詩，內有云：「我年五十八，序齒班九人。長者國黃發（自注：王晉公年七十四，宋、張、蕭三公均六十五），稊踽強仕身（自注：瓠盦最幼，年四十六）。」〔註253〕可為旁證。《石城山人文集》第三冊為《石城山人詩鈔》，內亦有《甲子花朝嚶社初集止園》詩，有謂：「十五人中少三士，濱江陳子漢江蕭。澹堪病榻聽題紙，欠伸時復揮吟毫。」〔註254〕蓋陳瀏、蕭延平、成多祿缺席，故云。

聲社之創，與嚶社約略同時，其成員亦多漫社社友，如賀良樸等人是也。陳瀏《後漫社詩》其二云：「我之初出關，社事稍荒廢。髯也改張之，蜀賢有進退。新城王先生（樹楠），於我為先輩。厥有丁髯者（傳靖），疇昔夙相對。洸洸宋止園（小廉），幾年主窮塞。易漫而曰嚶，社名迭更代。……又聞創聲社，我意滋乖背。嗚甚恐無謂，恐隘歌舞隊。我乃無一詩，羯鼓速解穢。」〔註255〕就中「又聞創聲社，我意滋乖背」指此。

穀社為延鴻所創，社員尚不能盡知，其成立時間當較嚶社稍晚，在民國十三年（1924）亦即漫社解散、嚶社成立之年以後。孫雄《公祭舊京詩社故友宋、程、成、陳、陳、延、黃、徐、章九先生文》小引曰：「舊京之有詩社，始自共和紀元之七載，歲在戊午，初曰漫社，又分為嚶社、穀社，旋又規復漫社之舊稱。」〔註256〕是也。然所謂「復漫社之舊稱」，殆指嚶社而言，非關穀社。考孫雄集中有《丁卯七月十七日六十有二初度率賦自壽詩七律四首乞漫社穀社諸君暨海內朋好賜和》詩〔註257〕，可證。丁卯為民國十六年（1927），其時漫社、穀社並立，可知「嚶社」立未久，即復漫社之舊稱，蓋其人本自一脈，詳見嚶社相關考論。而穀社諸公則多非漫社舊人，未可混同言之。陳瀏《後漫社詩》第二首云：「我之初出關，社事稍荒廢。髯也改張之，蜀賢有進退。新城王先生（樹楠），於我為先輩。厥有丁髯者（傳靖），疇昔夙相對。洸洸宋止園（小廉），幾年主窮塞。易漫而曰嚶，社名迭更代。……又聞創聲社，我意

〔註252〕孫雄《甲子集序》，張朝墉《甲子集》卷首，《半園老人詩集》本，民國鉛印本。
〔註253〕黃維翰《稼溪詩草》卷三，民國十四年刻本，第36頁。
〔註254〕涂鳳書《石城山人文集》第3冊，稿本，藏國家圖書館。
〔註255〕陳瀏《陳瀏集》，第297頁。
〔註256〕孫雄《舊京詩文存》，文海出版社1960年版，第143頁。
〔註257〕孫雄《舊京詩文存》，第150頁。

滋乖背。嗚甚恐無謂，恐愿歌舞隊。我乃無一詩，羯鼓速解穢。……厥後蒨士（延鴻後小西涯有明玕館）起，穀社良沉瀯。我亦與遊宴，雨前茗芽焙。……」〔註258〕是「穀社」殆延鴻所創，例集於小西涯之明玕館。陳灝集中別有《後小西涯社集半園張髯寄示五言古風二十韻以長句和之》〔註259〕，可為旁證。

棠社由滿人張潤普（1882～1967）以民國十四年（1925）左右發起，蓋取「甘棠勿剪」之義，以寓故國之思。張潤普係前清戶部主事、財政監理官。入民國，官至財務部代理次長。孫雄《舊京詩存》卷二《秋風》詩題下自注：「棠社社集，拈得此題，時俞荊門世丈新逝。」〔註260〕是孫雄亦與棠社。考其相關詩作，知棠社有成員曰張潤普、孫雄、徐行恭、鄭海平、陸樹棠等人〔註261〕。

八月，張夢潮輯刻《奉新張忠武公哀挽錄》兩冊鉛印本行於世，卷前溥儀上諭、諭祭文為朱印。所以哀張勳。致挽者，有個人，有單位，有學會，蓋毋慮百千人。

《哀挽錄》作者極多，難以列述。自陳寶琛、朱益藩、康有為、錢能訓、歐陽武、章士釗、熊希齡、趙爾巽、陳毅、劉景山、馬寅初、張作霖、駱成驤等名流而外，尚有張安復、張步瀛、宋達邦、嚴宗恩、葉玉森、高世讀、湯壽淇、張弢、孫其昌、釋達脩、張存猷、楊天道、姚蘭榮、趙玉相、劉樹枬、吳鼎昌、趙世棻、郭昭譜、羅文、夏傳彝、李百川、文素松、吳鑮、程璟、周鞏、張師善、李棠、王基埒、方策、熊錦標、何官錦、許乾清、鄒正誦、李俠、汪以正、楊佐廷、趙世駒、張景良、李琴鶴、朱益年、劉傳經、陳計韶、何煥奎、張超、龔和、張啟燕、蕭敏、鄧庭芝、譚頤成、徐名世、廖基江、廖鈞聲、陳瑄、任昶、周作孚、梁錦榮、吳葆真、張宜仁、王經麟、胡志瑗等人。當時奉新同鄉，亟以張勳為榮，輓聯有署「奉新旅京同鄉」「奉新旅省新吳學會」者，皆其鄉人。〔註262〕

當時哀張勳者，尚遠逾《哀挽錄》二冊所錄。如況周頤寄調《摸魚兒·癸亥八月二日賦》一闋，即存個人集中以見意，晚年刪定時又復棄去。

〔註258〕陳灝《陳灝集（外十六種）》，第 297 頁。
〔註259〕陳灝《陳灝集（外十六種）》，第 217 頁。
〔註260〕孫雄《舊京詩文存》，第 45 頁。
〔註261〕孫雄《秋風》《棠社第十七集張君靄青潤普召宴於積水潭》《上巳日江亭飲罷棠社同人又往積水潭修禊》，《舊京詩文存》，第 45、165、171 頁。
〔註262〕張夢潮輯《奉新張忠武公哀挽錄》，民國十三年鉛印本。

十月初九（11月5日），直軍第三軍總司令馮玉祥遣鹿鍾麟將兵入紫禁城，逼宮溥儀。溥儀遷北府，既而避居日本公使館。次年春，潛至天津，先後居張園、靜園。海內震動，故老尤多訾議，以為背盟。

兵變始八月，故老交議，勢洶洶，然亦無可如何。馮玉祥進京以後，攝政內閣成立，黃郛任總理，馮乃就黃重新商訂善待清室條款，皇帝之名，並靳不與。此亦有由。蓋民國肇建後，清室一再圖復辟。自法理上言之，清室乃違約在先；然馮部之武力驅逐，率出己意，雖曰就黃商訂條款，而內閣、國會、法院等處皆無程序可言，亦非合法。逐溥儀出宮者鹿鍾麟，李煜瀛、張璧陪同。鹿、李二人，一為鹿傳霖之後，一為李鴻藻之後，先人皆遜清重臣。於焉而入室操戈，亦可謂有戲劇性。與清室代表談次，李煜瀛相覷一笑，有輕之之意。鹿鍾麟與紹英談，作色吐辭，直如戲三尺孩童。

當日親歷其事者，謂馮玉祥入宮，實覬覦宮中寶物。而宮中寶物，為人所知，則羅振玉、鄭孝胥輩有以啟其端，遂釀盜憎主人之禍。胡嗣瑗《甲子蒙難紀要》一文紀其事甚詳，辭鋒所向，皆在羅、鄭。至馮玉祥，亦有可說者。先是，溥儀小朝廷賞紫禁城騎馬，渠原可不受，乃遜詞謝恩。他日忽又陳兵闕下，真一攬屎棍也。

附文33　胡嗣瑗《甲子蒙難紀要》

宣統三年辛亥十二月，內閣總理大臣袁世凱挾革黨詐取東朝懿旨遜政，始頗借優待條件塗飾中外耳目，實陰圖竊號稱制。癸丑始春，議請移蹕頤和園，其直隸都督兼皇室禁衛軍總統官馮國璋持不可。俄聞隆裕皇太后昇遐，前護兩江總督張勳在兗州電詢激切，世凱意動且止。第逐漸拖減皇室經費，干涉頒給榮典諸事。逮世凱敗死，繼任者起僕不常，於是內府自康乾以來累葉收藏古器圖籍，率認為皇室所有財產，未遽心生覬覦者，遂歷十有二年。

前學部參事羅振玉國變後舉室東渡，留日本西京七年，資市易中國金石書畫，與彼都豪士文人往復，獲博古名。久之，或傳所售類贗品，語無徵，殊不足信。己未（1919年）春歸國，寓天津，言於皇室內務府，自願守崇陵，請給梁格莊官方供棲止。所司因無此事例，難曲從。是年冬，師傅梁鼎芬病卒，有謂振玉覬繼其任，又謀直南齋，限於階資，卒均弗果。實則振玉志在悉發內藏，立圖書館、博物館，曾具說帖於諸師傅及內務府大臣，諸公瞿然有慢藏之恐，噤未置答，更浼前大學士升允封奏秘陳，亦留中不報。

前湖南布政使鄭孝胥……癸亥（1923 年）五月，嗣瑗在杭州，聞十五日大內宮災，急馳赴京請安，蒙召見。問南中諸臣近狀，次及孝胥，謹以其年貌對。上曰：「此人亦過六十耶。」歸瀘告之。孝胥謂上疑其垂老，乃決於是年七月入覲。實為該員瞻近天顏之始云。

振玉病內廷疑沮者多，而其志固未已。當壬戌（1922 年）冬，大婚禮成，舊臣集闕下，振玉草疏，勸升允建言多派上書房行走人員，可不拘資格，屬邀張勳同上，期得請。勳在昔宿衛宮廷久，諳故事，嘆喟言曰：「上齋乃皇帝授讀地，無端議此，殊不便。若南齋處文學侍從，能更遴用士流，於上不無裨益。我且冒昧自言之。」謝不連署，別為奏。上納其說，交近臣議行。於次年三月朔，楊鍾羲以太傅陳寶琛薦用，景方昶以少保朱益藩薦用，溫肅以曾客張勳所召用，升允薦振玉及王國維，特用國維。振玉曾出折稿，屬國維速奏立圖書、博物兩館。國維本色書生，難委決，與鍾羲商聯名，鍾羲不可而罷。振玉愈慨倚人不如任己，謀不懈而益力。甲子（1924 年）八月，乃拜後命，為入直南齋之殿。甫就列，立請偕國維檢察內府古器。旋又推袁勵準及國維先同檢察養心殿陳設，首選出散氏盤，覓工精拓，播傳遐邇。眾初疑此盤久佚，今忽重睹人間，謹然。瑰寶充牣宮中，無識與不識，爭哆口奔相告，盜憎主人之禍，其來豈遽無因哉！

自癸亥（1923 年）七月孝胥展觀回，頗思自見，抵書陳太傅寶琛等，舉前知府金梁任清理京、奉皇產，謂可得鉅資，充內帑。寶琛約北來，商辦法。是年冬，孝胥復至，則主立裁內務府，銳減民國歲支皇室經費四分之三，群訝其大言操切，無一贊成。遽還瀘，詆在事者貪庸戀棧，陳太傅亦同化。甲子（1924 年）正月，入京祝嘏，承命總理內務府，引金梁為總管大臣。明知裁減室礙多，姑從緩，第一決運《四庫全書》赴瀘，交商務印書館印行。點裝待發，民國指為盜賣，趣總統曹錕抗阻，國會哄糾孝胥，牽及陳太傅，曹錕遂派其屬十人清查皇室寶藏。勢岌岌，內外大嘩，金梁猶日上封奏彈射人，比隨孝胥等御前議內府減費，未決，忽泄清單于報館為新聞，被溫肅劾之去。孝胥亦不安於位，改懋勤殿行走，留京不即歸。

時吳佩孚狃於直皖之役，號無敵，開幕府於洛陽，謂可操縱全局。孝胥與子鄭垂更番入洛，不審謀何事，似無所就。馮玉祥在豫與佩孚不相能，卻諂奉曹錕，得移軍營南苑，並一再上謁我醇親王，謬恭敬，內務府為奏賞紫禁城內騎馬，且遜詞呈乞代謝。孝胥又圖與交結，走天津請段祺瑞為書紹介，既相見

甚歡，驟憑之以懾內廷諸人，諸人亦或詫孝胥叵測。會曹錕、張作霖交惡，釀兵禍日急。佩孚實主其事，將自洛入京，孝胥倏往就之，同車抵前門站，玉祥出迎，不虞鄭、吳之仍合也，目攝之而未言。佩孚從正陽門中道入，住四照堂，排日會議，或遇孝胥偶在坐，玉祥疑益甚。及發，佩孚自灤榆正路，遣玉祥軍出熱河，轉攻奉。吳、張軍已搏戰，玉祥俄倒戈回京，國民軍孫岳啟城延之入，拘曹錕，捕錕弟銳，斃人李彥青斃杖下。佩孚聞變，軍潰走，眾惶駭不知所為。孝胥乃詔玉祥稱賀，商逐內務府舊人，交其接管，許歲費由四百萬減為五十萬，俟清理內有財產，自給當有餘，直不需民國一錢。玉祥陽稱善，陰喜內藏富，得攫以自雄，孝胥竊猶倚恃玉祥。群醜計決，先去景陽禁軍，以炮兵踞大高殿。越日，鹿鍾麟即率兵入宮，逼改優待條件，迫遷乘輿，立限答覆。內務府大臣紹英在內，手草覆文，允移宮，余俟派員再議。文交出，即扈駕出幸醇親王府，后妃亦隨往。鹿軍露刃環視，竟莫敢誰何，為十月朔有九日。〔註263〕

附文34　佚名《鹿鍾麟驅逐溥儀出宮始末記》

命既下，五日晨，鹿約張、李會商。張曰：「此大事需軍警幾何？」鹿以二指示之。張曰：「兩萬耶？」鹿曰：「否。」然則兩千乎？曰：「否，有軍警各二十人足矣！」於是密布駐軍於宮外，斷宮中電線，鹿等以軍警各二十人從。十時，各入神武門。凡門有警衛者，輒分軍警二人以監守之。及至月華門南間，值溥儀正開御前會議，乃請清室內務府紹英與之言，促溥儀自廢尊號，移出故宮，遷居民舍，還為平民。紹英謂李曰：「爾非李故相鴻藻之子耶？清室相待不薄，何出此？」李報之以微笑。又謂鹿曰：「爾非鹿故相傳麟一家耶，何相逼之甚？」鹿曰：「然，君宜知余之來，為民國，亦為清室也，非吾等恐君不得如此從容。」紹英曰：「自清入關，寬仁為政，累葉之君，皆無失德，民心未去，優待條件尚在，何遽見罪？」鹿曰：「否，此君自為清室言耳，揚州十日，嘉定屠城，民至於今不忘，矧自張勳復辟，全國軍民對於清室之背約叛國，益增痛恨，近日環請政府嚴屬懲處者甚多，當余來時，故宮外軍隊滿布，已架炮矣，余止以稍待，故來相告，冀免不幸，否則兵戎相見，玉石俱焚矣。」紹英語塞，往返者數，無成議，且欲令禁衛軍反抗。鹿乃視其時計而佯為大聲命其從者曰：「時雖已屆，然事尚可商，其速傳諭宮外軍隊勿即開炮，亦不得放火，再限二十分鐘。」紹英聞之驚，對於修正優待條件議

〔註263〕胡嗣瑗《胡嗣瑗日記》附錄，鳳凰出版社2017年版，第152～154頁。

乃定，於是移交印璽，與鹿俱出宮。鹿送至後海甘石橋醇邸，問之曰：「過此以往，爾仍稱皇帝乎？抑以平民自居乎？如仍自稱皇帝，則民國不容皇帝之存在，禍將不測。」溥儀大驚曰：「吾既允修正優待清室條件，當然不能再稱皇帝，惟以中華民國國民自居耳。」鹿曰：「既為平民，則吾軍人實有保護之責，今傳語所屬妥為保護之外，如有所需，請以電話相告，當有以應命也。」語已，握手而別。〔註264〕

附文 35 《紹英日記》（節選）

（十月初九日）午刻，京師警備司令鹿鍾麟、京師警察總監張璧率隊警進內。云奉攝行大總統令，二人與清室商訂修正優待條件等因，並附有五條條件，且云限於三點鐘請上出宮，否則兵警憤憤不平，伊等恐彈壓不住，並欲請見，當面說明。公（紹英）云可將公事交來閱看，當由鹿出黃郛攝閣署名之公文一紙。公閱畢，對云，此事自應和平解決，可由我輩陳明，再為回答。溥儀云既已如此，只得允許。鹿索要玉璽，公復經請示，將檀香、青玉璽各一方交二人領回。三鐘時，公隨溥儀乘坐汽車至醇王府，皇后、淑妃均同至。鹿鍾麟、張璧云此後既永遠廢除尊號，即與國民平等，上對云我已明瞭，共和國自應如此，鹿、張皆鼓掌稱讚，握手而去，遂派軍警保護，甚為嚴密。公因痢疾，夜間大解二三十次，只得準備明早回家醫治。公暗思今日之事實非意料所及，茫茫天意不知究竟何如，但以天理上觀察如能將來得保安全，未始非不幸中之幸，時局日新，人心日壞，不知何時重見天日，良可慨也。〔註265〕

莫鶴鳴在香港舉北山詩社，何藻翔、蔡守等隸籍該社。

按北山詩社初舉於香港利園山。勞緯孟《勞人滄桑錄》云：「一九二四年，歲甲子，渣甸洋行以渣甸山及樓宇轉售於本港股商利希慎氏，自是以後，遂名為利園山。中山莫鶴鳴，請於利氏，借其原日之渣典洋行副經理室所謂二班行者，設北山詩社，又名愚公移，為詞壇儔侶雅集之所。社友數十人，每週均有雅集。」〔註266〕是北山詩社社友有數十人之多，今不能詳。

〔註264〕佚名《鹿鍾麟驅逐溥儀出宮始末記》，引自胡平生《民國初期的復辟派》，第408～409頁。
〔註265〕紹英《紹英日記》，張劍整理，中華書局2018年版，第750頁。
〔註266〕勞緯孟《人海滄桑錄》，引自鄒穎文《前清遺民與香港文獻》，《2004 地方文獻國際學術研討會論文集》，北京圖書館出版社2006年版，第302頁。

天津城南詩社編酬唱集《城南詩社集》，鉛印行世。

城南詩社由嚴修偕友人在天津舉於民國十年，詳見前文。三年以後，刊酬唱集行世，即《城南詩社集》是也。前有吳壽賢、王武祿二家序。此集收錄城南詩社六十三人作品。

附文 36　吳壽賢《城南詩社集序》

在昔洛中高會，迁叟有真率之篇；漢上題襟，藝文存唱和之什。蓋古人搜述索耦，振採選聲，嘯歌寫其永懷，嚶鳴乃以求友。所以王右軍蘭亭觴詠，雅契群賢；劉遺民蓮社勝遊，結緣淨土。緬懷往哲，逸事斯傳。天津為渤海奧區，神京屏蔽，五土咸聚，九達棟通，士女豐昌，文物華縟。重以湖海豪俊，多作寄公；岩廊逸民，每為逋客。駕南轅而趨北轍，殊途同歸；擊西缶而揚東謳，求聲應範。孫嚴公，富春舊裔，析津故家，北闕抽簪，東海潛壑。詞源倒峽，有韓海蘇潮之觀；藝圃振英，兼謝草江花之豔。雖槃阿之獨寐，懷空谷之儷音。抱跡息詩亡之憂，作政舉人存之想。而藏齋、仁安兩先生者，秉三蘇之手筆，文苑鷹揚；永二王之家風，藝林鶚視。聿廉同調，狎主齊盟。爰乃啟彈坫於城南，建鼓旗於津上。結班草班荊之契，聯今雨舊雨之歡。黃壚之讌，期日不愆；白社之遊，情話彌洽。既推襟而送抱，亦把酒以論文。錦擘華箋，張旗亭之畫壁；閨拈險韻，擊銅鉢於高齋。聯吟則韓孟都工，賡和則曹劉並妙。誠可謂追蹤桃李之宴，步武竹林之遊，足以鼓暢襟靈，消遣塵慮者矣。間或逢春秋之佳日，締風雅之勝緣。攜榼園林，作蝴蝶之會；泛舟湖沼，挹芰荷之芬。攬景揚葩，登高振藻。抒一日之清興，成百篇之新吟。彈豪珠零，飛文綺合。此又群公各擅其美，而吾社所足自豪者也。然而駒隙易逝，驥步難追，秋葉落而春花開，夏葛更而冬裘具。尺波電瀉，倏忽三年；寸憂叢生，瞬息萬變。嚴公感捫沙之靡定，乃搜篋而拾遺，啟鐵網以選珊瑚，操玉尺而量錦繡。雖嘗鼎一臠，尚有遺珍；而範金六齋，蔚成多寶。都六十三人之雜著，合百八二首為一編。馨擷芷蘭，壽刊梨棗，非徒鄭國縞帶，珍重交遊；亦猶少源著簪，眷懷舊御。不佞學慚窺豹，技類雕蟲，效仲宣之賦登樓，幸孟嘉之居末座。荊州知我，乃下士之俱收；潘岳慕徒，亦予懷之尤戀。嗟乎，人間何世，幾歷滄桑；客裏消息，惟餘詩酒。偉茲群彥，有唱歎之遺音；用綴數言，志因緣於奕祀。甲子春日南海吳壽賢序於津門。〔註267〕

〔註267〕城南詩社編《城南詩社集》卷首，民國十三年鉛印本。

是歲，吳慶坻、林紓、高觀昌、張錫恭、林甲烺、林蒼、羅惇曧卒。

吳慶坻（1848～1924），字子修，號補松老人，浙江錢塘今杭州人。光緒十二年進士，授編修。官四川學政、湖南提學使。入民國，居滬上，不仕。著《辛亥殉難記》以彰殉清者。有《補松廬詩錄》六卷，宣統三年鉛印本；《悔餘生詩》五卷，民國十五年鉛印本；《補松廬文稿》七卷，民國抄本，藏上海圖書館；（輯）《花夫人哀挽錄》，民國七年鉛印本；（纂）《杭州藝文志》，光緒三十四年刻本。另有《蕉廊脞錄》《建昌行記》《湖南學務進行紀略》《入蜀紀程・使滇紀程》（民國上海合眾圖書館抄本）《四川忠義總錄》《辛亥殉難記》。

林紓（1852～1924），字琴南，號畏廬，別署冷紅生，福建閩縣人。嘗十謁崇陵。囑卒時以「清處士林紓墓」表道，見《畏廬三集・御書記》。有《畏廬文集》一卷《續集》一卷《三集》一卷《詩存》二卷《論文》一卷《瑣記》一卷，民國鉛印本。另有《林譯小說叢書》及《畏廬漫錄》《畏廬筆記》《韓柳文研究法》《春覺齋論文》《左孟莊騷精華錄》等。

高觀昌（1856～1924），字葵北，號省庵，辛亥後改字遁庵，號葵園遁叟，江蘇丹徒人。進士。〔註268〕溥儀逼宮溥儀，憂憤卒。〔註269〕有《葵園遁叟自訂年譜》一卷，民國十四年鉛印本。纂《續丹徒縣志》。

左孝同（1857～1924），字子異，一作子祀，號逸叟，又號遁齋，湖南湘陰人。左宗棠子。官至江蘇提法使。辛亥，巡撫程德全獨立，稱都督，抗言「萬死不敢從命」，拂衣去。居上海，聞遜位詔下，「憂悲摧挫，形神憔悴」，嗣後「日以縱酒寫篆籀自遣而已」〔註270〕。編有《左文襄公家書》，民國鉛印本。

張錫恭（1858～1924），字聞遠，號殷南，江蘇松江人。拔貢。禮學館纂修。入民國，以遺民自居，留長辮如故，《文集》一以宣統紀年。朱運新稱「抱遺訂墜老空谷，義熙甲子書春正」〔註271〕是也。有《茹荼軒文集》十一卷，民國十二年華亭封氏簣進齋刻本；《茹荼軒續集》六卷《炳燭隨筆》一卷，民國鉛印本。

〔註268〕 生平詳高觀昌《葵園遁叟自訂年譜》，《北京圖書館藏珍本年譜叢刊》184 冊，北京圖書館出版社 1999 年版。

〔註269〕 馮煦《高葵北同年年譜序》云：「今年秋八月，兵禍作，葵北鬱鬱感疾。初不甚劇也。冬十月，東歸軍闖入宮禁，上遜於舊邸。葵北聞之，悲憤填膺，疾遂不可為矣。」見高觀昌《葵園遁叟自訂年譜》卷首，《北京圖書館藏珍本年譜叢刊》第 184 冊，第 475 頁。

〔註270〕 陳三立《清故江蘇提法使兼署布政使左公神道碑銘》，《散原精舍詩文集》，第 1051 頁。

〔註271〕 朱運新《題張徵君遺像》，張錫恭《茹荼軒文集》卷首，民國十三年印本。

另有《喪服鄭氏學》《禮學大義》《修禮芻議》（稿本，藏上海圖書館）《張徵君日記》（稿本，藏上海圖書館）《禹貢釋地》（稿本，藏上海圖書館）。

林甲烺（1867～1924），字叔炳，一字葆生，河南西華人。拔貢。肄業蓮池書院，受學於黃彭年。清亡，不復出。著述甚夥，多散佚。〔註272〕與修《西華縣續志》，有民國二十七年鉛印本。呂應南同修，張嘉謀、萬寶楨校訂。按，該志有凌甲烺小傳。

林蒼（1870～1924），字耕梅，號天遺，別署夢禪，福州人。進士。入民國，棄官歸里，存詩亦斷自壬子。集中第一首詩為《元夜》：「入市佯狂酒半酣，新詞高唱望江南。燈光月色看依舊，都道今朝三月三。」〔註273〕其志也。有《天遺詩集》，民國石印本。

羅惇曧（1871～1924），字孝遹，號癭庵、癭公，廣東順德人。著述甚夥。有《癭庵詩集》一卷《外集》一卷，民國十七年番禺葉恭綽刻本。另有《教匪林清變記》《太平天國戰紀》《德宗承統私記》《庚子國變記》《中日兵事本末》《割臺記》《拳變餘聞》《鞠部叢談》等。

1925 年　乙丑

春，金梁在天津舉儔社。時溥儀被逐，避地天津。一時遺老，麇集津門，請安如行在例。溥儀亦發有「諭旨」，以鄭孝胥、胡嗣瑗、楊鍾羲、溫肅、景方昶、蕭丙炎、萬繩栻、劉驤業為駐津顧問、南書房行走。陳寶琛、羅振玉之徒，亦不時往謁，頗多擘劃。金梁之結斯社，蓋將有所為也；或謂彼主「擁徐（世昌）迎駕」〔註274〕，徐下野後固退居津門。

按儔社之立，未知始何月，要在溥儀二月僑寓天津張園以後。許鍾璐《清故誥授光祿大夫頭品頂戴賞戴花翎署浙江提學使司提學使侯官郭公墓表》云：「在天津，結冰社、須社、儔社。在舊都，結鉢社、律社。」〔註275〕是郭則澐亦在儔社之列。王伯龍、章梫、王彥超、金潙宣、陳一甫、林笠士、楊壽枏、趙元禮、王揖唐等人皆其社員。該社延續至 1940 年代末。

〔註272〕參見呂友仁主編《中州文獻總錄》，中州古籍出版社 2002 年版，第 1816 頁。
〔註273〕林蒼《天遺詩集》卷一，民國石印本。
〔註274〕參李世瑜《儔社始末》，《協商新報》2007 年 4 月 3 日副刊。
〔註275〕許鍾璐《清故誥授光祿大夫頭品頂戴賞戴花翎署浙江提學使司提學使侯官郭公墓表》，卞孝萱、唐文權編《辛亥人物碑傳集》卷十，團結出版社 1991 年版，第 784 頁。

三月，樊增祥在北京陶然亭舉修禊詩會。共其議者，有郭曾炘、王式通、莊蘊寬、楊壽枏、趙椿年、關賡麟、梁鴻志、邵瑞彭、靳志諸人。邀客一百九人，有未至而補賦者，得詩詞共九十九首。鉛印《江亭修禊詩》一卷。

按陶然亭修禊詩會，蓋肇始於民國二年癸丑，為北京士夫觴詠故事。惟其後或作或輟，亦無定例。《江亭修禊詩》一卷，樊增祥題簽作「乙丑江亭修禊分韻詩存」，卷首附同人合影，又附有賀良樸、林彥博、李霈三家江亭修禊圖卷各一，丁傳靖、李綺青序各一。親臨此會者，有趙爾巽、熊希齡、馬吉樟、湯滌、金兆蕃、翁廉、顏藏用、譚祖任、劉體乾、周肇祥、羅惇曧、孫雄、金紹城、王承垣、賀良樸、胡祥麟、楊增犖、孟錫玨、林開謩、徐紹楨、江庸、陳銘鑒、陳士廉、陳任中、柯劭忞、陸增煒、林葆恒、陳慶龢、林誌鈞、劉敦謹、戚震瀛、賈秉章、章華、梁士詒、俞伯敔、陳懋鼎、胡煥、許寶蘅、閔爾昌、梁宓、鄧一鶴、宗威、李綺青、朱文柄、李霈、鄭中炯、張振鷟、馬天徠、劉子達、高步瀛、關霽、林嵩堥、蕭方駿、關蔚煌、湯用斌、許之衡、黃福頤、吳廷燮、宗之潢、曹經沅、吳用威、傅嶽棻、李宣倜、楊毓瓚、邵章。未得蒞會而補以詩者，有張瑜、劉春霖、王照、廉泉、孫道毅、丁傳靖、吳寶彝、孫人和、曾習經、龔景韶、何啟椿、郭則澐、黃濬、黃孝平、袁克權、秦樹聲、鄭沅、首鳳標、周樹模、吳璆、三多、吳闓生、鄧鎔。

附文37　李綺青《乙丑三月三日集江亭修禊序》

歲在乙丑三月三日，稊園同人集於京師宣南江亭為修禊事。時春陽未驕，嫩寒猶峭。麥田幾稜，新綠欲萋，葦港一灣，積凍乍坼。乃至石磴，抵寺門。短笻偃蹇，訝頑仙之至；迴廊曲錄，瞻諸佛之光。群賢畢萃，一揖就坐。薄裘襯體，禦霜風而不寒；篆煙拂簾，有爐燻而更暖。桓桓大集，濟濟詞流。遂設詩牌，各拈一韻。毋取禁體，任出獨裁。免擊缽之催，蠲即席之例。四美同具，無甲乙之等夷；一字皆珍，付癸辛之雜誌。題名之紙，漫成卷軸；攝真之境，全見鬚眉。酒炙既成，笑言益洽。或憑欄遠矚，或登高長嘯。暄風驟至，聽鳴鳥之喁啾；澗溜初鮮，見纖鯽之來往。少長咸集，人倍於舞雩之遊；山水方滋，地勝於斜川之集。人以文而足述，事以雅而斯傳。夫三月三日，有杜陵之歌行；一詠一觴，紀山陰之勝會。洛濱俊侶，藉柳年年；溱洧芳晨，祓蘭歲歲。每乘暇日，同赴嬉春；況居近黑窯，夙稱初地。遊同白社，恒集勝流。比萬柳之堂，近市不雜；較三海之苑，佔地彌幽。而斯會真率自然，禮法無束。如青牛之過，

集白鷗而盟。醉醒從心，無金谷之苛罰；送迎任意，免虎溪之遠行。湔裙之侶既多，盍簪之誼逾篤。洵足以敦古歡，申夙好焉。

嗟乎！日月弗居，河山頓異。周原如故，茂草潛生；滄海又枯，柔桑偏長。況復華林苑廢，問作賦之何人；曲水園荒，知賦詩之無日。斯又流連殘剎，徒弔蒼茫；俯仰新亭，彌增感喟者矣。僕自以老殘，屢培文讌。花豬久缺，如大嚼於屠門；荊駝自傷，未忘情於闕下。愧無藻采，乏元長之高文；惟慕蘭亭，仿興公之後序而已。是日，會者凡七十六人，主人則恩施樊增祥樊山、侯官郭曾炘涩庵、長樂梁鴻志眾異、武進莊蘊寬思緘、趙椿年劍秋、山陰王式通書衡、無錫楊壽枏味雲、侯毅疑始、淳安邵瑞彭次公、祥符靳志仲雲、南海關賡麟穎人也。歸善李綺青漢父序。〔註276〕

冬，譚祖任在北京舉聊園詞社，與斯集者率多遺老，若夏孫桐、三多、章鈺、郭則澐、楊壽枏等人是也。並時北京有趣園詞社者，汪曾武所舉。聊園、趣園兩社人物，實互為出入，可謂一體而兩名。

聊園詩社前後活動近十年。金坡（路朝鑾）《大聖樂·寄穎人及詞社諸子依玉田韻》小序云：「憶甲子（1924）、乙丑（1925）之間，京師朋好舉行聊園詞社，風流雲散近三十年。曼仙、闓枝、次公、篆青、大壯、石工相繼凋謝，惟仲虎、倬盦尚留日下，柳溪滯跡錦官，余亦僑居申浦。比接關穎人同年書，謂都下詞流近組凥社，由其主持，遠征聲應。撫今追昔，根觸余懷。」〔註277〕據此，譚祖任而外，路朝鑾、章華、夏孫桐、邵瑞彭、喬曾劬、壽璽皆是聊園詞社社員。考夏孫桐《悔龕詞·偶記》有云：「乙丑冬，譚篆卿諸君又結聊園詞社，一歲中積十餘闋，平生所作，斯為最多。要不足存也。丙寅冬，闉庵偶記。」〔註278〕可證路朝鑾之說不誤。夏緯明《近五十年北京詞人社集之梗概》云：「逾二載乙丑，譚篆青祖任乃發起聊園詞社，不過十餘人。每月一集，多在其寓中。蓋其姬人精庖製，即世稱之譚家菜也。每期輪為主人，命題設饌，周而復始。如章曼仙華、邵伯絅章、趙劍秋椿年、呂桐花鳳

〔註276〕李綺青《乙丑三月三日集江亭修禊序》，樊增祥編《江亭修禊詩》卷首，民國十四年鉛印本。

〔註277〕《凥社詞鈔》卷三，南江濤編《清末民國舊體詩詞結社文獻彙編》第 13 冊，第 12 頁。

〔註278〕夏孫桐《悔龕詞箋注》，夏志蘭、夏武康箋，內蒙古大學出版社 2001 年版，第 1 頁。

（劍秋夫人）、汪仲虎曾武、陸彤士增煒、三六橋多、邵次公瑞彭、金籛孫兆蕃、洪澤丞汝闓、溥心佘儒、叔明傭、羅復堪、向仲堅迪琮、壽石工璽，皆先後參與。而居津門者如章式之鈺、郭嘯麓則澐、楊味雲壽枏，亦常於春秋佳日來京遊賞時，歡然與會。當時以先君年輩在前，推為祭酒。……聊園詞社自乙丑成立，屢歇屢續，直至篆青南歸，遂各星散，前後達十年以上。」〔註279〕是聊園詞社以夏孫桐領袖群賢，社友除上舉諸人而外，別有邵章、趙椿年、呂鳳、汪曾武、陸增煒、三多、金兆蕃、溥儒、溥傭、羅惇曧、向迪琮、章鈺、郭則澐、楊壽枏。

趣園詞社由汪曾武以民國十四年乙丑（1925）舉於北京。陳聲聰云：「趣園則係汪曾武主持，客均為聊園中人，其吟詠散見各家詞集，集中所謂社題者，可徵一二。」〔註280〕是趣園詞社之社友略同於聊園詞社也。汪曾武而外，郭則澐、趙椿年、奭召南、左紹佐、俞陛雲、章華、王式通、夏孫桐等皆與焉。郭則澐為汪曾武《趣園味蓴詞》作序云：「味蓴詞者，同社汪子兼龕所作也……於是瀛內遺老相率託於令慢，寓其憂思，漚社、須社，南北相遇；聊園、趣園，故都繼振。所謂趣園者，則兼龕主之，蓋里巷之舊名。」〔註281〕按國圖今藏有《趣園叢錄》一冊，不識是何內容，待考。

祝廷華、謝鼎鎔在江陰創陶社，公推祝廷華為社長，夏孫桐為名譽社長。歷時既久，流品頗雜。中日戰事起，遷滬上。刊有《陶社叢編》。

按陶社歷時甚久。治民國二十六年丁丑（1937），中日戰事起，社毀於火，同人題名錄亦遭祝融之災。時祝廷華亦奉母避地泰州，母歿，哀毀以卒。惟其時避地海陵者頗不乏人，謝鼎鎔繼主社事，觴詠之會，故未遽息。至民國二十八年己卯（1939），高、寶不守，江北大震，謝鼎鎔復避地滬上，與友人謀師六朝僑州、僑縣之例，創為僑社，仍名陶社，公推亦愚為社長，錢振鍠為名譽社長〔註282〕。謝鼎鎔《陶社命名記》云：「既公推吏部（祝廷華）為社長，復謀所以名社者。其時在座諸君，各有主張，莫衷一是。最後，吏部提出陶社二

〔註279〕慧遠（夏緯明）《近五十年北京詞人社集之梗概》，張伯駒編《春遊社瑣談・素月樓聯語》，第 22 頁。

〔註280〕陳聲聰《填詞要略及詞評四篇》，廣東人民出版社 1986 年版，第 101 頁。

〔註281〕汪曾武《趣園味蓴詞》卷首，民國三十年（1941）鉛印本。

〔註282〕陳鳴珂《陶社叢編丙集序》、謝鼎鎔《陶社命名記》、謝鼎鎔《陶社復興記》，《陶社叢編丙集》卷首，南江濤編《清末民國舊體詩詞結社文獻彙編》第 9 冊，第 529～534 頁。

字，徵詢眾意。予知吏部命意所在，首表贊同，餘人亦附和之，而名遂定。夫靖節一令彭澤，即賦《歸去來辭》。厥後，劉宋受禪，屢徵不起。義熙甲子，遂爾卓絕千古。吏部自有清鼎革後，絕意仕進，事變以來，皭然不滓，高風亮節，足繼柴桑。其餘同社諸子，亦翛然遠引，無一公然冒大不韙者。」〔註283〕是陶社厥初為一遺民詩社，歷時既久，其成員遂不以遺民為限。

茲據《陶社叢編丙集》卷首《陶社題名錄》（此前陶社成員追記，原本毀於戰火。又，此題名錄包含後陶社成員），錄其成員姓氏如下：祝廷華、夏孫桐、陳衍、曹家達、章鍾祚、陳宗彝、陳崇枚、祝書根、章鍾岳、鄭翼堂、許永仁、曹個、王其元、向鼉、周大封、章廷華、章錫奎、謝鼎鎔、唐鳴鳳、曹亮臣、吳寶廉、吳誠、章錫名、王家錦、陳鳴珂、錢壽豈、劉綬曾、吳鵬、章霖、沙志衘、沙曾達、鄭立三、周維翰、章壽椿、錢夔、蔣學潛、陳以浦、祝樞壽、章作霖、徐禹疇、趙榮長、王紹曾、曹增壽、曹嘉壽、薛儀鳳、謝慕韓、尹天民、劉漢禎、張鏡因、王驚寤、夏詒霆、陳宗撰、吳增慶、錢少華、祝廷瑞、謝葆康、謝學裘、楊壽榛等。又有《後編》名錄，為陶社甲申復社以來之成員及錫山分社成員，曰吳增甲、錢振鍠、孫徹、徐識耜、唐肯、高燮、朱介曾、繆荃孫、戴克寬、陳錫桓、朱峻、莊先識、夏詒燕、孫翥雲、蔡其謹、鄧澍、朱鼎、沈覲安、陳亦齊、吳鏡予、劉孝威、賈豐芸、葛昌楹、汪祖杭、何庸曾、孫壽熙、孫壽徵、繆僧寶、陳以鴻、徐承謨、陳傳德、錢任遠、孫再壬、謝一飛、劉文林、史琴楨、童瑞鍾、祝銓壽、祝民壽、朱麟瑞、鄧嘉炳、高君藩、錢貴恒、張仁友、張本載、倪光耀、鄒善揚、孫鴻、錢崇威、吳邦珍、金其源、郁鍾棠、張壽豐、朱堯文、廖麟年、金詠榴、徐公理、沈其光、李維藩、楊克家、曹定華、劉勁、金祥勳、夏本立、陸常浩、朱雲樊、邱梁、呂允、倪鎮、張澤堅、汪葆華、吳新祿、莊鑒澄、金再庚、陸君秀、周家鳳、向頡垣、徐淵若、鄧以煥、童養中、張烯、奚景範、潘幼東、許燕謀、乘實、秀元、聖融、闞獻之〔註284〕。

方氏後裔方崇義集故老為祖方克勤（方孝孺父）作六百歲紀念會，編《方貞惠公六百歲紀念贈言錄》成，石印行世。章棳等故老與其會，

〔註283〕謝鼎鎔《陶社命名記》，南江濤編《清末民國舊體詩詞結社文獻彙編》第9冊，第531～532頁。

〔註284〕《陶社題名錄》，南江濤編《清末民國舊體詩詞結社文獻彙編》9冊，第535～553頁。

所以彰其高節也。

是歲，張英麟、秦綬章、周家謙、安維峻、裴維侒、王舟瑤、李綺青、周樹模、紹英、那桐、歐家廉卒。

張英麟（1837～1925），字振卿，山東歷城人。同治四年進士，授編修。官都察院御史。「武昌變作……歸里，杜門不發一語。癸丑東間，德宗奉安，匍匐至崇陵一痛哭。」〔註285〕民國三年集資開通志局，聘福山於宗潼，就《山東通志》未完稿加以校補付印。丁巳復辟時，授弼德院顧問大臣。溥儀大婚，報效銀兩，蒙賞御書「松柏長青」匾額。江椿稱「振卿夫子以遺老歸隱」〔註286〕，是也。編有《消寒唱和詩》，宣統二年鉛印本。

秦綬章（1849～1925），字佩鶴，江蘇嘉定人。光緒九年進士。入民國，居滬上，杜門著書。溥儀賜「志潔行芳」匾額。與修《民國江南水利志》。有《秦佩鶴遺集》，含《靈香館文稿》《蕚盦吟稿》《湘輶紀程詩》等，民國三十二年上海合眾圖書館舊傳鈔本。編《期不負齋政書》。

周家謙（1853～1925），字棻陔，一作六皆、六堦，號槃盦，安徽合肥人。舉人。官內閣中書。卒，鄉人為私諡文穆。有《槃盦詩鈔》二卷，民國十七年刻本。

安維峻，（1854～1925）字曉峰，號柏崖、槃阿道人，甘肅秦安人。進士。有《望雲山房詩集》三卷《文集》三卷，民國三年刊本；《諫垣存稿》四卷，有甘肅人民出版社 1991 年點校本。另有《甘肅新通志》《四書講義》。

裴維侒（1856～1925），字韻珊，號君復，河南開封人。光緒六年進士，散館授編修。歷官福建道監察御史、鴻臚寺卿、奉天府府丞兼學政、湖北學政、順天府府丞、順天府府尹等職。清亡不仕。有《香草亭詩詞》，黃山書社 2014 年版。

王舟瑤（1858～1925，字星垣，一字玖伯，號默庵、潛園、牆東居士，浙江黃岩人。舉人。京師師範館、仕學館經史教習，廣東師範學堂監督。入民國，當局擬授廣東教育司長，辭不受。歸隱黃岩，題「王逸民廬」。有《默盦集》，民國二年上海國光書局鉛印本；《默盦詩存》，民國《王章詩存合刻》本（章即

〔註285〕章梫《誥授光祿大夫建威將軍太子太保都察院都御史歷城張公墓誌銘》，韓明祥編《濟南歷代墓誌銘》，黃河出版社 2002 年版，第 296 頁。

〔註286〕江椿《挽張宮保振卿夫子》，《江子愚・劉冰研詩詞存稿》，黃山書社 2018 年版，第 144 頁。

章棂);(輯)《臺詩四錄》,民國九年石印本。另有《黃岩西橋王氏譜》《默盦居士自定年譜》《京師大學堂中國通史講義》《京師大學堂經學科講義》,《默盦日記》《勸學淺語》《光緒台州府志》等。

李綺青(1859～1925),字漢珍,又署漢父,號倦齋,廣東歸善人。光緒十六年進士。少就讀豐湖書院。官至吉林寧安知府。入民國,居北京,賣文自給。所作詩文,多異代之悲。自言「辛亥以來,端居噎鬱,輒檢宋人集日手一篇以吟,以歎有所感觸,遂亦模效」〔註287〕;冒廣生稱「國變以後,漢珍以貧故滯留周南,端居寡歡,則益肆力於詞」〔註288〕。有《倦齋吟稿》一卷,民國十年鉛印本;《草間詞》一卷,民國七年鉛印本;《聽風聽水詞》一卷,民國八年鉛印本。

周樹模(1860～1925),字少樸,號沈觀,湖北天門人。光緒十五年進士。官至黑龍江巡撫。入民國,避地上海。嗣任平政院張。袁世凱謀洪憲稱制,加中卿,辭不受,棄官去。有《沈觀齋詩》二卷,宣統二年石印本;《沈觀齋詩鈔》一卷,民國十一年鉛印本;《沈觀齋詩》六卷,民國二十二年影印本;《周中丞撫江奏稿‧函稿》,宣統二年鉛印本。

紹英(1861～1925),字越千,滿州鑲黃旗人。清末任度支部侍郎。入民國,任清宮內務府大臣。有《紹英日記》附《紹英詩文輯錄》,中華書局2018年版。

那桐(1865～1925),字琴軒,一字鳳樓,滿洲鑲黃旗人。光宣間充戶部尚書、外務部尚書、總理衙門大臣、軍機大臣、內閣協理大臣。入民國,中風不起,十年餘,卒於寓。有《那桐日記》,新華出版社2006年版。

歐家廉(1869～1925),字介持,廣東順德人。光緒二十一年進士,授編修。任國史館纂修官、實錄館協修官。官協理遼瀋道監察御史、掌湖南道監察御史。入民國,嘗移居香港。以書法名世。與修《宣統政紀》〔註289〕。

1926年 丙寅

二月,孫雄印行《落葉集》四卷。落葉者,喻溥儀也。蓋溥儀以十三年冬,被逐出宮。此集自溥儀被驅逐出宮開始編訂,歷一年餘始克鉛

〔註287〕 李綺青《草間詞》自序,民國七年鉛印本。
〔註288〕 冒廣生《草間詞序》,李綺青《草間詞》卷首。
〔註289〕 金梁《清史稿補》,第11頁。

印行世。一時故老，率有所作。

按十三年十月，馮玉祥倒戈回京，十一月率部入紫禁城，逐溥儀出。孫雄聞而作《落葉詩十二首》詠其事，有「此樹婆娑生意盡，剪燈愁煞庾蘭成」「百尺高枝根莫庇，淮南搖落古來嗟」「太息本根先自拔，生秤無術盼枯楊」「滿階紅爛何人掃，瓊宇高寒盡日扃」「墮水飄茵由命薄，託根曾傍五雲栽」「綠陰芳草休重憶，寂寞前塵叩法王」「槐安蟻夢今宵醒，笛咽桓伊不忍聽」等句，風致楚楚，聞者淒惻。時孫雄方長漫社，社友爭相和之，繼而徵稿全國，海內士夫投篇什者踵繼。以故，遷延久之，至十五年二月始編定印行。

檢閱《落葉集》，供稿者有百餘人之多，曰孫雄、郭曾炘、王照、周蘊華、周貞亮、成多祿、蕭方駿、邵瑞彭、俞鍾鑾、黃維翰、程學恂、徐行恭、路朝鑾、朱辛彝、陳士廉、王樹枬、陳韜、邵章、張朝墉、藍光策、李祖蔭、李公迪、穆元植、金毓黻、鄭廷璧、小傭、朱寯瀛、袁家驥、張葆荃、邱翊華、竺大炘、隱名、陳名經、曹家達、謝鼎鎔、陳鳴珂、張其淦、黃式敘、黃啟宗、史錫永、楊贊賢、無良萊、顧祖彭、周紹昌、趙桂丹、劉承幹、周學淵、杜純、廖恩燾、劉善澤、陳誦芬、朱家駒、楊孚先、楊遵路、趙晉臣、趙元成、恬庵、鄧邦述、洪汝沖、宗威、唐文治、姚宗堂、劉富槐、鄭功懋、金秉穗、張惟驤、鄧典謨、王守恂、姚詒慶、李綺青、盛孚泰、黃靖海、倪道傑、鄒日煊、陳詵、陸樹棠、王永江、潘飛聲、姜鳳章、意胙、尤煥宇、陳翰章、李善謙、龔元凱、沈宗畸、藍光簡、息園、張潤普、楊秀先、癡根、陳同澍、楊無恙、金鶴翔、勝屋驂、徐珂、龔耕廬、會稽腐儒、俞壽璋、徐鋆、吳德增、周行廣、楊蔚、陳重慶、景崧、殷松年、王宗海、周贄民、錢少華、少亭、劉學詢、張炎、劉潛、謝寶書、諸章達、戴姜福。落葉成吟，用哀廢帝，亦一時之大觀也。

孫雄《序目》小引云：「《落葉集》四卷寫定，都凡詩六百五十餘首，詞二闕。初擬作序，濡毫數夕，竟不能成一字，所謂佛云不可說，不可說也。適閱王而農先生落花詩，意有所感，倚枕不寐，因成七律五章，即以代序。時為共和十有五年夏正丙寅仲春之月春分前一夕。」〔註290〕所謂「不可說」，即孫雄《落葉集·凡例》所謂「同人和詩，有意在韜晦，或書隱名，或僅署別號者，悉仍之」「和詩原稿，有自加注語者，或箋故實，或涉時事，今悉刪除不載，藉免糾紛，以意逆志，不妨俟諸後人」之類，蓋有所諱。然環文淵義，可得而

〔註290〕孫雄《序目》，《落葉集》卷首，民國十五年鉛印本。

言，若孫雄「菩提樹在摩迦國，護法西方有聖人」一聯隱喻十三年春泰戈爾拜訪溥儀，陳嵩芬「卻與鶺鴒競一枝」及成多祿「故家喬木變恩讎」隱喻馮玉祥逼宮，郭曾炘「轉綠年光亦剎那」隱喻丁巳復辟，皆是其例。

是歲，白遇道、金武祥、余誠格、況周頤、孫文昺、丁仁長、李鎮藩、秦樹聲、駱成驤、曾習經、劉世珩、王鴻犺卒。

白遇道（1836～1926），字五齋，號慎旃，陝西高陵人。進士。溥儀大婚，獻賀折。有《完谷山房集》四種，曰《館課詩鈔》《館課賦鈔》《課蒙草》《囈語鈔存》，民國六年刻本；《摩兜堅齋汲古集聯》一卷《續》一卷《再續》一卷《三續》一卷，光緒末鉛印本。另有未刊詩文集存世。

金武祥（1841～1926），原名則仁，字桂生，號粟香，一作菽鄉，別署陶廬、一斤山人，晚號水月主人，江蘇江陰人。官廣東鹽運司運司，赤溪直隸廳同知。光緒間，辭官歸里。入民國，撰《陶廬六憶》，自注云：「沈隱侯有六憶詩，倪雲林有六憶辭，冒巢民有六憶歌，均有六而憶各不同。余撫今追昔，天意人事，悽愴傷心，將竊比鄭所南別字憶翁乎。」〔註291〕有《灕江遊草》一卷，光緒刻本；《粟香室文稿》一卷，光緒刻本；《芙蓉江上草堂詩稿》，稿本，藏臺灣圖書館。另有《粟香隨筆》《赤溪雜誌》《陶廬雜憶》，刻《江陰叢書》，輯《江陰金氏文剩》《霞城唱和集》《冰泉唱和集》。

余誠格（1856～1926），字壽平，號至齋，又字去非，號愧庵，安徽望江人。光緒十五年進士。歷官廣西按察使、湖北布政使、陝西巡撫、湖南巡撫。「國變後，隱居上海，凡十餘年，自號愧庵，以見志事」〔註292〕。著述多佚，現存會試朱卷一卷，另《金縷曲》一闋見於《全清詞鈔》。

況周頤（1859～1926），字夔笙，一字揆孫，號蕙風，廣西臨桂人。舉人。著述甚夥。民國十四年，應陳乃乾約，編刻《蕙風叢書》成，含：《阮庵筆記五種》《香東漫筆》《萬邑西南山石刻記》《薇省詞鈔》《粵西詞見》《香海棠詞話》《第一生修梅花館詞》。另有《蕙風詞話》，民國十三年《惜陰堂叢書》鉛印本，今有中華書局排印本；《白石道人詩詞年譜》，民國秦氏抄本；《陳圓圓事輯》（與李根源合輯），民國《曲石叢書》刻本。另編《證璧集》、《宋人詞話》、《歷代詞人考鑒（略）》，皆存於世。

〔註291〕金武祥《陶廬六憶》，《清代詩文集彙編》第 747 冊，第 804～805 頁。
〔註292〕夏孫桐《書望江余壽平中丞事》，《觀所尚齋文存》卷四，第 4b 頁。

孫文昺（1859～1926），字蔚犂，湖南湘潭人。舉人。辛亥後，「易名彪，晚號凡民」〔註293〕，「聞友人指斥先朝官禁事，正色止之，以為非所忍言」〔註294〕。撰《諸經論述》《戰國策補注》《宋書校勘記》《湘潭王志商存》，民國十七年興藝齋抄本；《孫文昺著作序言集》，孫鼎宜輯鈔本。

丁仁長（1861～1926），字伯厚，號霞仙，辛亥後改號潛客，廣東番禺人。祖籍安徽懷寧。進士。溥儀避居天津，獻《中興金鑒》。歿，溥儀賜「履潔懷清」匾額。有《丁潛客先生遺詩》，民國十八年刻本。

李鎮藩（1861～1926），字翰屏，湖南湘潭人。舉人。官內閣中書、邵武同知。易代「歸田後，屏居不出，間與二三朋好文酒過從」，「遺命以幅巾斂，納朝服棺中」〔註295〕。有《湘潭會館題名錄》二卷，光緒三十年刻本；《孔子大事類編》，上海宏大善書局民國十八年石印本。《湘人著述表》謂尚有《望壺山人詩集》四卷〔註296〕，未見。

秦樹聲（1861～1926），字宥橫，一作右衡，別字晦鳴，號乖庵，河南固始人。入民國，授河南提學使，不受。移居北京，在清史館總纂《地理志》。有《乖庵文錄》二卷，光緒三十四年刻本；《乖庵文外》一卷，宣統三年鉛印本；《滇池脞稿》一卷，宣統三年鉛印本。

駱成驤（1865～1926），字公嘯，四川資中人。光緒進士。任京師大學堂提調、江西提學使。入民國，任四川都督府顧問。為蜀中五老之一。十五年，劉成勳行文官考試，為主考官。有《清漪樓遺稿》，詩存四卷雜著一卷，民國三十七年鉛印本。

曾習經（1867～1926），字剛甫，一作剛父，號剛庵、蟄公，別號蟄庵居士，廣東揭陽人。光緒十六年進士。官至度支部左丞。清帝遜位前一日，辭官去。入民國，屢徵不起。詩集版本極多：《蟄庵詩存》，民國十六年《葉氏遐庵叢書》影印本，有梁啟超、葉恭綽序；《曾剛甫詩集》，1953年香港仁記印務館鉛印本，有韓穗軒序、饒宗頤跋；《蟄庵詩存》，2009年《小得齋叢書》據蔡起賢家藏本影印本，有劉仲英《廣東詩人曾習經》、蔡起賢《也談曾習經的書法》、

〔註293〕趙啟霖《誥授中憲大夫孫蔚犂墓誌銘》，《趙瀞園集》，施明、劉誌盛整理，湖南出版社1992年版，第147頁。
〔註294〕趙啟霖《誥授中憲大夫孫蔚犂墓誌銘》，《趙瀞園集》，施明、劉誌盛整理，第146頁。
〔註295〕趙啟霖《李翰屏郡丞墓誌銘》，《趙瀞園集》，第151頁。
〔註296〕尋霖、龔篤清編著《湘人著述表》，第414頁。

陳永正《曾習經和近代詩壇》、黃贊發《晚清嶺南著名詩人曾習經》，又有《重印〈蟄庵詩存〉跋》《後記》；孫淑彥輯校《曾習經先生詩文集編年》，中國文藝出版社 2010 版，有孫淑彥前言、汪辟疆題詞。

劉世珩（1874～1926），字聚卿，又字蔥石，安徽貴池人。劉瑞芬子。舉人。清帝遜位，「遂家於滬上，築楚園以居」〔註297〕。民國二年，曾奉德宗、隆裕太后梓宮於崇陵。康有為贈詩有「劉郎已作逃秦客，一曲興亡最愴人」〔註298〕之句。以藏書、刻書名世。編刻有《玉海堂景宋叢書》《宜春堂景宋元巾箱本叢書》《聚學軒叢書》《貴池先哲遺書》《暖紅室傳奇匯刻》《貴池劉氏所刻書》《賜書臺匯刻曲譜》《一印一硯廬金石五種》。

王鴻兟（1874～1926），原名抱一，字熙廣，又字無離，號嘯龍，光緒三十年進士。有《無離龕詩拾》九卷，民國二十九年鉛印本。

1927 年　丁卯

正月十三（2 月 14 日），溥儀「萬壽日」。「群臣」在津者，多入見致賀。

附志十　溥儀「萬壽日」接見賀客名錄（含國外友賓）

溥傑、樂泰、恒煦、蕭丙炎、楊鍾羲、佟成海、濟煦、廣壽、爵善、鄭孝胥、潤良、潤麒、毓廉、趙景祺、李西、趙國圻、金梁、金賢、昇煦、張兆鉀、朱汝珍、王國維、袁勵準、袁行寬、劉鳳池、增愷、增悌、耆齡、衡良、奕元、陳震、朱益藩、景方昶、載瀛、溥儜、商衍瀛、載搏、載澤、溥修、謝介石、周登皥、榮源、羅振玉、載振、溥鐘、溥銳、塔思哈、張彪、莊士敦、金鉞、胡嗣瑗、陳寶琛、林葆恒、姚寶來、萬繩栻、張琨、張夢潮、陳毅、溫肅、劉驤業、增崇、存耆、於成麟、寶熙、吳錫寶、陳良士、黎湛枝、鍾凱、載洵、溥优、溥儒、任祖安、國樑、張之照、鐵良、載濤、溥佳、毓善、費毓楷、王季烈、康有為、蘇錫麟、鮑文、徐勤、徐良、陳懋復、章鈺、袁大化、升允、定安、善昌、郭曾炘、郭則云、毓彭、劉髯公、趙俊卿、胡先春、王文燾、李孺、胡煒、王廷楨、胡若愚、張學驥、張學師、張學毅、貝斯、貝斯太太、貝

〔註297〕劉重熹《清末藏書家劉世珩先生事略》，華東師範大學圖書館編《學術論文集 1979～1986》，華東師範大學圖書館 1987 年版，第 350～353 頁。
〔註298〕康有為《題劉蔥石枕雷圖》，《東方雜誌》1916 年第 13 卷第 1 期。

斯小姐、特玲太太、伍德海、瓦錫祖、希賢、傑姆游、任薩姆女士、貝伯瑞爾、
聶羅、柏士女醫、柏喀特、布肯拿、吉田忠太郎、丸山繁次、三野友吉、北田
副官、有田總領事、有田太太、宇佐美、宇佐美太太、白井副領事、岡本副領
事、萩尾署長、萩尾尾太太、周爾若。〔註 299〕

　　春，陳寶琛等刊《燈社第十三集》成。燈社而外，並時有篆社，其
後又有新燈社。考其成員，雖互有出入，要是一體。

　　燈社為詩鐘社，由陳寶琛等在京發起，年時未詳，成員亦屢變。今存《燈
社第十三集》以民國十六年丁卯油印行世。據卷首介紹，知雅集在陳寶琛寓
所。每唱共取三十卷，狀元、榜眼、探花各一卷。卷首有云：「本社定丁卯
（1927 年）正月十九星期日，準早九時齋集發唱。不能準時到者，可託人代
唱。其遲到而未託人者，已唱所得之份作為無效。」又云：「屆時由錄捲起唱。
其每唱之斗卷，統歸斗卷統計表，以省時刻。」又云：「社友於詩卷取定後，
請加蓋圖章，作為記號，屆時隨帶到所發唱。至每唱所取斗卷二十卷，請自行
換明號數，另紙定。十六日九時以前，存林梅南兄處，以便編入統計表。至要
至懇。」〔註 300〕寥寥百字，實考論詩鐘流程之絕大文獻。據卷首《同社齒錄》，
社員有陳寶琛、卓孝復、郭曾炘、陳壽彭、林頤、林開謩、周登皞、鄭孝檉、
薛肇基、劉靳、林振先、何啟椿、林皋、林柏棠、石恩綸、章詠、鄭掄、王尚
曾、林葆恒、陳保棠、余敘功、鄭璆、陳懋鼎、黃瓛、黃穰、尤君颺、余燮梅、
方兆鰲、黃懋謙、蒲志中、林步隨、郭則澐、周葆鑾、張大猷、陳應群、黃枝
欣、曾克敬、黃孝平。

　　並時又有篆社，鉛印有《篆社乙丑花朝集》。此集凡四唱。北、江第三唱，
非、入第五唱，吾、舊第六唱，願、年第七唱。發唱地點在宣外車子營福建會
館。按乙丑為民國十四年（1925），詩鐘殆即是年花朝日所成。卷首附《同社
齒錄》曰周熙民、林怡山、李宓庵、林梅南、何壽芬、童佑□、林行陀、洪幼
寬、王叔泝、唐汀鏡、陳伯南、余辛□、鄭藕生、余鶴友、張楚楠、葉筱南、
黃默園、方策六、陳寄今、林仲樞、鄭景坡、周穆孫、黃峰秞、李次□、陳幼
旭、陳能群、李幼雁、陳岩孫、方行維、虞伯□、陳賦三、張雲蔚、葉乃穀、
陳宇青、陳南曾、謝希□、陳劍宇、陳民耿、陳逸韓、何韻為、陳幼庭。以上

〔註 299〕溥儀《溥儀日記》，群眾出版社 2018 年版，第 108～109 頁。
〔註 300〕陳寶琛等撰《燈社第十三集》卷首《同社齒錄》，南江濤編《清末民國舊體詩
　　　　　詞結社文獻彙編》第 24 冊，第 163～164 頁。

名錄皆別署，非正名。周熙民即周登皞，林怡山即林頤，林梅南即林振先，何壽芬即何啟椿，林行陀即林柏棠，王叔沂即王尚曾，陳伯南即陳寶棠，黃峰秫即黃穰，其成員與《燈社第十三集》成員名錄多相合，當非偶然。《燈社第十三集》以民國十六年油印，此集以民國十四年鉛印，相去僅兩年，蓋前、後兩集之成員，為同一群體也。循是以推，則此集《同社齒錄》「余辛□」即《燈社十三集》之余辛枚，余敘公也。

民國二十六年又有「新燈社」成立，則以擊鉢吟為社科。舊有燈社，此蓋繼之。刻有《新燈社詩卷》一卷，京城印書局民國二十六年鉛印本。凡二題，一曰上源宴，一曰太廟灰鶴。有董季友、林貽書（林開謨）、陳徵宇、林梅南、黃蓬秫、鄭花中、黃默園、林幸平、劉荔村、鄭稚辛、薛淑周、陳葆生、陳賡虞、方策六、陳玉韜、薩幼實、陳尊衷、梁和鈞、卓君庸、林笠似、郭養庠、薛稷生、郭蟄澐、廖旭人、薛榕生、郭學群〔註301〕。各絕下因不注作者之名，出於何人之手，今已無考。

十一月二十七日，北平人文科學研究所通過《人文科學研究所暫行細則》，議定以庚子賠款修纂《續修四庫全書提要》。研究所隸屬於東方文化事業總委員會，以柯劭忞為總裁，王樹枏、服部宇之吉副之。王式通、江瀚、吳廷燮、柯劭忞、夏孫桐、孫雄、楊鍾羲、羅振玉等人，皆分任編纂，與修提要〔註302〕。

一戰期間，中國參戰，與協約國有暫緩庚子賠款之議。民國十一年，日人迫不得已，從美國人之例，約以庚子賠款「資助」中國文化事業。由是民國十四年八月二十二日（10月9日）有「東方文化事業總委員會」之立，中國委員有鄧萃英（去職後，楊策補任）、湯中、王樹枏、王式通、王照、柯劭忞、賈恩紱、江庸、胡敦復、鄭貞文、熊希齡（去職後，梁鴻志補任），日本委員有入澤達吉、服部宇之吉、大河內正敏、太田為吉、狩野直喜、山崎直方、賴川淺之進，公推柯劭忞為總委員長。未幾，「人文科學研究所」亦以立。民國十六年十一月二十七日（12月20日），研究所決議專事《續修四庫提要》及

〔註301〕董季友等輯《新燈社詩卷》卷首《同社姓名》，南江濤編《清末民國舊體詩詞結社文獻彙編》第16冊，第71～72頁。

〔註302〕參見羅琳《〈續修四庫全書總目提要〉編纂史紀要》，《圖書情報工作》1994年第1期；王亮《〈續修四庫全書總目提要〉研究》，復旦大學2004年博士論文。

《新字典》《十三經索引》之修纂。約略同時，有「東方文化事業圖書籌備處」之創立，隸於人文科學研究所，蓋所以為續修四庫之資也。《續修四庫》擬定著錄書目之後，研究所人員以民國二十年夏始撰提要，至民國三十一年初，計撰提要 32961 篇。以後續有撰成，然不多也。民國三十四年，日本投降，事亦俱訖。

　　參與提要撰稿者，計有王式通、王孝漁、王重民、江瀚、向達、沈兆奎、吳廷燮、吳燕紹、吳承仕、何小葛、何登一、余紹宋、余保琳、奉寬、尚秉和、周叔迦、柯劭忞、柯昌泗、柯昌濟、胡玉縉、茅乃文、高潤生、高觀如、班書閣、夏仁虎、夏孫桐、孫光圻、孫作雲、孫海波、孫雄、孫楷第、孫人和、孫曜、倫明、徐世章、高鴻逵、許道齡、鹿輝世、黃壽祺、張伯英、張海若、張壽林、陸會因、陳鏊、馮汝玠、馮承鈞、馮家升、傅振倫、傅惜華、傅增湘、楊樹達、楊鍾羲、葉啟勳、董康、趙萬里、趙陸倬、劉白村、劉思生、劉啟瑞、劉節、謝國楨、謝興堯、韓承鐸、瞿漢、瞿宣穎、譚其驤、羅振玉、羅福頤、羅繼祖、蕭璋、鐵崢。實則上述諸公而外，尚有不列委員會之內，而頗與其事者，如橋川時雄即其一。續修四庫提要，彼實主之。與撰稿人之往來書函，今猶可見〔註 303〕。

附志十一　清末民初議續《四庫全書》述略

　　續修四庫之議，其來有漸，非一日也。章梫、喻長霖、孫雄、金梁等遜清遺民皆嘗獻議。前人有考〔註 304〕，然時見闕誤。旁搜遠採，相關材料為前人所未及閱者尚復多有，可以正謬補缺。今參綜諸家，博考佚文，為撮錄條別於下。嘉道時，浙江學政阮元進呈四庫未收書百七十三種，清廷納之，即《宛委別藏》是也。其子福刻《四庫未收書目提要》五卷，收於《文選樓全集》，論其事，猶屬私人編刻。迨光緒十五年，編修王懿榮上《四庫全書懇恩特飭續修疏》〔註 305〕，其說甚精，斯為議續四庫之權輿。報上，諭交軍機處存處，俟

〔註 303〕 參見薩仁高娃《有關〈續修四庫全書總目提要〉的通信》，《文獻》2006 年第3 期。

〔註 304〕 參見郭伯恭《四庫全書纂修考》，上海商務印書館 1937 年鉛印本，第 241～244 頁；彭明哲《〈續修四庫全書總目提要〉考略》，《湘潭大學學報》1994 年第 2 期；劉祥元《光緒朝「續修〈四庫全書〉」述評》，《圖書館理論與實踐》2010 年第 4 期。

〔註 305〕 王懿榮《四庫全書懇恩特飭續修書》，《王懿榮集》卷一，齊魯書社 1999 年版，第 29～30 頁。

《會典》告成，再行擬議，然格於時局，事遂寢。三十四年，檢討章梫奏《為擬請增輯四庫全書以昌憲治事呈文》〔註306〕，編修喻長霖呈《敬陳管見疏》〔註307〕，並有續修四庫之議，其說視王懿榮加詳。並時常熟孫雄撰有《擬重修四庫全書條例》，未奏上，刻入其《師鄭叢書》之《師鄭堂集》，考其條例，計有二十，審時度勢，不蹈故常，蓋又視王、章、喻諸家為精〔註308〕。入民國，其議未熄。八年冬，金梁就續編四庫書目請於大總統徐世昌，其言曰：「憶己未冬，徐東海師屬編文華、武英二殿陳列古物目錄。梁請先印《四庫全書》，並擬續修四庫書目。蓋書不易續，目則易修。二百年來，新出書籍，將倍於前。姑存其目，以待後來，所謂不得已而思其次耳。」〔註309〕此為議續四庫書目之濫觴。十三年，商務印書館值開館三十週年之慶，擬選擇四庫存目及未刊書，刊為續編。雖不果行，續編之議，固已騰於人口；時影印四庫全書、選印四庫珍本之議尤盛。十四年，北京大學國學門黃文弼撰《擬編續四庫書目略說》成，分三篇連載《北京大學日刊》〔註310〕，一以編目為首務，與金梁舊議不謀而合。審其文，約四、五萬言，覼縷至詳，鉅細靡遺，集議續四庫之大成；據篇末識語，此文實經國學門導師陳垣審閱一過〔註311〕。同年，國會議員邵瑞彭亦撰《徵求續編四庫全書意見啟》〔註312〕。李盛鐸頗贊其議，具呈北洋政府，段祺瑞、教育部、內務部均可其議，擬以日本退還之庚子賠款襄助其業。《圖書館學季刊》報其事云：「四庫全書成立既久，寖失時效。光宣之際，即有請續修者，格於時勢，未克舉行。今印行四庫之議既定，續編四庫之說亦起。李君木齋，極熱心於此，曾具呈政府，懇請實行。當經政府批交教育、內部兩部核辦，該兩部均認為可行。惟經費一事，頗感困難。聞有擬由日本退回庚子賠款內撥用數十萬元，俾得早觀厥成。李氏自見閣議後，曾謁見段執政，

〔註306〕 章梫《擬請增輯四庫全書摺》，《一山文存》卷一，民國七年吳興劉氏嘉業堂刻本。
〔註307〕 喻長霖《敬陳管見疏》，《惺諟齋初稿》卷一，宣統鉛印本。
〔註308〕 孫雄《擬重修四庫全書條例》，《師鄭堂集》卷四，光緒十七年刻本。
〔註309〕 金梁《四庫全書纂修考跋》，《東方雜誌》1924年第21卷第9期，第106頁。
〔註310〕 黃文弼《擬編續四庫書目略說》《續》《再續》，《北京大學日刊》1925年第1726、1727、1729期。
〔註311〕 黃文弼識語云：「此文作就，以質之本學門導師陳援庵先生，承改正謬誤數處，特此致謝。」詳黃文弼《擬編續四庫書目略說（續）》，《北京大學日刊》1925年第1729期，第4版。
〔註312〕 全文見任松如《四庫全書答問》，民國二十四年啟智書局鉛印本，第115～116頁。

商議將來編纂辦法。」〔註 313〕一時應者雲起。十五年，時梁啟超授學清華大學國學院，亦發起四庫全書續編編目之舉，「以有清一代在中國學術史上放一異彩，著述浩瀚，實有續入四庫之必要，一以瞻二百年來先賢治學成績，且便後人整理光大之也，因發起四庫全書續編編目之舉，但此種工程重大，非集數十專門學者，費數年精力不可，乃先約研究員師生試作一部分工作，以為先聲」〔註 314〕，且議明春次第施行。倫明聞閣議以庚子賠款續修四庫，亦多擘劃，於十六年初發表《續修四庫全書芻議》，陳搜集、審定、纂修三議，而以搜集為先〔註 315〕。迨人文科學研究所以十六年冬議決撰述《續修四庫全書提要》，且出詳細章程，廣聘專家，其事遂行，卒以成一代巨觀。

並時丁福保、周雲青以個人之力在上海撰述《四庫書目總錄》，卷帙浩繁；其《〈四庫書目總錄〉纂例》刊於橋川時雄編《文字同盟》民國十九年第四號。1950 年代，商務印書館以線裝鉛印本刊出《四部總錄天文編》《算法編》《醫藥編》《藝術編》。不審其稿尚存否。

附文 38　《人文科學研究所暫行細則》

1. 本研究所去歲在東京會議議定以《續修四庫全書提要》及《新字典》、《十三經索引》三者為研究事項，此次開會，以三項不能並舉，先以《續修四庫全書提要》為主，漸次以及《新字典》《十三經索引》兩項。

2. 關於《續修四庫全書提要》，先就兩層進行。一、搜集乾隆《四庫全書提要》內失載各書；二、採集乾隆以後至宣統末年名人著作。選定著錄書目，但今人生存者不錄，其辦法定如下例：

甲、選定著錄書目，自民國 16 年 11 月起暫擬兩年畢事。

乙、研究所正副總裁，關於著錄、以綜理大綱、督催工課、選定書目為專責。

丙、四庫書目各部中子目甚繁，此次「續修」均准據乾隆成例。

丁、凡所著錄，從平允為主，不可有門戶之見。然需擇要典雅記，其空

〔註 313〕《續編四庫全書》，《圖書館學季刊》1926 年第 1 卷第 1 期，139 頁。

〔註 314〕《學生新聞：各級研究院編輯四庫全書續編》，《清華週刊》1926 年第 24 卷第 17 期，第 26 頁；吳天任《梁啟超年譜》第 4 冊，廣東人民出版社 2018 年版，第 1653 頁。

〔註 315〕倫明《續修四庫全書芻議》，《中華圖書館協會會報》1927 年第 3 卷第 1 期，第 2～5 頁。又載《國學》（上海）1927 年第 1 卷第 4 期，第 1～8 頁。

疏無用之書一概不錄。至道釋二氏，暨小說諸書，有關於文學考訂及有裨人心風俗者，均可著錄。

　　戊、各研究員，應於每月末日將擬定著錄書目送正副總裁選定。其書目內須注明卷數、已刊、未刊及刊本之種類，其未刊者並注明稿本所在，以便分別購置抄錄。

　　己、正副總裁每三個月將選定書目提交全體研究員開會決定。

　　庚、選定著錄名書，由研究所開送圖書籌備處購置或抄錄。

　3. 著錄書目提要，應於每次決定後由研究員分別纂擬，其細則另定之。〔註316〕

附文 39　王懿榮《四庫全書懇恩特飭續修疏》

　　奏為《四庫全書》事關文教，請俟《方略》《會典》兩書告成後，懇恩特飭續修事：竊臣伏見乾隆朝高宗純皇帝欽定《四庫全書》，分經史子集四目，所收書籍，上自周秦以迄我朝，三千餘年聖作明述之跡，粲然大備。中間恭載列聖御製全集、御纂、欽定各書，牢籠天地，彪炳古今。漢唐以來，文章美富，未有若斯之盛者也。至我皇上御極之十有五年，時經百載，開通日廣，文物日新，厥有市舶販來前代流傳海外之書，又有乾隆以後通材碩學網羅散失、採集逸佚、復古再成之書，說經補史、重注重疏、精校精勘之書，以及天文、算學、輿地、方志、政書、奏議、私家譔著卓然經世之書，層見迭出。或先得者殘，而重收者足；或沿稱者偽，而改題者真。考據一門，後來居上；藝數之流，晚出愈精。若此之類，上溯舊例，應行著錄者，其為粹美，庶幾前編。皆所以導揚盛治，恢崇至道，千載一時，於今為烈。臣愚以為皇上親裁大政，庶事求舊，以聖紹聖，美善畢臻，所宜重開新館，續纂前書，萬幾清暇，藉資乙覽。〔註317〕

附文 40　邵瑞彭《徵求續編四庫全書意見啟》

　　自漢迄清，國家承平之日，莫不廣開獻書之路，資為中秘之藏，所以表揚學術，丕興教化，甚盛事也。國家更始，十又四年，際玄黃之會，極天人之變，兵革未息，雅頌寢聲。邇來中外朝野，始漸措意於文藝，乃有續修四庫全書之議。惟是四庫之名，昉於有唐，爰逮勝朝，沿襲未改。然其□度，世各不同。

〔註316〕《人文科學研究所暫行細則》，錄自羅琳《〈續修四庫全書總目提要〉編纂史紀要》。

〔註317〕王懿榮《四庫全書懇恩特飭續修書》，《王懿榮集》卷一，第29～30頁。

有清之造，雖大端足法，亦有未當者存焉。乾隆諸臣，志在專供人君瀏覽之需，夐非敦崇著述之義。故網羅雖富，摒棄仍多。要之，存目所錄，寧無佳本？至其以抄寫入錄，縱有畫一之觀，已失傳本之舊。提要僅寫採進，於版本之源流蔑如，一書數刻，例不兼採，凡茲所述，竊所不取。今欲集藝圃之大成，存舊學於不敝，誠宜別創良規，期於盡善。有清之士，歷城周永年，撰儒藏說，未幾詔開四庫館，士林以倡導之功，歸諸永年，瑞彭以溝瞀小夫，妄論大計，竊比永年，藉為芹曝，千慮之失，敢曰無之。當世賢哲，比肩接踵，其有以續編四庫全書意見相昭示者，摳衣請益，願領德音。用布欵欵之愚，惟賜省覽。不備。邵瑞彭頓首。〔註318〕

清宗室熙洽於遼東創冷社。考其社員，宗室于詹、寶熙而外，多寄寓東北，供職北洋政權，然故國之思，時時流露。印有《冷社詩集》。

《冷社詩集》前錄有《冷社姓氏錄》，曰榮孟枚、熙洽、吳延緒、駱家驥、馬超群、潘鶚年、譚長序、李光祖、熊希堯、田解、王惕、顧次英、王祖培、金毓黼、英恕、李銘書、趙汝楳、曹祖培、魏聲龢、袁金鎧、江濟、寶熙、郭進修、徐恢、王之佑、薛大可、黃式敍、楊名樁、吳峙、徐承錦、陳建、梅文昭、陳紫瀾、于詹、誠勤、趙一鶴、王嵩儒、牛桂榮、張燕卿。印有《冷社詩集》四卷，起民國十六年，迄民國二十年。卷首有羅振玉、寶熙書名並題籤。寶熙序云：「歲丁卯，余同林貽書提學赴奉恭謁昭陵，即聞格民宗人參贊吉江軍幕，負有特出之才名，心竊異之。己巳闢地大連，次年夏游吉久住，始與格民朝夕過從，遊龍潭山以進躡老爺嶺之最高頂，或溯松花江而至阿什哈達，以觀明人摩崖之刻辭，至若城外之北山，則冷社諸君屢次招宴於此，餘皆有詩紀之，而冷社社長與詩集中所署清醒遺民，即格民也。……蓋冷社之詩，丙寅丁卯之交最盛，己巳以後，格民政務日繁，因之中止云。方今建邦三載，締造之始，格民實身任其衡，所以鞏固國基，弼成帝業，責任艱巨，遠過於參謀軍府之時。」〔註319〕敍冷社顛末甚詳，可與榮孟枚自撰跋語相參看。

是歲，馮煦、呂海寰、趙爾巽、吳昌碩、張人駿、毛慶蕃、曹允源、康有為、趙炳麟、王國維、顏楷卒。

〔註318〕任松如《四庫全書答問》，第 115～116 頁。
〔註319〕寶熙《冷社詩集序》，南江濤編《清末民國舊體詩詞結社文獻彙編》第 3 冊，第 455～456 頁。

馮煦（1842～1927），字夢華，號蒿庵，江蘇金壇人。進士。著有《蒿盦類稿》《續稿》《剩稿》，《蒿盦奏稿》，《蒿盦雜俎》，《蒿盦詞剩》，《蒿盦詞》，《蒿盦隨筆》，《寶應金石志》，《溧陽碑帖續志》等，皆刻行於世。另輯刻：《宋六十一家詞》，清光緒十三年刻本，又宣統二年刻本；《蜀十五家詞》，宣統二年刻本。纂《（光緒）溧陽縣續志》，清光緒二十五年活字本；《（民國）重修金壇縣志》，民國十五年上海商務印書館鉛印本；《（民國）寶應縣志》，民國二十一年鉛印本；《（民國）宿遷縣志》，民國二十四年鉛印本。修《（光緒）鳳陽府志》，清光緒三十四年活字本；《（民國）江蘇省通志稿》，稿本。

呂海寰（1842～1927），字鏡宇，山東掖縣人。舉人。丁巳復辟，授辟德院顧問大臣。著有《庚子海外紀事》，光緒二十七年鉛印本，今有上海古籍出版社 1995 年影印本；《呂海寰奏稿》《呂海寰往來電函錄稿》《呂海寰往來信稿雜纂》《呂海寰往來譯稿》《呂鏡宇自敘年譜》，臺北文海出版社 1990 年《近代中國史料叢刊三編》本。《呂鏡宇自敘年譜》一卷，另有《北京圖書館藏珍本年譜叢刊》《近代人物年譜輯刊》等版本，皆影其舊本也。

趙爾巽（1844～1927），字次珊，又作次山，別署无補，漢軍旗，奉天人。同治進士，授編修。官至東三省總督。入民國，避居青島。嗣以袁世凱之聘，入京主修清史。著有《趙爾巽奏稿》，民國鉛印本；《趙爾巽電稿》，上海合眾圖書館抄本。編有《趙氏族譜》，宣統二年刻本。主修《清史稿》。

吳昌碩（1844～1927），初名俊，又名俊卿，字昌碩，又字蒼石，浙江安吉人。同治四年補諸生。光緒間，保舉安東縣令。後在杭州孤山創西泠印社。晚年，寓上海。辛亥以降，「幽居東海之濱，堅抱西山之節」〔註320〕。丁巳復辟不成，有《一笑》詩云：「惟王丁巳九年春。」〔註321〕著有《缶廬詩》四卷，光緒十九年刻本；《缶廬詩》續刻四卷，合舊刻仍名《缶廬詩》，民國九年刻本；《缶廬集》，民國十二年刻本；《缶廬別存》一卷，光緒刻本。

張人駿（1846～1927），字千里，號安圃、健庵，直隸豐潤人。進士。辛亥時，任兩江總督，事起，遁去。後隱居青島。卒於天津。囑常服入殮。謚文貞〔註322〕。編有《廣東輿地圖》，光緒廣州石經堂印本；著有《張人駿家書日記》，中國文史出版社 1993 年版。另有稿本多種，後人於 2011 年捐贈

〔註320〕孫德謙《缶廬集序》，吳昌碩《吳昌碩詩集》，灕江出版社 2012 年版，第 246 頁。

〔註321〕吳昌碩《吳昌碩詩集》，第 195 頁。

〔註322〕金梁《清史稿補》，第 8 頁。

河北省博物館。

毛慶蕃（1849～1927），字實君，江西豐城人。光緒十五年進士。歷任綦江、江油等縣知縣，擢直隸布政使，轉甘肅布政使。以同僚劾去職，寓蘇州。編選《古文學餘》，光緒三十四年刻本。另有奏議、書牘，似未刻行。

曹允源（1855～1927），字根蓀，號復盦，江蘇吳縣人。光緒十五進士。自言「辛亥遭國變，杜門瑟居，不與世事」〔註323〕。著有《淮南雜著》，清光緒十七年刻本；《復庵文集》二十三卷，含《文類稿》八卷、《續稿》四卷、《外稿》二卷、《鬻字齋詩略》四卷、《詩續》一卷，晚清民國間遞刻本；《吳縣志》，民國二十二年排印本。任江蘇省立第二圖書館館長期間，撰《江蘇省立第二圖書館書目》一編至三編。

康有為（1858～1927），原名祖詒，字廣廈，號長素，又號更甡，晚號天遊化人，廣東南海人。光緒二十一年進士。二十四年戊戌，輔佐光緒帝行變法。變作，亡海外。入民國，參與辛巳復辟。有《康有為全集》十三集，中國人民大學出版社 2019 年版。

趙炳麟（1876～1927），字竺垣，號柏岩、清空居士，廣西全州人。光緒二十一年進士。官至福建京畿道監察御史。入民國，絕意不仕。六年出山，受閻錫山之聘，任山西省實業廳廳長。著有《趙柏岩集》，民國十一年山西太原潛並草堂鉛印本，計有《庭訓錄》一卷，清趙潤生撰，趙炳麟輯；《光緒大事匯鑒》十二卷，《宣統大事鑒》一卷，《匯呈朱子論治本各疏》一卷，《興亡匯鑒》一卷，《諫院奏事錄》六卷，《柏岩文存》四卷，《潛並盧雜存》二卷，《柏岩詩存》四卷，《柏岩聯語偶存》一卷，《潛並盧詩存》二卷，《柏岩感舊詩話》三卷，《潛並盧詩存初續》三卷。今有廣西師範大學出版社 2013 年排印本。

王國維（1877～1927），字靜安，號觀堂，浙江海寧人。民國十二年任溥儀南書房行走。十六年，自沉頤和園。小朝廷賜諡忠愨。有《海寧王忠愨公遺書》四集。嗣後遞有增補。今有《王國維遺書》《王國維先生全集》《王國維全集》等不同版本。

顏楷（1877～1927），字雍者，四川雙流人。光緒進士。官派日本東京帝國大學。歸國入翰林院，加侍講銜。辛亥變起，尹昌衡補殺趙爾豐，持不可，收趙氏孫府中。不復問政治。為蜀中五老七賢之一。輯《龍馬潭唱和詩集》，宣統鉛印本。

〔註323〕曹允源《自跋》，《鬻字齋詩續》卷尾，民國十一年刊本。

1928 年　戊辰

6月8日，國民黨軍隊入京。北洋政權終結。

六月，孫延庚序《羅溪詩社吟存》，旋印行。羅溪詩社，朱世賢等人結於上海也。

羅溪吟社由朱世賢以 1920 年代創於上海。據《羅溪吟社詩存》卷首《姓氏錄》，知成員有朱世賢、陳祖衡、顧晉康、王德高、陳祖方、施文若、朱保穆、潘肇廷、王鼎梅、楊芃械、王秉彝、施同人、嚴同熙、朱世鉁、沈鳴時、朱鍾符、周蝶、許觀、張官倬、諸斗星、任霞明〔註 324〕。孫延庚序有云：「當宋之末，詩亡跡熄，乃有方韶父、謝皋羽輩晞發於山阿，行吟於澤畔，唱予和汝，以寄其所思。」〔註 325〕舉方鳳、謝翺為比。揆其大較，亦正有當於所謂文化遺民。

附文 41　孫延更《羅溪吟社詩存序》

當宋之末，詩亡跡熄，乃有方韶父、謝皋羽輩晞發於山阿，行吟於澤畔，唱予和汝，以寄其所思。而金華一派，遂以開有明文運者數百年。今者文風又丕變矣，尊山歌為天籟，斥太玄為文妖，狂飆所煽，百卉俱靡。昔孔融云：「今之少年，喜謗前輩。」則非止謗之已也，且將斥逐之，戮辱之，循謹之儒，何敢復談文字乎？

介民先生方與二三憔悴君子，創為羅溪吟社。為之於眾人不為之日，稱之於舉世羞稱之時。發天葩於枯木，振古響於絕徵。可謂遯世無悶、獨立不懼者矣。想其日高風厲之晨，鬼嘯猿啼之夜，我歌江上之丈，爾賦斜川之什，蕩灝氣於山川，發清響於林木，前謳後喝，相視而笑，漁唱樵答，縱意所如，不知有漢，何論魏晉，固亦極天地間之至樂也。彼夫世人之罵譏，路鬼之揶揄，何足擾其魂夢耶？余謂制禮作樂，移風易俗，改玉改步，因時制宜，所賴於洛陽年少者正多也。若夫二三憔悴老人，長嘯於荒江之上，放歌於老屋之中，彼固自命為方韶父、謝皋羽也。少年視之，正可以如鳥之啾啾、蟲之唧唧、山水之刁刁調調蕭蕭槭槭，任其自鳴自息於天地間，何所用其抨擊耶？余不敏，亦將

〔註 324〕《羅溪吟社姓氏錄》，南江濤編《清末民國舊體詩詞結社文獻彙編》第 26 冊，第 126 頁。

〔註 325〕孫延庚《羅溪吟社詩存序》，南江濤編《清末民國舊體詩詞結社文獻彙編》第 26 冊，第 125 頁。

攜竿以隨其後耳。戊辰六月，吳江孫延庚拜序。〔註 326〕

秋，陳毅作《東陵道》百十一韻紀事詩成，有注文，記勘察東陵被毀情形〔註 327〕。

先是，孫殿英等盜發裕陵、定東陵。時溥儀避地天津張園，事聞，召遺臣，電詰當局，請懲凶頑。又命寶熙、陳毅會同近支王公及他遺臣赴兩陵善後，重加安葬。先後與聞其事者有載濤、載澤、載潤、載瀛、溥伒、溥侗、恒煦、徐埴、聯堃、志林、裕寬、和鈞、和琦、福隆阿、恩勳、裕振、陳寶琛、朱益藩、耆齡、胡嗣瑗、景方昶〔註 328〕。1941 年《中和月刊》載《戊辰東陵案文獻》四種，有《寶瑞臣東陵于役日記》（寶熙）、《耆壽民日記》（耆齡）、《徐榕生東陵于役日記》（徐埴）、《陳詒重東陵道詩注》（陳毅）〔註 329〕。其中，徐埴《日記》附有《查勘東陵殘毀情形單》。

白雪詞社刻酬唱集《樂府補題後集》行於世。曰「樂府補題後集」者，則以元初宋遺民有《樂府補題》之刻，景仰之志所由寓也。

白雪詞社成立於民國九年，詳見前文。《後集》甲編前有序文二，其一署「拙廬主人」，則詞社發起人徐致章也。

附文 42　拙廬主人（徐致章）《樂府補題後集》甲編序

神州陸沉，寰瀛蕩潏，是何等世界也。獰鬼沙蜮，封豕長鯨，是何等景象也。鐵血涴地，銅臭薰天，是何等觀念也。集澤鴻嗷，泣途虎猛，是何等慘痛也。處漏舟之中，立岩牆之下，方沉溺覆壓是懼，而猶綺語卮言，競相酬唱，為此戔戔之詞，飾其華藻，又從而繡其鞶帨，不且見鄙於通人乎？然而風飄車偈，萇楚苕華，聖人刪《詩》，未嘗廢也；騷怨些哀，詠懷遊仙，昔賢輯《選》，

〔註 326〕孫延庚《羅溪吟社詩存序》，南江濤編《清末民國舊體詩詞結社文獻彙編》第 26 冊，第 125～126 頁。

〔註 327〕此詩見鄧之誠輯《舊聞零拾》（1939 年五石齋自印本），鄧有序。《戊辰東陵案文獻》四種亦收錄《陳詒重東陵道詩注》，刊《中和月刊》1941 年第 2 卷第 9 期。此外，劉成禺《世載堂雜憶》、高伯雨《聽雨樓隨筆》均載錄其詩並注。（以上參見耆齡《耆齡日記》附錄三《東陵道》整理者識語，鳳凰出版社 2020 年版，第 356 頁）

〔註 328〕參見耆齡《耆齡日記》，第 325 頁；徐埴《東陵于役日記》，耆齡《耆齡日記》附錄二，第 338 頁。

〔註 329〕今並收於《耆齡日記》及其附錄。

未或遺也。何也？心有所感，不能無所宣；目有所觸，不能無所動。自然之流露，即風雲月露花草蟲魚，皆足寄其興焉。心聲亦天籟也，如候蟲之鳴，不可遏抑也。至於姚冶誨淫之辭、放僻背道之作，皆所不取，以求合於宋賢唐、王、朱、李諸公之旨，此《樂府補題後集》之微意也。後之覽者，倘亦諒其心而憫其過也夫！重光作噩之歲涂月拙盧主人序，時年七十有四。〔註330〕

　　是歲，王秉恩、朱儁瀛、左紹佐、陳璧、郭曾炘、辜鴻銘、汪兆銓、吳懷清、成多祿、黎湛枝卒。

　　王秉恩（1845～1928），字息存、雪丞，號茶盦，四川華陽人。舉人。入張之洞幕。辛亥後，居滬上，先後入超社、東方學會。著有《息塵盦詩稿》，民國十五年手定稿本，臺北「國家圖書館」藏；《強學宧〔？〕雜著》，手定稿本，4冊，臺北「國家圖書館」藏；《王雪澂日記》，稿本，31冊，臺北「國家圖書館」藏；《王母許太夫人事略》，宣統元年刻本；《平黔紀略》，民國十七年鉛印本、二十七年排印本，上海書店出版社1994年影印本。輯刻《石經匯函》，光緒十六年刻本；校刻《方言》，附校記一卷，民國二年刻本〔註331〕。

　　朱儁瀛（1845～1928），字芷青，號金粟山人，順天大興人。同治元年舉人。歷官國子監學正、河南知府等。嘗與修《大清會典》。入民國，改號素園，「杜門鮮出」「恒與三數遺老，互相唱和，澹忘世慮，消遣暮年，詩以外不知也」〔註332〕。有《金粟山房詩鈔》十卷，光緒刻本；《金粟山房續鈔》三卷，光緒刻本；《玉屑詞》三卷，光緒刻本；《汴遊冰玉稿初集》四卷，光緒刻本；《汴遊冰玉稿二集》五卷，光緒刻本；《晚香齋文存》三卷，宣統鉛印本；《素園晚稿》二卷附《晚香齋文綴存》一卷，民國鉛印本。

　　左紹佐（1846～1928），字季雲，號笏卿，湖北應山人。光緒六年進士。官監察御史、廣東南韶連兵備道。入民國，據上海。編有《經心書院集》，光緒十四年刻本。有《竹勿齋詞鈔》，抄本，張宏生編《清詞珍本叢刊》第18冊（鳳凰出版社2007年）據以影印；《竹笏日記》，稿本，藏湖北省圖書館。今日記整理行世者，僅《連州事件日記摘錄》，卞孝萱編《近代史資料》1955年第4期（總第6號）；《左紹佐日記摘錄》，卞孝萱編《近代史資料》1961年第4期（總第25號），又劉萍、李學通主編《辛亥革命資料選編》第三卷，社會

〔註330〕拙盧主人（徐致章）《樂府補題後集》甲編序，民國十七年刻本。
〔註331〕參見彭華《華陽王秉恩學行考》，《中國典籍與文化》2011年第3期。
〔註332〕朱儁瀛《素園晚稿弁言》，《清代詩文集彙編》第759冊，第529頁。

科學文獻出版社 2012 年版。

　　陳璧（1852～1928），字玉蒼，一作雨蒼，號蘇齋，福建閩縣人。進士。有《正陽門樓工程奏稿》，與袁世凱合撰，清光緒二十九年鉛印本；《望岩堂奏稿》，民國二十一年鉛印本。

　　郭曾炘（1855～1928）〔註333〕，字春榆，號匏庵，晚號遁叟，福建侯官人。進士。入民國，與修《德宗實錄》。十六年，溥儀賜「寅清」匾額。卒諡文安。有《匏廬詩存》九卷《剩草》一卷，民國二十三年家刻本；《再愧軒詩草》一卷，民國十八年鉛印本；《匏廬論詩絕句》一卷，民國十三年石印本；《樓居偶錄》一卷，民國十八年刻本；《讀杜札記》，今有上海古籍出版社 1984 年版。今有謝海林點校《郭曾炘集》，人民文學出版社 2018 年版。

　　辜鴻銘（1857～1928），英文名 Tomson，字湯生，號立誠，別署漢濱讀易者，福建惠安人。以遊學專門賜文科進士。丁巳復辟，授外務部左丞。卒，溥儀賜「含謨吐忠」匾額。著、譯甚夥。

　　汪兆銓（1858～1928），字莘伯，廣東番禺人。舉人。有《惺默齋集》，詩四卷文一卷詞一卷，民國八年刻本；《萇楚軒集》，民國十二年刻本。

　　吳懷清（1861～1928），字蓮溪，陝西山陽人。光緒十六年進士，授編修。辛亥後，自號「啞道人」〔註334〕。旅京修《德宗實錄》《宣統政紀》。有《借澆集》一卷，民國三年上海國光書局鉛印本；《關中三李年譜》，民國十七年默存齋刻本。

　　成多祿（1864～1928），字竹山，號澹堪，吉林永吉人。拔貢。入民國，出仕北洋政府。晚以遺民自居。有《成多祿集》，吉林文史出版社 1988 年版。

　　黎湛枝（1870～1928），字露苑，號露庵、璐庵，廣東南海人。光緒二十九年進士。授翰林院庶吉士。宣統元年，加侍講太子保。嗣出使國參贊，補為資政院議員。入民國，與溫肅、歐家濂合編《德宗景皇帝聖訓》。張勳復辟時，授學部右丞。旋移居香港。

1929 年　己巳

秋，曹經沅自宣武城南之南橫街移居城東隆福寺旁。自作《移居》

〔註333〕林志宏《清遺民基本資料表》生卒年作「1855～1929」。郭曾炘卒於 1928 年。
〔註334〕參見張明華、李曉黎編《近代珍稀集句詩文集》，第 435 頁。

詩二律〔註335〕，倩溥儒寫《移居圖》，繼請徐宗浩別寫一圖。數年之間，海內和者幾數百人，有陳寶琛、楊鍾羲、王乃徵、郭曾炘、張爾田、樊增祥、趙熙、王式通、夏敬觀、李宣龔、江庸、葉恭綽、夏仁虎、陳曾壽、陳夔龍、袁思亮、何振岱等故老。蓋曩者宣南士子雲集，為人文風雅所繫，及辛亥而清廷遜政，戊辰而國都南遷，遂以式微。

《借槐廬詩集》附錄一《〈移居〉詩及〈移居圖〉卷酬和、題詠選錄》編者按云：「先生在北京日，僦居宣武城南之南橫街，其間壁為翁同龢故居，而隔巷之米市胡同，則為潘祖蔭滂喜齋所在，皆京師名宅也。己巳（一九二九）秋，先生移居城東隆福寺側，有《留別南園》及《移居城東》兩律（俱見《集》中），以『東』『翁』為韻。海內外詩人酬和者數百家，復得著名畫家張大千、溥心畬、黃孝紓等，繪成《移居圖》卷五、六幀，題詠殆遍。今圖卷散佚，僅就諸家詩集與《國聞週報・采風錄》殘帙中，選錄若干首，以見一斑。」〔註336〕敘其事甚要。

溥儒《移居圖》卷既成，明年（1930）請鄭孝胥為引首；又倩徐宗浩別寫一圖，陳寶琛題首，錄趙熙、林誌鈞、章士釗、夏壽田、冒廣生、黃侃、黃濬、張鳴歧等人詩作。民國二十一年（1932），曹經沅領命赴安徽任省政務廳長，復請張大千、黃孝紓各寫《移居圖》一幅。張大千卷章鈺和詩為卷首，有彭醇士、許士英、謝無量、喬大壯等人題詠；黃孝紓卷，鄭沅引首，有葉恭綽、夏敬觀、汪東、林思進、趙熙、陳三立等人題詠。〔註337〕

是歲，陳名侃、姚文棟、徐世光、周應昌、蔣智由、曾廣鈞、陳毅卒。
陳名侃（1848～1929），字夢陶，江蘇江陰人。舉人。官副都御使。「國變

〔註335〕題作《移居城東，寒廬枉詩，次韻》，其一：「春明景物盛城東，此地為家最酌中。曉擔人知花市近（地近隆福寺），夜談客喜冷齋同（謂散釋、哲維、邠齋諸子）。未妨隨處成三宿，政愛哦詩出屢空。一室掃除吾事了，且澆畦菜灌園翁。」其二：「橫街地近耤壇東，歲歲槐陰滿院中（舊居左右鄰有老槐兩株，夏日扶疏，可以忘暑，汪君葊庵為作《借槐廬圖》）。隔巷書聲滂喜接（米市胡同潘文勤滂喜齋，今為坡鄰僦居），連牆詩老放庵同（謂移梳丈）。南窪雅集何能忘，北海清尊總不空。付與夢華成掌錄，比鄰八載話瓶翁（南園間壁為松禪老人舊居）。」見曹經沅曹經沅《借槐廬詩集》，巴蜀書社 1999 年版，第 99 頁。
〔註336〕曹經沅《借槐廬詩集》，第 253 頁。
〔註337〕參見馬國華《從曹經沅移居唱和看傳統詩學的嬗變》，《詩書畫》2016 年第 2 期。

後，公深自韜隱，歷十餘年而後殂逝」〔註338〕。有《陳副憲奏稿》一卷，稿本，藏吉林大學圖書館；《甓齋日記》。稿本，藏北京大學圖書館。另有家書一冊及《癸亥日記》《丙寅日記》《讀書隨筆》等七冊，見於拍賣市場〔註339〕。

姚文棟（1853～1929），字子梁，號東木，上海人。官山西候補道。入民國，主孔教會上海分會；間以宣統紀年。著有《亞細亞同人會照像記題詠》，光緒十五年刻本；《天南同人集》，光緒刻本；《讀海外奇書室雜著》，光緒十九年刻本；《日本地理兵要》，光緒十年鉛印本；《雲南勘界籌邊記》，光緒二十三年刻本；《聖誕日禮問・鞠躬辨》，民國四年鉛印本；《經解提綱》，民國十四年刻本；《孔子認識》，民國二十七年鉛印本。編譯《琉球地理小志・琉球說略》，光緒刻本；《安南小志》，光緒十年刻本。輯有《日本會計錄・日本師船考》，光緒石印本；《孔宅詩》，民國三年鉛印本；《江蘇上海圖書館文牘匯鈔》，民國三年鉛印本。

徐世光（1857～1929），字友梅，號少卿，天津人。徐世昌弟。舉人。官青州知府、濟南知府、萊登青膠道兼東海關監督。辛亥後，「遽解印綬去，屏居海濱，而伯兄（徐世昌）復柄大政，公狃孤尚絕跡，不入都門」〔註340〕。其後徐世昌勉起，令督辦濮陽河工，工竣復寓天津。著有《濮陽河上記》，民國九年鉛印本。

周應昌（1864～1929），字嘯溪，號霞棲，江蘇東臺人。光緒二十四年進士。官扶溝、洧川縣令，升知府。曾為河南鄉試同考官。辛亥後，隱居鄉里。《自述》詩云「風塵未已世遭變，閉戶三年又甲寅」〔註341〕，謂辛亥之變也。戈銘猷序其集稱「遺民之詩」〔註342〕。著有《霞棲詩鈔》二卷《詞鈔》二卷，民國十八年鉛印本；《霞棲詩詞續鈔》二卷，民國二十年上海國光書局鉛印本；《霞棲詩詞三鈔》二卷，民國二十五年東臺有益書局鉛印。

蔣智由〔註343〕（1865～1929），名國亮，字知遊，又字觀雲，號因明子，浙江諸暨人。辛亥後，居滬上，以遺老自居。有《居東集》，宣統二年上海文

〔註338〕夏孫桐《前副都御使陳公墓誌銘》，《觀所尚齋文存》卷五，第1a頁。
〔註339〕詳見 https://www.artfoxlive.com/product/7167534.html。
〔註340〕陳三立《清故光祿大夫頭品頂戴山東萊登青膠道徐公墓碑》，《散原精舍詩文集》，第1088頁。
〔註341〕周應昌《霞棲詩鈔》卷二，民國十八年鉛印本。
〔註342〕戈銘猷《霞棲詩鈔序》，周應昌《霞棲詩鈔》卷首。
〔註343〕按林志宏《清遺民基本資料表》有「蔣國亮（1860後～1929）」，又有「蔣智由（1865～1929）」，實則蔣國亮即是蔣智由，國亮其譜名也。

明書局鉛印本；《蔣觀雲遺詩》，民國二十二年鉛印本。

曾廣鈞（1866～1929），字重伯，號級庵，又號伋安，別署中國之舊民，湖南湘鄉人。曾國藩孫。光緒十五年進士，授編修。辛亥事起，棄官歸里，嗣遷上海。著有《環天室詩集》，宣統刻本；《環天室詩後集》，宣統刻本；《環天室詩外集》，民國鉛印本；《環天室詩支集》，民國鉛印本。

陳毅（1871～1929），字詒重，號郇廬，湖南湘鄉人。光緒三十年進士。入民國，避居青島。參與癸丑復辟，事不成。丁巳復辟，授侍郎。遂居天津，貧病以終。與修《皇清文獻通考》。有《東陵紀事詩》一卷，版本甚多，有上海書店出版社 1994 年《叢書集成續編》影印本；《郇廬遺文》，民國二十五年鉛印本；《郇廬詩集》，稿本，似藏天津某處。編有《執政紀要》，光緒三十三年郵傳部圖書通譯局鉛印本；《長沙張文達公榮哀錄》四卷，宣統元年刊本；《闕慎室藏書目錄》二冊，稿本，尚存。譯有市村瓚次郎《支那史要》六卷，光緒二十九年重慶廣益書局鉛印本。

1930 年　庚午

三月，徐鼎霖、孫雄、蕭方駿、金兆豐、鄧鎔、冒廣生、涂鳳書、譚祖任、李宣倜、曹經沅、溥儒、溥德在北京舉廣社。廣之名，取義「守先待後」「憂亂望治」。考其顛末，廣社實漫社之後身。

涂鳳書民國十九年庚午（1930）以後有《纕蘅邀同聽水、樊山諸老宴集什剎海酒樓越日鶴亭復招飲於此並集廣社同人作荷花生日》《廣社集瑞芝書屋聽雨和鶴亭韻》《詩社同人公餞退舟回武漢大學集宋》諸題〔註 344〕，是廣社即當立於是年，且冒廣生亦係廣社成員。考孫雄《舊京詩存》卷二有《漫社易名廣社率賦七絕一首索同社諸君和》〔註 345〕，卷三又有《庚午仲秋廣社周而復始重印社友題名喜賦》詩，據所附《社友名錄》凡十二人：徐鼎霖敬宜、孫雄師鄭、蕭方駿龍友、金兆豐雪孫、鄧鎔壽迣、冒廣生鶴亭、涂鳳書子厚、譚祖任篆青、李宣倜釋堪、曹經沅纕蘅、溥儒心畬、溥德叔明。嗣附《從前社友今已離社者六人》，曰：張朝墉北牆、賀良樸履之、周貞亮子幹、路朝鑾金坡、向迪琮仲堅、徐行恭曙岑。又附錄《祭舊京詩文友一首》，即《公祭舊京詩社故友宋、程、成、

〔註 344〕涂鳳書《石城山人詩鈔續稿》，稿本，藏國家圖書館。
〔註 345〕孫雄《舊京詩文存》，第 103 頁。

陳、陳、延、黃、徐、章九先生文》，小引曰：「舊京之有詩社，始自共和紀元之七載，歲在戊午，初曰漫社，又分為嚶社、穀社，旋又規復漫社之舊稱。至今年庚午夏正三月，始改組為賡社，有賡續、賡颺二義。意在守先待後，則有取於賡續；意在憂亂望治，則有取於賡颺。溯自戊午，迄今庚午，十有三年之間詩友之淪逝者已有九人，曰宋鐵梅先生小濂、程篤原先生炎震、成澹堪先生多祿、陳翼牟先生士廉、陳亮伯先生瀏、延遂程先生鴻、黃申甫先生維翰、徐南洲先生□、章曼仙先生華。逝者已矣生者何以為情。爰集同人公議，於每歲蘇文忠公生日（夏正十二月十九日），擇地釀金，設筵追奠，奉唐杜文貞公、宋蘇文忠公遺像，懸於廳事正中，而以吾詩社故友九先生配饗。」〔註346〕

三月，冼玉清旅京，寫極樂寺海棠、崇效寺牡丹各一幅。後合為一卷，顏曰《舊京春色圖》，譚澤闓引首。自識云：「庚午三月漫遊舊京，時西郊極樂寺海棠盛開，對花寫此，是亦東京夢花之遺也。西樵冼玉清。」是亦有感於國都南遷也。自1930年以迄1953年，迭有故老題跋，率寫其「同光」之思。

《舊京春色圖》今藏廣東省文史圖書館。歷年題跋者，有崔師貫、溫肅、汪兆鏞、葉恭綽、沈覲安、袁思亮、陳祖壬、周達、陳詩、廖恩燾、葉玉麟、林葆恒、夏敬觀、何之碩、呂貞白、金兆蕃、龍榆生、林鶤翔、劉承幹、陳夔龍、張其淦（張其淦詩，王福庵書）、吳庠、吳湖帆、冒廣生、江孔殷、楊圻、黎國廉、黃慈博、桂坫、羅球、商衍鎏、林誌鈞、鄧之誠、羅惇㬊、陳雲誥、黃復、夏仁虎、黃君坦、張伯駒、柳肇嘉、向迪琮、陳彰。〔註347〕

9月18日，奉天事變作，史稱「九一八事變」。楊壽枏作《秋草》四律，既哀東北之國土淪喪，復哀溥儀之流落天津。海內和者，先後合數十家。明年，楊壽枏輯為《秋草唱和集》。

楊壽枏初作七律四首。其一曰：「要路邊城一夜霜，寒蕪漠漠塞雲黃。胭脂奪去山無色，苜蓿移來土尚香。獵騎撒圍驕雉兔，穹廬籠野散牛羊。玉關一路傷心碧，誰向龍沙弔戰場。」此謂東北淪陷。又其一曰：「王孫何事滯天涯，

〔註346〕孫雄《舊京詩文存》，第143頁。
〔註347〕參見朱萬章《冼玉清畫學著述及畫藝考論》，《嶺南近代畫史叢稿》，廣東教育出版社2008年版，第119～135頁；陳初生、陳永正《冼玉清教授〈舊京春色圖卷〉〈水仙圖卷〉題詠釋文》，《嶺南文史》2015年第A1期，第9～20頁。

欲問歸期期總差。拔去菰心總不死，化為萍梗已無家。北征流涕金城柳，南部銷魂玉樹花。回首漢宮秋色冷，淒涼青冢弔琵琶。」此謂溥儀流落天津，北京故宮、東北故里皆不得而居。詩出，故老群起和之，作者有楊增犖，王揖唐、孫雄、陳寶琛、趙椿年、夏仁虎、郭則澐、宗威、趙元禮、江庸、王克敏、吳鼎昌、丁瑗、周學淵、夏仁虎、汪曾武、曹經沅、陸增煒、鍾廣生、沉著、汪榮寶、夏仁溥、夏仁沂、王承垣、楊圻、劉異、徐亮、李宣倜、黃式敘、林彥京、張伯駒、吳璆、王樹榮、顧祖彭、林葆恒、錢育仁、金式陶、張祉、菰隱、楊令茀、楊景昉等。及楊氏結集印行，夏仁虎為作序，楊氏自撰小引。夏仁虎序有云：「素節戒旦，景陽感於霜飛；秋風生哀，焦氏占於花落。其士能怨，為音則商。於時百卉黃隕，深叢薈蔚。流螢夕熠，群鴉暮盤。念王孫兮未歸，告荃蘭而不察。高樓徒倚，平原寂寥。斜陽不溫，孤煙自直。感時撫事，即攬抒懷。此風詩三百，寄慨於黍離；古詠十九，發端於河上者歟。重以江湖浩蕩，烽堠震驚，民歎其魚，鄰有突豕。陸渾山赤，挾海水以俱翻；震澤波黃，播禹原而為壑。國憂危於厝火，人命弱於輕塵。生也不辰，乃丁斯會。小雅怨悱之作，靈均憂憤之音，託微波以通詞，哀高丘之無女。原為小草，遠志何言；迫此窮秋，興懷成詠。苓泉居士，倡為四篇，徵錄和章，裒然一集。」〔註348〕即指東北淪陷而言。

附文 43　楊壽枏《秋草唱和集小引》

　　雲日淒憺，江山沈廖。北雁驚霜，南鳥繞月。寶玦王孫之感，錯刀美人之思。萬事迫於窮秋，百憂萃於遙夜。憔悴傷時之士，造端觸緒，言愁欲愁。枯桑力盡，猶識天風；老柳心空，慣經野火。於是睠懷葵麥，託興蘭荃。緣子荊零雨之思，理元長朔風之詠。寤歌於槃澗衡門之下，響答於神枭寒翠之間。和成燕築，無非變徵之聲；彈入湘弦，同有離憂之意。採輯篇什，都為一編，聊比於漆室之吟歎、汐設之唱酬而已。〔註349〕

　　秋、冬間，夏敬觀、黃孝紓在上海發起漚社，至二十二年（1933）止，凡二十集。集皆有作，彙為一編，是為《漚社詞鈔》，有民國二十二年（1933）鉛印本。

〔註348〕夏仁虎《序》，楊壽枏編《秋草唱和集》卷首，民國雲在山房刻本。
〔註349〕楊壽枏《小引》，楊壽枏編《秋草唱和集》卷首。

漚社凡二十九人。周延礽編《吳興周夢坡先生年譜》載名錄甚詳。周氏所錄，當係本自《漚社詞鈔》第二頁《漚社詞集同人姓字籍齒錄》。茲錄如次：朱孝臧、潘飛聲、周慶雲、程頌萬、洪汝闓、林鶗翔、謝掄元、林葆恒、楊玉銜、姚景之、許崇熙、冒廣生、劉肇隅、夏敬觀、高毓浵、袁思亮、葉恭綽、郭則澐、梁鴻志、王蘊章、徐楨立、陳祖壬、吳湖帆、陳方恪、彭醇士、趙尊岳、黃孝紓、龍沐勳、袁榮法〔註350〕。其後又附《漚社和作詞人籍齒錄》十六人，則非漚社成員，曰：王兆鏞、趙熙、陳洵、張茂炯、邵章、路朝鑾、張爾田、胡嗣瑗、陳曾壽、包安保、黃孝平、陳文中等。

關於漚社成立時間，潘飛聲《漚社詞選》序謂在「辛未之秋」，袁思亮《漚社詞鈔》第一集《齊天樂》題詞稱在「庚午初冬」，周延礽《吳興周夢坡先生年譜》稱「九月」。潘飛聲蓋誤記，時間當在民國十九年庚午秋冬之際。且《詞學季刊》「詞壇消息」欄亦云：「漚社成立於十九年冬，為海上詞流所組織。」〔註351〕

是歲，錢駿祥、吳蔭培、余肇康、陳伯陶、馬其昶、金蓉鏡、陳澹然、顧麟士、何藻翔、黃維翰卒。

錢駿祥（1848～1930），字新甫，號念爰、耐庵，晚號贖叟，浙江嘉興人。光緒十五年進士，授檢討。與袁勵準修《德宗實錄》成，慈禧賞一品頂戴。入民國，自居遺臣。八十壽辰，海內名賢祝壽，成《嘉興錢新甫先生壽言》一冊，今有稿本傳世。歿後，溥儀賜「世臣耆學」匾額一方〔註352〕。著述甚富，多未刊。已刊者有《哭亡室周夫人》一冊，鉛印本。

吳蔭培（1851～1930），字樹百，號穎芝、雲庵，江蘇吳縣人。光緒十六年進士。屢任鄉試、會試同考官。入民國，隱居不仕，自號平江遺民。有《岳雲盦詩存》一卷《文存》一卷，宣統鉛印本；《吳蔭培日記》，稿本，存光緒二十年至光緒三十二年，藏蘇州博物館。輯《義門先生集·弟子姓氏錄》，宣統平江吳氏刻本。

余肇康（1854～1930），字堯衢，號敏齋，晚號倦知老人，湖南長沙人。光緒十二年進士。官山東按察使、江西按察使、法部左參議。入民國不仕。著有《余肇康日記》，湖南人民出版社 2009 年版；《瞿文慎公行狀》，民國八年鉛

〔註350〕《漚社詞集同人姓字籍齒錄》，朱孝臧編《漚社詞鈔》，民國二十二年鉛印本。
〔註351〕參見馬強《漚社研究》，華東師範大學 2014 年博士論文。
〔註352〕孫雄《翰林院侍讀嘉興錢公新甫行狀》，《舊京詩文存》，第 258 頁。

印本;《荆州萬城堤後續志》,光緒二十二年刻本;《湖南鐵路公司報告書》,宣統三年鉛印本。或謂有《敏齋詩存》《余肇康奏議》《余肇康政書》《余肇康書牘》《敏齋隨筆》〔註353〕,未見。

陳伯陶（1855～1930）,字子礪,號象華,晚年更名永燾,別署九龍真逸,廣東東莞人。進士。刻有《聚德堂叢書》。有《瓜廬文剩》四卷《外編》一卷,民國二十年鉛印本;《瓜廬詩剩》二卷,民國二十年鉛印本。另有《宋東莞遺民錄》《勝朝粵東遺民錄》《孝經說》《明季東莞五忠傳》等。

馬其昶（1855～1930）,字通伯,號抱潤翁,安徽桐城人。宣統二年,以進《禮記節本》,授學部主事。入民國,任法政學校教務。供職清史館,修《儒林》《文苑》。著述甚豐,有《周易費氏學》八卷,清光緒三十一年焦慮草堂刻本;《詩毛詩學》三十卷,民國七年鉛印本;《三經誼詁》,民國十二年刻本;《禮記節本》六卷,民國二十一年刻本;《中庸篇誼》、《大學篇誼》,光緒刻本;《桐城耆舊傳》十二卷,宣統刻本;《左忠毅公年譜定本》二卷,光緒三十年刻本;《金剛經次詁》一卷,民國刻本;《老子故》二卷,光緒九年刻本;《莊子故》八卷,光緒三十一年刻本;《屈賦微》二卷,光緒刻本;《馬主政其昶奏稿》,光緒鉛印本;《抱潤軒文集》,宣統石印本,後有民國十二年刻本。

金蓉鏡（1856～1930）,別名鼎元,字學範,號殿臣,又作旬丞,晚號香嚴居士,浙江秀水人。進士。辛亥後,號澂湖遺老。與纂《浙江通志》。有《澂湖遺老集》四卷,民國十七年刻本;《澂湖遺老續集》四卷,民國二十年刻本。其光宣間舊刻《潛廬全集》,含《潛廬文鈔》《潛廬詩集》《痰氣集》《潛書》等。另有《郴遊錄》《檇李高逸傳》《潛廬雜記》《破邪論》《（輯）嘉興求減浮糧書》《均賦餘議》《鮑少筠所藏金石文字》《香嚴庵筆記附詩學經話雜抄》等。

陳澹然（1860～1930）,字劍潭,安徽安慶人。舉人。任《清史稿》分纂;入江蘇督軍齊燮元幕,任江蘇通志局提調,與修《江蘇通志》。有《江表忠略》,光緒二十八年長沙刻本,民國十一年修印;《憲法治原》,清光緒三十二年鉛印本;《原人訂本四編》,民國二年刻本,又七年刻本;《晦堂書錄》,民國四年鉛印本;《制亂保邊策》,民國五年鉛印本;《原學三編》,民國十二年刻本;《原人內編》,民國十二年刻本;《蔚雲新語正編》,民國十年刻本;《南屏濟祖傳·門下異聞錄》,民國十五年鉛印本;《權制》,北京出版社1998年《四庫未收書輯刊》影印本。

〔註353〕參見尋霖、龔篤清編著《湘人著述表》,第488頁。

顧麟士（1865～1930），字鶴逸，號西津漁父，辛亥後別號隱君，江蘇元和人。承父業，治過雲樓藏書。遺命以僧服入殮。有《過雲樓續書畫記》，民國十六年鉛印本；《鶴廬畫賸・題畫錄》，民國三十三年家刻本；《顧鶴逸山水冊》，民國上海西泠印社影印本；《顧鶴逸仿宋元山水十二幀》，民國天繪閣影印本；《顧鶴逸山水精品》，民國二十九年上海中華書局影印本。

何藻翔（1865～1930），初名國炎，字梅夏，號溥廷，晚號鄒崖逋者，廣東順德人。進士。民國九年七月，溥儀賜「福壽」字〔註354〕。有《鄒崖詩存》，香港 1958 年私印本；又《鄒崖先生詩集》，香港意蘭書舍 1985 年鉛印線裝本。纂《順德縣續志》、輯《嶺南詩存》。

黃維翰（1867～1930），字申甫，號稼溪，江西崇仁人。光緒二十一年進士。官候補直隸州知州、呼蘭知府，署龍江府。入民國，不仕。任國史館分纂。應督軍朱慶瀾、政府主席萬福麟聘，兩次主黑龍江通志局。有《稼溪文存》二卷，民國十五年崇仁黃氏叢刻本；《稼溪詩草》二卷，民國十四年刻本。另有《周易會通》《秦校白喉辯證》《黑水先民傳》，《渤海國記》《經天星座歌・圖表中西星名合譜》《撫郡農產考略》《老子道德經會通》，《竹齋叢刊》《醫事叢刊》《醫仙妙應孫真人傳・醫學源流歌》《傷寒雜病論會通》等。

1931 年　辛未

七月，傅增湘在北京，提議由陳寶琛召集前清進士，為蓬山話舊之會。是年去清亡適二十年。陳寶琛為同治七年戊辰科進士，以十五科上之前輩，巋然為詞林領袖。戊辰以下五科，曠無一人。自癸未（1883）至甲辰（1904）十科，則科科有人，依科第年輩甲榜次序，題名於冊。有約而未至，後來補題名錄入冊者十餘人。吳煦、袁勵準各繪《蓬山話舊圖》一幅。徐世昌、宋伯魯聞之，亦各以詩、畫郵寄。郭則澐應傅增湘請，亦為繪圖，並以駢文記之〔註355〕。

爾後，四舉蓬山話舊之會。民國二十二年、二十三年、二十五年、二十九年皆仍其故事。

蓬山話舊，首集與會者凡四十二人，曰陳寶琛、馬吉樟、柯劭忞、瑞洵、

〔註354〕吳天任《何翽高先生年譜》，文海出版社 1972 年版，第 150 頁。

〔註355〕參見郭則澐《郭則澐自訂年譜》，第 72 頁。郭《譜》謂是集舉於八月，錄存備考。

陳嘉言、楊鍾羲、文海、朱益藩、李經畬、吳煦、高潤生、寶熙、李哲明、蔣式瑆、吳敬修、林開謩、龔心劍、俞陛雲、傅增湘、孟錫玨、秦曾潞、吳震春、李端棨、阿聯、文斌、袁勵準、金兆豐、張濂、商衍瀛、張家駿、郭則澐、邵章、史寶安、陳雲誥、藍文錦、張書雲、林步隨、林世燾、李湛田、張海若、章梫、邢端，補題名錄入冊的十五人為達壽、吳慎賢、龔元凱、夏孫桐、壽耆、宋伯魯、李盛鐸、周維藩、胡嗣瑗、李家駒、胡駿、商衍鎏、劉春霖、方履中、王震昌〔註356〕。是會也，除吳、袁《蓬山話舊圖》收《蓬山話舊集》中，似未刻，後來《蓬山懷舊集》刊於《雅言》期刊。前有邵章撰、清宗室寶熙書《小引》一篇，略云：「商飆乍涼，嚴霜未集。西樓雙鑒，搜故事於瀛臺；南極一星，冠清班於鷗閣。古歡霞舉，勝侶雲從。緬銀榜之前塵，啟玉堂之雅會。節逢秋禊，如浮曲水之觴；臣本釣徒，怳屑蓬池之鱠。萍蹤離合，喜和鳴鵬；桑海淺深，難憑語燕。權將沉醉，換涼夢於鈞天；共鬥嘉吟，記賡歌於太液。數登科於宋錄，望重三賢；話殊制於唐宗，座珍七寶。蒼顏健在，此會更約頻年；紫曲疏狂，回首不堪明月。濡題小冊，永借洪名。勿為無益之嘻，聊遣有涯之感云爾。夏正辛未七月十有八日，杭縣邵章撰，長白寶熙書。」〔註357〕次集在民國二十二年癸酉八月，仍假傅氏藏園。有三十四人赴會，較初集少八人，新增愛新覺羅・壽耆、向迪琮、夏孫桐、商衍瀛、方履中、劉春霖等進士。三集在民國二十三年六月，假林開謩宅第。由林開謩主持，與會者有三十人，較之前兩集，又新增兩人。四集在民國二十五年丙子閏三月，假傅氏藏園。與會者僅十有八人，己丑至甲辰八科累年進士。時陳寶琛新逝，群推文海為首，朱益藩亞之。五集在民國二十九年戊寅，假傅氏藏園。時北京已淪陷。與會者亦僅十有八人。科目以楊鍾羲為冠，年齒以夏孫桐為尊。是集也，傅增湘出蓬山話舊圖，自為序言一篇。郭則澐亦有駢體長序一篇弁之。每集皆有詩，今諸家別集猶可考見，而《雅言》期刊亦載有諸老部分詩什。

附文 44　傅增湘《蓬山話舊圖序》

　　蓬山話舊者，弢庵太傅所題，用紀桑海以後，翰苑舊僚宴集之舉也。歲在辛未，國步邅改，瞬及廿年，燕都易名，亦逾三載。往時朋舊，雨散風飛；回念玉

〔註356〕《蓬山話舊集・題名》，南江濤編《民國舊體詩詞期刊三種》第6冊，第301～306頁。
〔註357〕邵章《蓬山話舊集・小引》，南江濤編《民國舊體詩詞期刊三種》第6冊，第301頁。

堂，如在天上。因請於太傅，將乘清昊之嘉辰，仿瀛洲之道古。爰以七月十六日，飛箋延客，同蒞藏園，與會者凡四十二人。群賢畢至，正符蘭亭之數，卷中寫入第一圖者是也。弢庵碩德耆齡，以十五科上之前輩，巋然為詞林領袖。戊辰以下五科，曠絕無人。自癸未以迄於甲辰十科，同館之人，蟬聯不斷。咸循科第年輩甲榜次序，題名於冊。噫，可謂盛矣。其期而未至，補題入冊者，又十數人。弢庵首唱一律，屬和者二十餘人。吳子和學使、袁珏生侍講，各作畫一幅。其後，東海相國、宋之棟侍御，亦寫詩畫相寄。以原冊紙幅高廣，故別存焉。癸酉八月，再集於藏園。至者三十有四人。宗室子年父子、新吾、柳溪、閏庵、摯甫四前輩，及商雲亭、顧伯寅、方玉山、劉潤琴、王逸海諸君，皆前會所未與者也。甲戌六月舉行第三集。是歲以林詒書前輩適主會事，就宴其家，至者凡三十人。新入者為儒子、為副都統。是會以攝影頗失真，題名留詒書家，故咸未裝入。丙子閏月下旬為第四集，仍設宴藏園。時弢庵已前逝，群推文星階閣學為首，朱定園少保亞之。與宴十有八人。自己丑至甲辰凡八科。丁丑歲中日啟釁，萬甲環城，搆戰連月，都人奔迸不遑，此會遂輟。今歲戊寅，戰事稍息，近畿粗安，僉以盛會不常，世變方亟，擬修文讌，稍祓兵塵。爰以三月之望，仍循舊例，置酒藏園。是會也，科目以雪橋（按楊鍾羲）為冠，年齒以閏庵（按夏孫桐）為尊，而高君松岑，適自南歸，欣然庪止，仍符十八人之數。夫際此干戈俶擾之秋，加以耆宿凋零之後，而盛流翕集，猶能數葉瀛洲，斯亦可謂難矣。溯辛未迄今，綿歷八年，會凡五舉。此八年之間，同社諸賢，相繼殞喪，屈指已二十有三人。其中如弢庵（按陳寶琛）、定園（按朱益藩）、子年（按壽耆）師、鳳孫（按柯劭忞）諸公，所謂黃耈元臣，甘盤舊學，宗枝雋老，稷下鴻儒，皆人士之楷模，先朝之碩果。其餘若景蘇、梅生、新吾、詒書、珏生輩，亦鍾鼎世族，臺閣英賢，振採飛聲，群倫共仰。而乃天不憖遺，先後奄化，追維風誼，眷念疇昔，寧不悽愴。嗟夫！金甌既破，棋局頻更。凡衣冠文物之倫，經歷劫窮塵之痛，莫不韜光鏟跡，人海沉冥。數貞元之朝士，存者無多；慕汐社之遺民，流風可挹。轍魚煦〔呴〕沫，窮鳥棲林，亦用以聊相慰藉而已。何意牢落頻年，半為異物。歎逝者之不作，知來日之大難。迴念前遊，頓成陳跡；感舊銜哀，情難自己。爰輯眾圖，都為一卷，粗述梗概，附為題名，俾異時撰玉堂舊事，或採遺聞，附諸春明夢餘之後云爾。歲在戊寅七月，傅增湘書於藏園。〔註358〕

〔註358〕藏園《蓬山話舊圖序》，《雅言》庚辰卷二，南江濤編《民國舊體詩詞期刊三種》第 5 冊，第 419～420 頁。

冬，溥儀因日本駐屯軍司令官土肥原賢二之力，自天津潛行至旅順，旋移奉天。

溥儀寓天津甚久，所謂直廬。諸故老出入其間者甚多，陳寶琛、鄭孝胥、朱益藩、陳曾壽、陳曾矩、林葆恒、郭則澐、章鈺、劉錦藻、章梫、周登皞等是也。溫肅等故老則每有匯銀之舉〔註359〕。他若嚴昌堉、張宗昌諸公亦時得溥儀賜匾，上摺謝恩〔註360〕。是所謂遜清故老，頗難確論。溥儀在天津最後一年情形，胡嗣瑗《直廬日記》可窺一斑。溥儀出關，陳寶琛、陳曾壽等均持不可，以為主權莫伸，不當履危地。鄭孝胥、鄭垂父子，力主其行。陳寶琛且與鄭氏父子在天津直廬作「御前辯論」。其言卒驗。未必鄭氏父子不及見此，蓋私心太重，欲以牟利。同號遺民，節操、德性之相去，殆不可以道里計。

馬忠駿等人在黑龍江創松濱吟社，自任社長。其成員有張朝墉、成多祿、孫雄、鍾廣生、柯劭忞、王樹枏、林紓、曾有翼、謝蔭昌、於駟興、張之漢、張煥相、榮孟枚、袁金鎧等，多遜清遺民及北洋、偽滿政客〔註361〕。

松濱吟社，亦稱遁園詩社。遁園，馬忠駿之別墅也。民國二十九年，馬忠駿編有同人唱和集《遁園雜俎》十二卷，今載李興盛、安春傑主編《黑水叢書》第六集《何陋居集》。

按當日東北詩社，松濱吟社而外，別有齊齊哈爾之龍城詩社（約 1912～？）、浦東詩社（約 1914～1934）、哲苑詩社（1922～約 1924）、奎社／真率會（1928～1931？）、清明詩社（1933～？）、雪鴻詩社（淪陷時期），賓縣之逸興詩社（？～1933），哈爾濱之花江九老會／耆英會（1927／1928），寧安縣之商山詩社（1937～1947），依蘭之松江詩社（1886～1933）。其流品時不免於雜，遜清遺民及北洋、偽滿政客錯出其間，彼輩亦不以為異。張朝墉以一人之身出入於龍城詩社、清明詩社、花江九老會、松濱吟社，其彰彰較著者也。

是歲，樊增祥、沈澤棠、王新楨、梁慶桂、宋育仁、朱祖謀、杜本崇、升允、王式通、馮幵、李孺卒。

樊增祥（1846～1931），字嘉父，一字樊山，號雲門，別號天琴老人，湖

〔註359〕 胡嗣瑗《直廬日記》，鳳凰出版社 2017 年版，第 1～2 頁。
〔註360〕 胡嗣瑗《直廬日記》，第 12、22 頁。
〔註361〕 參見柳成棟《黑龍江的詩社》，《黑龍江史志》2014 年第 4 期。

北恩施人。進士。先後刻行詩集多種，今有上海古籍出版社《樊樊山詩集》本。

沈澤棠（1846～1931），字莒鄰，又字芷鄰，號懺庵，廣東番禺人。同治十二年舉人。有《懺盦詩鈔》，光緒二十八年刻本；又有《懺庵遺詩稿》，民國十八年刻本。詞附行。別有《懺庵詞話》一卷，今有《中國韻文學刊》整理本。

王新楨（1850～1931），字楷亭，號兩一子，河南太康人。光緒十二年進士。官直隸州知州、甘肅提學使。入民國，「家居二十載，足不入城市。與六七遺老，詩酒聯歡，名曰：『餐英會』、『同慶社』。」〔註362〕著有《兩一子遺稿》，詩二卷文三卷賦一卷，民國二十年鉛印本，今有河南大學出版社1993年《王新楨詩文集》本；《異事記》（《柏子草異》），民國二十三年石印本；《隨筆記》（《兩一子隨筆》），民國二十九年石印本；《新封神》，石印本；《歸田問答》，民國二十九年石印本。

梁慶桂（1856～1931），字伯陽，號小山，亦作筱山、筱珊，一號姜庵，廣東番禺人。光緒舉人。歷官內閣中書、侍讀。庚子亂起，與友人詣赴西安行在。三十二年，奉學部命赴美洲籌辦僑民教育。入民國不仕，屢聘不起〔註363〕。著有《式洪室詩文遺稿》，民國鉛印本，今有《近代中國史料叢刊》《民國詩集叢刊》《清代詩文集珍本叢刊》等叢書影印本。

宋育仁（1857～1931），字芸子，號道復，四川富順人。光緒十二年進士。丁巳復辟，頗響應。著述宏富，詩古文辭、經世文、政論文以逮經史著述，無不有之。有《問琴閣詩錄》，民國刻本；《問琴閣文》，民國刻本；《問琴閣詞》，民國刻本；《哀怨集》《城南詞》，宣統二年鉛印本；《問琴閣詩指》，民國二十年鉛印本；《三唐詩品》，民國二年上海廣益書局《古今文藝叢書》本；《借籌記》，光緒二十年鉛印本；《泰西各國采風記·時務論》，光緒二十二年石印本；《經術公理學》，光緒三十年鉛印本；《正本學社講學類鈔》，光緒三十一年鉛印本；《經世財政學》，光緒三十一年鉛印本；《詩經毛傳今釋》，民國刻本；《周官古經舉例》，民國刻本；《孝經正義》，民國十三年刻本；《爾雅今釋》，民國十年刻本；《月律舉隅》，民國六年刻本；《論史學方志》，民國鉛印本；等等。今有《宋育仁文集》（國家圖書館出版社2016年版）收其文較備。又纂修《重修四川通志稿》，今有國家圖書館出版社2015年《民國文獻資料叢編》版。

〔註362〕 李時燦《清授資政大夫前甘肅候補道署提學使王楷庭先生墓表》，王新楨《王新楨詩文集》附錄，河南大學出版社1993年版，第290頁。
〔註363〕 參見梁嘉彬《梁慶桂傳》，《式洪室詩文遺稿》卷首，民國鉛印本。

朱祖謀（1857～1931），原名孝臧，字藿生，一字古微，一作古薇，號漚尹，又號彊村，浙江吳興人。光緒九年進士。官廣東學政。入民國，居上海。著有《彊村語業‧彊邨詞賸稿‧彊邨集外詞》，上海古籍出版社 1995 年影印本，今有白敦仁《彊村語業箋注》，巴蜀書社 2002 年版、浙江古籍出版社 2015 年版。編有《彊村叢書》，收錄唐宋金元詞別集一百六十八家，民國十一年刻本；《粵兩生集》，民國十年刻本；《梡鞫錄》，宣統刻本、民國石印本；《庚子秋詞》，光緒二十六年刻本、民國十二年石印本；《湖州詞徵》，宣統三年刻本、民國九年刻本；《宋詞三百首》，民國十三年刻本；《滄海遺音集》，民國二十三年刻本；《煙沽漁唱》，民國二十二年鉛印本。

杜本崇（1858～1931），字翹生，一作喬生，號坦庵，辛亥後號樵僧，湖南長沙人。進士，翰林院編修。歷充癸巳科福建副考官、丁酉科貴州副考官。補福建道監察御史、四川成都府遺缺知府。〔註364〕有《坦庵集》〔註365〕。

升允（1858～1931），姓多羅特氏，字吉甫，號素庵，八旗蒙古鑲黃旗人。官至陝甘總督。屢謀復辟。卒諡文忠。有《東海吟》一卷，日本昭和十年東京名古屋鉛印本。

王式通（1864～1931），又名儀通，字書衡，一作叔衡，號志盦，山西汾陽人，祖籍浙江紹興。光緒戊戌科進士，授刑部主事，遷大理院少卿。入民國，任司法部次長、代理司法總長、約法會議秘書長。嗣任總統府秘書。洪憲帝制既取締，王式通猶向袁世凱稱臣，致有「臣癖」之誚，不齒於人，劉成禺《洪憲紀事詩》記其事甚詳〔註366〕。然當其卒也，「斂時衣服，（後人）遵其遺囑，用道裝」〔註367〕，蓋猶有清遺民之志。情偽之間，留待後人可也。有《志盦文稿》三卷《詩稿》六卷，民國間刻本。

馮开（1873～1931），字君木，號回風老人，浙江慈谿人。拔貢。〔註368〕有《回風堂詩文集》，詩九卷文五卷，民國三十年中華書局仿宋排印本；《回風詞》一卷，輯入《彊村詞選》。

〔註364〕秦國經主編《中國第一歷史檔案館藏清代官員履歷檔案全編》第 7 冊，華東師範大學出版社 1997 年版，第 559 頁。
〔註365〕參見尋霖、龔篤清編著《湘人著述表》，第 339 頁。
〔註366〕參見羽戈《王式通的「臣癖」》，《南方都市報》2016 年 7 月 3 日 AA19 版。
〔註367〕李立民編《〈清儒學案〉曹氏書札整理》，中國社會科學出版社 2016 年版，第 53 頁。
〔註368〕陳三立《慈谿馮君墓誌銘》，《散原精舍詩文集》，第 1122～1123 頁。

　　李孺（？～1931），字子申，河北遵化人。舉人。「國變後鬻畫自活，嘗刻印章曰苦李」〔註369〕。後寓天津，隸籍城南詩社。《鄭孝胥日記》載其歿時，陳曾壽撰輓聯「絕筆太平花，垂死放翁無限恨；趨朝端午節，傷心臣甫不重來」〔註370〕。

1932 年　壬申

　　3 月 1 日，偽滿洲國成立，建號大同。溥儀任偽滿洲國執政，用紅藍白黃黑五色旗。

　　溥儀任執政，舊臣多持不可，以為既非君主，實為貶號。先是，自天津出關外，陳曾壽諫阻溥儀：「若仰庇鄰族，喪失主權，恐非列祖列宗之意。」以日人板垣、土肥圓誘逼，鄭孝胥、羅振玉又力主其行，卒赴大連。迨移長春稱執政，命陳曾壽草宣言。陳曾壽奉草，而私意不可，疏曰：「此貶號也，不宜允。」〔註371〕溥儀不能從。偽執政府立，命陳曾壽為秘書，疏辭，返津。溥儀諭：「同處患難之時，何可遠引乎？」授內宮府近侍處長，又再三言「此朕私人之事，與滿洲國政府無關也」。逾時，陳乃返。陳寶琛亦致書胡嗣瑗，念念主權，以關外為危地。考之文獻，溥儀亦自知其不宜。是年正月十五日（2 月 21 日），遣鄭孝胥、羅振玉赴瀋陽「建國會議」，以堅持復位囑，鄭、羅不能辦。溥儀之稱執政，汪榮寶適居舊京，聞之興歎：「異時有編《綱目》者，必大書曰：『帝為滿洲國執政，清亡。』是大清不亡於辛亥，而亡於今日也。」〔註372〕是當時舊臣之有識者，皆以清室雖禪讓民國，小朝廷既保全，猶為未亡，迨稱滿洲國執政府，大清乃亡。溥儀君臣欲稱大清國，日人堅不許。蓋日人視東三省為禁臠，欲別其地於中國，以便蠶食，此其用心極為險惡。

附文 45　溥儀（陳曾壽代擬）所謂《執政宣言（稿）》

　　予以津亂，避地海濱，辱承群情推戴，固辭不獲，暫領執政。當茲地方凋敝，盜賊多有，局勢艱危，百廢待舉。德薄能鮮，其何能任？所與天下共見者，

〔註369〕林葆恒輯《詞綜補遺》卷七十二，上海古籍出版社 2005 年版，第 2686 頁。

〔註370〕參見林志宏《清遺民基本資料表》，《民國乃敵國也：政治文化轉型下的清遺民》，415 頁。

〔註371〕陳曾則《蒼虯兄家傳》，陳曾壽《蒼虯閣詩集》附錄，上海古籍出版社 2009 年版，第 438 頁。

〔註372〕郭則澐《郭則澐自訂年譜》，第 73 頁。

惟此區區救民之心而已。舉賢任能,無敢黨偏;信賞必罰,無敢囫縱;敦睦鄰邦,無敢詐虞;撫愛民眾,無敢欺侮。凡我境內,一視同仁,無敢歧異。崇禮教以正風俗,行節儉以蘇困窮。兢兢業業,無敢怠荒。昔後唐明宗嘗焚香禱天,願早生聖人,以救百姓。予亦敬本此心,暫持難局,以待能者。天日在上,其共鑒之。〔註373〕

《正聲吟社詩鐘集》鉛印行世。正聲吟社由譚枝垣等舉於香港,溫肅、桂坫、朱汝珍、賴際熙、區大原、陳慶保,皆其社友。

按譚荔垣,名汝儉,前清廩生。正聲吟社舉於香港之荷理活道,月集兩次。與社者別有黃棣華、陳廷泰、胡少蘧、鄧晃雲、溫肅、朱汝珍、賴際熙、江孔殷、區大原、桂坫等人。《正聲吟社詩鐘集》收凡五十餘人之作品,區為詩鐘、詩詞、書畫三類,依次編排。易仁《正聲吟社之詩鐘》曰:「辛亥革命後,粵中耆宿及清代遺老之避地香江者,大不乏人。彼等在港先後集結詩社,以詩文書畫相馳騁,其中亦間有從事詩鐘者。」〔註374〕頗能得其實。

是歲,宋伯魯、黃以霖、楊道霖、程頌萬、劉廷琛卒。

宋伯魯(1855～1932),字芝棟,一作芝洞、子棟,號芝田,陝西醴泉人。進士。有《海棠仙館詩抄》二十三卷附《詩餘》一卷,民國十三年刻本。另有《知唐桑艾錄》《己亥談時(時務目論)》《還讀齋雜述》《焚餘草》《西轅瑣記》等。

黃以霖(1856～1932),字伯雨,江蘇宿遷人。光緒十七年舉人。歷任湖北鄖陽知府候補道、湖南提學使、布政使等職。曾創辦湖北武備學堂。辛亥後,居滬上。晚年協纂《宿遷縣志》。〔註375〕

楊道霖(1856～1932),原名楷,字仁山,江蘇無錫人。光緒十八年進士。五大臣奏調隨使出洋。賞三品封典,補柳州府知府。入民國,煩憂益甚,但經營實業而已。有《無錫楊仁山先生遺著》六種,曰《文存》《詩存附聯存》《書牘》《政治講義》《日記》《隨筆》,民國三十七年鉛印本;《柳州文牘》二卷,宣統二年鉛印本。另有《光緒通商列表》《日本統計類表要論》《京師大學堂心理學講義》。

〔註373〕 陳曾植《局外局中人日記》,陳曾壽《蒼虬閣詩集》附錄,第464頁。
〔註374〕 易仁《正聲吟社之詩鐘》,《粵海揮塵錄》,上海書店1992年版,第47頁。
〔註375〕 參見江蘇省檔案館編《韓國鈞朋僚函札名人墨蹟》,東南大學出版社2006年版,第388頁;江蘇省地方志編纂委員會編《江蘇省志·人物志(二)》,鳳凰出版社2008年版,第734頁。

程頌萬（1865～1932），字子大，號十發，湖南寧鄉人。刻詩詞集甚夥。今有《程頌萬詩詞集》，湖南人民出版社 2009 年《湖湘文庫》版。另有《鹿川文集》，文聽閣圖書有限公司 2008 年版。編《湘社集》（易順鼎合編），光緒十七年刻本。

劉廷琛（1868～1932），字幼雲，號潛樓，江西九江人。進士。辛亥後，居青島，命其齋為潛樓。國務卿聘禮制館顧問，撰《復禮制館書》卻之。參與丁巳復辟，授內閣議政大臣，賞紫禁城騎馬。事敗，亡青島。黃維翰稱「韓亡子房奮，秦帝魯連恥，雖曉然知其不可為力而猶庶幾於萬一，此潛樓劉子之行也」〔註376〕。十七年，溥儀賜壽，賞「琨玉秋霜」匾額一方。卒前自挽一聯曰：「妄欲以一簣障江河，自知不度德不量力，雖九死其敢有悔；但得維三綱於天壤，猶堪繼絕學開太平，願吾輩共任此艱。」〔註377〕有《劉公雲樵府君行狀》，民國九年刻本。另有《劉廷琛奏議》四卷、《貞觀政要講義》四卷、《潛樓文稿》四卷、《劉廷琛文稿》一卷，均未刊；其中，《劉廷琛文稿》藏中國科學院圖書館。

1933 年　癸酉

夏，郭則澐編印《煙沽漁唱》七卷成。此集為須社、冰社社課。須社前身為冰社，冰社最初為詩社，蓋民國十四年乙丑（1925）、十五年丙寅（1926）間所舉，每集多在李放（1887～1926）宅中。存同人所作，則始於民國十六年丁卯（1927）。社名取義不詳，蓋一片冰心之意，自合遺老口吻。成員有李放、郭曾炘、郭則澐、胡嗣瑗、白廷夔、查爾崇、葉文樵、周學淵、李書勳、李孺、林葆恒、郭宗熙、徐沅等人。民國十七年戊辰（1928）起，冰社同人改填詞。迨民國十九年，冰社改稱須社，郭則澐任社長，至次年夏而止〔註378〕。《煙沽漁唱》則民國二十二年所刻也。

郭曾炘《炳廬日記》是年七月初七日記云：「是日為冰社會期，冰社同人近改為填詞之會。」〔註379〕由是至民國十九年庚午（1930）而有《冰社詞選》

〔註376〕黃維翰《魏潛園七十壽序》，《稼溪文存》卷二，民國十五年崇仁黃氏叢刻本。
〔註377〕關志昌《劉廷琛》，劉紹唐主編《民國人物小傳》第 13 冊，第 341～345 頁。
〔註378〕參見楊傳慶《清遺民詞社——須社》，《北京社會科學》2015 年第 2 期。
〔註379〕郭曾炘《炳廬日記》，轉引自楊傳慶《清遺民詞社——須社》。

之鈔。《冰社詞選》，今未見，當係因故未刻，不然，後來刻須社詞集《煙沽漁唱》何必兼收此二三年間之作。袁思亮《煙沽漁唱序》云：「天津之有冰社，上海之有漚社，胥此志也，而冰社為之先。社友都二十人，皆工倚聲，月三集，限調與題。久之，社外聞聲相和者甚眾，陳弢庵太傅、夏閏枝翰林，其尤著也。……起丁卯夏，迄庚午秋，凡三年，得集盈百，社友頗有以事散之四方者，漚社遂起而繼之矣。」〔註380〕是上海漚社之結，天津冰社有以啟之。其故或由民國十九年庚午（1930）冰社社員林葆恒輩自天津遷往滬上也。

　　須社之於冰社，似猶逸社之於超社，先後有承續關係。冰社之改為須社大致始於民國十九年庚午（1930）秋季以後，至次年（1931）夏而止。郭則澐任社長。越二年（1933），郭則澐刻同人詞作《煙沽漁唱》七卷，前五卷為須社百次社集詞，卷首有袁思亮、楊壽枏、徐沅、許鍾璐、郭則澐序各一。社集詞作起民國十七年戊辰（1928），時冰社猶在，原無所謂須社。此當寬而論之，未可拘泥。《煙沽漁唱》前列「須社詞侶」二十人，曰：陳恩澍、查爾崇、李孺、章鈺、周登皞、白廷夔、楊壽枏、林葆恒、王承垣、郭宗熙、徐沅、陳實銘、周學淵、許鍾璐、胡嗣瑗、陳曾壽、李書勳、郭則澐、唐蘭、周偉。另有「社外詞侶」十三人，曰：陳寶琛、樊增祥、夏孫桐、陳懋鼎、陳毅、高德馨、邵章、夏敬觀、姚亶素、萬承栻、袁思亮、鍾剛中、黃孝紓。

附文46　袁思亮《煙沽漁唱序》

　　世異，士大夫所學於古無所用。州郡鄉里害兵旅盜賊，不得食隴畝、棲山林，居大都名城為流人，窮愁無憀，相呴濡以文酒。耳目所聞見，感於心而發於言，言不可以遂，乃託於聲。聲之幽眇跌宕，悱惻淒麗，言近而旨遠，若可喻若不可喻者，莫如詞。天津之有須社，上海之有漚社，胥此志也，而須社為之先。須社社友都二十人，皆工倚聲，月三集，限調與題。久之，社外聞聲相和者甚眾，陳弢庵太傅、夏閏枝翰林，其尤著也。起戊辰夏，迄辛未春，凡三年，得集盈百，社友頗有以事散之四方者。漚社遂起而繼之矣。於是朱強村侍郎與閏枝太守選其詞之尤工者如干闋，郭蟄雲提學為印而存之，名之曰《煙沽漁唱》，而督序於余。余亦漚社之一人也。嗟乎！苦其心，範其才，束縛於聲律，壯夫笑之，等諸俳優，徒蘄嫛夫一二知者玩其詞，悲傷其意，吾曹之遇，可謂窮矣。雖然，水深火熱，呻吟滿國中，而吾曹猶獲從容觴詠以自適其志。

世每況而愈下，後之人都斯集者且穆然想像其流風而歆羨慨慕，以為不可復得乎？然則吾曹之遇固猶未為窮也歟。癸酉長夏，湘潭袁思亮。〔註381〕

附文 47　徐沅《煙沽漁唱序》

《煙沽漁唱》者，嘯麓詞兄輯僑津社友所作，以名其編者也。津之有詞社，始於戊辰，歷歲三周，結會百集。凡社中依期所製，社外酬唱所施，歌詠蔚然，遂成巨觀。嘯麓提點詞盟，勤心蒐拾，排比脅緝，訂為七卷，授沅序之。沅聞周止菴先生嘗云：北宋有無謂之詞以應歌，南宋有無謂之詞以應社，而獨舉碧山《齊天樂》之詠蟬，玉潛《水龍吟》之詠白蓮，比於蕙蘭芝菌。蓋王唐諸彥，生當板蕩，頻印身世，所懷萬端，危苦煩亂之情，郁不自達者，悉於令慢發之。託體雖小，寄慨則深。後有身經世變者，欽味名章，望古遙集之致，悠然激發於不自禁，在眼森然，縱難舉似，而行邁等慨，恫緯均淒。古今人同不同未可知也，吾人今日所遭，其亦天水末造之例矣。戊巳以還，滄流滋苦，一時寓公僑客，播遷棲屑，局促於海津一隅，咸有潛蚪尺水、負蠡荒厓之慨。然麻鞋杜老，皂帽管寧，頫洞漂流，不期翕合。疇昔重郵累駕之不可接者，盡得萃於一堂，從而流連談詠，則亦頗有笙鳴鏞應、磁動針合之樂焉。歷數三五年來，旬必有集，集必以詞，花辰月夕，即事興懷，古事今情，造端非一。時序寒暄，百物千名之趣遞接於目，世運盛衰，千變萬紛之態往復於胸，相蕩相摩，而皆引為倚聲之助，一以逃喧遠累，一以娛老適情，有忘其商略之煩、集合之密者矣。顧百集既舉，人事貿遷，當日吟侶，或萍靡各方，或凌雲以去，念之常不去懷，使已往交遊，猶復展卷如親者，賴此編耳。綜其大較，雖未必聲聲歸宮，字字協律，而愛生念亂，託旨繆悠，跡之宋末社事，其義一也。海內聲家挈而覽之，庶有亮於斯編。癸酉夏日東吳姜盦徐沅序。〔註382〕

秋，郭則澐輯《蟄園擊缽吟》二卷鉛印行世。

蟄園吟社始於民國九年蟄園落成之年，社集例在蟄園之結霞閣，郭曾炘、郭則澐父子主之。與其集者，多京津勝流，詳見前文。《蟄園擊缽吟》行世時，郭則澐有序。

擊缽吟始閩人，道光以來，閩人京官頗扇其風。所謂擊缽吟，謂限時而就。察其大要，或命一題，或命一題而兼限以韻，諸如此類，各從其議。初為此戲

〔註381〕袁思亮《煙沽漁唱序》，《煙沽漁唱》卷首，民國二十二年鉛印本。
〔註382〕袁思亮《煙沽漁唱序》，《煙沽漁唱》卷首，民國二十二年鉛印本。

者，多用絕句，取其速成，後亦有以七言律為之者。時限未到，靈感未盡，不妨續有所作，初不以一首為限。

附文 48　郭則澐《蟄園擊缽吟序》

京朝士大夫退食之暇，巾襪萃處，以詩歌為壺矢者，百年來風尚也。其間雅踞相承，體裁屢變，獨吾鄉先輩所創之擊缽吟，嬋媛弗替。至今士流猶津津樂道，謂斯體為吾家所擅，蓋自先中丞公逮余小子與是集者已四世矣。猶憶髫齡侍宦宣南，每集輒一效為，先公亦樂許之。一日大雨，諸父執咸集，簷溜淙淙，與吟唱互答。詩罷，積潦平階砌。呼奴子負客出，相顧為笑。會重茸虎坊新館成，闢榕陰堂為觴詠地。每歲首，張燈奪錦，傳唱至夜深，挈載以歸，未嘗不樂而忘倦也。庚子奉母避亂而南，癸卯再至都猶時與吟讌。己酉自遼幕外簡，省親京邸，則時彥方尚折枝，此事幾廢。國變後，折枝益盛。林丈畏廬嘗以余言一舉社事。陳子仲騫之聯珠社，關子穎人之稊園社，亦先後並作。余竟不獲繼鄉先輩餘緒，勉圖修舉，心竊愧之。庚申，蟄園成，請於先公，集社於園之結霞閣。入社者不限鄉籍，月一集，集必二題，寒暑無間。歲時，張燈奪錦如故事。酒闌觀煙火，雜以燈謎，談諧間作。退就小軒作擁鼻吟，亦夜深奈罷。樊山丈執牛耳，好典博，寖成風氣，與鄉先輩標格小異，然亦極一時之盛矣。政局迭遷，吟侶星散，而吾社已九十六集。先公語不肖曰：「其賡續至百集而止。」方訂期嘯侶，遽遭先公之變。陔餘樂事，橫奪於天，積慘纏膺，言之增痛。社稿皆先公手選，洎丁子闇公刪定，王子書衡為之序。因循未刊，又閱五載，丁、王踵逝，恐區區者終歸散佚，爰附印行。昔之《擊缽吟》刊行者凡十集，傳本已鮮，廣陵散絕，此其尾聲矣。世有雅流，錄夢春明，或當有取。嗟嗟，世變無涯，承平文物之遺，事事不堪追憶。斯事雖異，以余所身歷者，盛衰代謝之跡已如此，矧其大焉者乎？輯錄既竟，撮述顛末，以諗後之覽者。癸酉四月龍顧山人郭則澐序於蟄園。〔註383〕

附志十二　晚清民國擊缽吟集書目錄存

1.《擊缽吟偶集》，曾元海、楊慶琛輯，道光十年刻本、民國二十一年壬申新竹德興書局《擊缽吟偶集》本、福州詩社 1995 年《擊缽吟全集》本。【按】民國二十一年壬申新竹德興書局匯刻《擊缽吟偶集》，總題曰「偶集」者，蓋

〔註383〕郭則澐《蟄園擊缽吟集》序，民國二十二年鉛印本。

以子目第一種為名。考其書,含子目九種:曰《偶集》,上、下卷,三十韻,三百三十八題,六百十八首;曰《二集》,上、下卷,三十韻,一百六十五題,二百六十六首;曰《三集》,上、下卷,三十韻,一百九十題,五百六首;曰《四集》,上、下卷,三十韻,一百八十八題,五百四十八首;曰《五集》,上、下卷,三十韻,九十七題,二百七十三首;曰《六集》,上、下卷,三十韻,一百九十五題,七百二首;曰《七集》,上、下卷,三十韻,一百四十八題,七百九十三首;曰《八集》,上、下卷,三十韻,九十八題,五百八十首;曰《鄂集》,上、下卷,一百三十三題,七百九十六首。總九集,一千五百五十二題,五千八十二首。各集單行之初,撰非一時,刻非一地,此係民國二十一年彙刻者也。卷首有洪仁和民國二十年總序:「《擊缽吟》一書乃先輩諸賢結社倡和所作,以沉博絕麗之才,鎚幽鑿險,所詠體格深隱,趣味濃鬱。邇來詩教益昌,作者彌眾。……余每懷及此,遍處搜尋,覓得吾鄉先輩鄭竹溪先生家藏舊本全部九集,即日編輯刊印發行,以公同好。」《偶集》前有楊慶琛、何大經序。楊慶琛序有云:「道光甲申乙酉間,諸同志聚晤都門。度歲餘閒,結鬥詩社,燃蘭花香盈寸,成七截一首,捷者得三四首。暑盡繼以燭,更餘為止,日可得絕句百餘首,互為甲乙。或詠古,或詠事,或詠物,皆務各抒意論,不襲膚詞,積既久,擇其可詠者,錄而存之,題曰《擊缽吟》,取銅缽催詩之義。」以「擊缽吟」名集者,當以楊氏《擊缽吟(偶集／偶存)》為第一。

2.《擊缽吟二集》,郭柏蔭輯,道光刻本、民國壬申年新竹德興書局《擊缽吟偶集》本、福州詩社 1995 年《擊缽吟全集》本。

3.《擊缽吟三集》,許冠瀛等輯,道光二十年竹紙木刻本。【按】卷首有許冠瀛序及同人姓氏錄。郭慶圖、許冠瀛、陳葆善、葉敬昌、林振棨、郭昌年、曾元澄、郭柏蔭等,率多閩人,蓋所以繼前刻二集。

4.《擊缽吟四集》,佚名輯,道光戊申刻本、民國壬申年新竹德興書局《擊缽吟偶集》本、福州詩社 1995 年《擊缽吟全集》本。有黃紹芳序。

5.《擊缽吟五集》,福州詩社 1995 年《擊缽吟全集》本。

6.《擊缽吟六集》,福州詩社 1995 年《擊缽吟全集》本。

7.《擊缽吟七集》,福州詩社 1995 年《擊缽吟全集》本。

8.《擊缽吟八集》,光緒刻本、民國壬申年新竹德興書局《擊缽吟偶集》本、福州詩社 1995 年《擊缽吟全集》本。

9.《擊缽吟鄂集》，民國壬申年新竹德興書局《擊缽吟偶集》本、福州詩社1995年《擊缽吟全集》本。

10.《擊缽吟贛集》，何剛德輯，民國十四年刻本。【按】何氏另輯《擊缽吟贛集續編》，有民國十二年刻本。不應續集之刻，反在初集之前，疑有誤。錄此備考。

11.《擊缽吟贛集續編》，何剛德輯，民國十二年刻本。

12.《臺海擊缽吟集》，蔡汝修輯，光緒三十四年刻本、臺灣龍文出版社2006年本、臺灣文史哲出版社2012年吳椿榮校注本。

13.《鞠社詩草初刊》，劉炳南輯，民國五年鉛印本。【按】所收皆擊缽吟之作，或只限題，或兼限韻。卷首有劉炳南《鞠社詩草初刊序》、陳保棠《鞠社序》。另附《在社同人》名錄及《來賓名錄》。社員有劉炳南、鄭以超、蔣天開、陳光輔、張鳳墀、陳寶裳等人。

14.《瀛洲詩集》，何揚烈等輯，臺灣龍文出版社2011年本。

15.《蟄園擊缽吟》，郭則澐輯，民國二十二年鉛印本。【按】蟄園缽社所作。郭則澐《蟄園擊缽吟序》云：「己酉自遼幕外簡，省親京邸，則時彥方尚折枝，此事幾廢。國變後，折枝益盛。林丈畏廬嘗以余言一舉社事。陳子仲騫之聯珠社，關子穎人之秭園社，亦先後並作。余竟不獲繼鄉先輩餘緒，勉圖修舉，心竊愧之。庚申，蟄園成，請於先公，集社於園之結霞閣。入社者不限鄉籍，月一集，集必二題，寒暑無間。」

16.《蟄園律集》前後編，郭則澐輯，民國三十年鉛印本。【按】《蟄園律集》前編輯道咸以來前輩擊缽詩作，後編輯郭則澐輩擊缽詩作。舊例，擊缽吟皆七絕，此則七律，擊缽吟之變體也。

17.《蟄園缽社第五十次大會詩選》，郭曾炘輯，民國十四年鉛印本。【按】存擊缽吟作，附錄詩鐘。

18.《蟄園律社春燈詩卷》，佚名輯，民國石印本。【按】茲編當仍是郭則澐所編定。觀各律眉端所署字號之易識者，有嘯麓（郭則澐）、味雲（楊壽枏）、經笙（黃佺）、嘿園（黃懋謙）、彤士（陸增煒）、秭園（關賡麟）、稚辛（鄭孝檉）、君坦（黃孝紓）、一山（章梫）、尊衷（陳宗藩），可決其皆蟄園詩社中人。

19.《秭園缽集》，關賡麟輯，民國十三年印行。

20.《小逸堂擊缽吟存稿》，賴和輯，通行本。【按】賴和（1894～1943），字懶雲，臺灣彰化人。

21.《東寧擊缽吟集》，曾笑雲輯，《臺灣先賢詩文集彙刊》本。【按】曾笑雲，名朝枝，臺北人。

22.《東寧擊缽吟後集》，曾笑雲輯，《臺灣先賢詩文集彙刊》本。

23.《壺仙花果園修養會韻學科擊缽吟錄》，賴雨若輯，《壺仙詩集》附錄本。【按】賴雨若（1878～1941），號壺仙，福建漳州人，寄籍臺灣嘉義。

24.《擊缽吟存稿》，郭柏蔭撰，光緒刻本、郭則澐編校《侯官侯氏家集彙刊》本。

25.《擊缽吟》，楊維屏撰，民初刻本。【按】楊維屏，字翠岩，連城人。道光舉人，嘗任甘肅中衛縣知縣，有《雲悅山房偶存稿》。考是書「擊缽吟」題下小注云：「據《擊缽吟偶存》及《二集》編輯，計六十一首。」由其孫建烈、曾孫福寶校刊，曾孫女婿薩嘉曦編。據薩氏跋，《擊缽吟偶存稿》為曾少坡先生所刻，《二集》為郭遠堂先生所刻，當日爭雄壇坫，號稱健將者，楊翠岩亦居其間，歲壬子，其卓齋外舅命督刊翠岩遺集，遂收掇擊缽詩作六十餘首，匯而刊之。

26.《船司空雅集錄》，沈葆楨撰，《船政文化研究叢書》本。

27.《陳寶琛擊缽詩作》，陳寶琛撰，江中柱輯《陳寶琛史料四種》本（《近代中國》第十九輯）。

28.《仿擊缽吟》，易順鼎撰，光緒鉛印本。

29.《和仿擊缽吟續集》，檀璣、易順鼎等撰，光緒鉛印本。

30.《擊缽吟集詩》，張純甫撰。【按】張純甫（1888～1941），名漢，號築客，新竹人。

31.《闇公擊缽吟》，丁傳靖撰，民國二十四年丹徒丁氏刻《闇公詩存》卷五附錄。【按】皆丁氏在關賡麟稊園、郭則澐蟄園所作擊缽社課也。

32.《缽社存稿》，楊壽枏撰，民國十九年庚午無錫楊氏刻《雲在山房類稿》本。

33.《新燈社詩卷》，董季友等撰，民國二十六年鉛印本。【按】凡二題，一曰上源宴，一曰太廟灰鶴。有董季友、林貽書、陳徵宇、林梅南、黃蓬秭、鄭花中、黃默園、林宰平、劉荔村、鄭稚辛、薛淑周、陳葆生、陳賡虞、方策六、陳玉韜、薩幼實、陳蕁袁、梁和鈞、卓君庸、林笠似、郭養庵、薛稷生、郭蟄澐、廖旭人、薛榕生、郭學群。各絕下因不注作者之名，出於何人之手，今已無考。

是歲，柯劭忞、簡朝亮、王垿、王照、王乃徵、宗舜年、吳士鑒、萬繩栻卒。

柯劭忞（1850～1933），字鳳蓀，號蓼園，山東膠州人。光緒十二年進士，歷任翰林院編修、侍讀、侍講、京師大學堂總監督。入民國，任清史館館長、總纂，編成《清史稿》。著有：《新元史》，中國書店 1985 年影印本；《譯史補》，民國十六年鉛印本；《春秋穀梁傳注》，民國十六年鉛印本；《蓼園詩鈔》，民國十二年刻本；《蓼園詩鈔續》二卷，刻本。其詩集今有崔建利《柯劭忞詩集校注》，中國社會科學出版社 2017 年版。

簡朝亮（1851～1933），字季紀，號竹居，廣東順德人。進士。「國變後，年逾八十，杜門著述，足跡罕入城市。袁世凱欲通聘問，不知所在；趙爾巽聘任清史館纂修，亦不之應，曰：『此豈萬季野時乎？』」〔註384〕康有為《四舊詩五章》自注亦謂簡氏「避地連州躬耕，與世絕」〔註385〕。有《讀書堂集》十三卷，民國十九年刻本。另有《尚書集注述疏》《孝經集注述疏》《毛詩說習傳》《禮記子思子言鄭注補正》《論語集注補正述疏》《朱九江先生年譜》，多收入其《讀書堂叢刻》。

王垿（1857～1933），字爵生，一作覺生，晚號寄廬、寄叟，山東萊陽人。光緒十五年進士。官內閣學士、法部右侍郎。又任國使館協修、文淵閣校理等職。入民國，隱居青島，自號寄叟。編著《福山石塢王君年譜》一卷，民國石印本。據王丕需等人《山東萊陽縣志》，王垿有《墨香齋詩文集》〔註386〕，未見。

王照（1859～1933），字小航，號蘆中窮士，晚號水東，直隸寧河人。進士。散館，用為禮部主事。戊戌，賞三品頂戴。變作，亡命日本。辛丑開復，不赴。辛亥，參與滬上各省都督府代表聯合會會議。入民國，不仕。「晚年豪氣盡斂，閉門課子，自儕遺民」〔註387〕，所著《方家園雜詠紀事》，極感德宗聖眷。著有《水東集初編》，含《小航文存》《三草刪存》（即《雪泥一印草刪存》《照單臺吟草刪存》《下里吟草刪存》）《航泊軒吟草刪存》《增訂三體石經時代辨誤》《讀左隨筆》等，民國十九年刻本；《方家園雜詠紀事》，民國十七年刻本；《表章先正正論》，民國十七年刻本。另有官話字母讀物多種，曰《官

〔註384〕大陸雜誌社編《中國近代學人像傳》，第 332 頁。
〔註385〕康有為《康有為全集》第 12 集，人民大學出版社 2007 年版，第 310 頁。
〔註386〕參見林東梅《晚清王垿事略考》，《青島農業大學學報》2015 年第 4 期。
〔註387〕郭曾炘《郭曾炘日記》，中華書局 2019 年版，第 52 頁。

話字母義塾叢刊》《拼音對文百家姓》《拼音對文三字經》《拼音對文千字文》《官話字母字彙》《官話字母讀物》《官話合聲字母》等。

王乃徵（1861～1933），字聘三，又字病山，號平珊，晚號潛道人，四川中江人。光緒十六年進士。授編修，官貴州布政使。入民國，居滬上，賣字為生。丁巳復辟，授法部右侍郎。有《嵩洛吟草》，民國鉛印本，今有中江縣地方志辦公室 2014 年編印《王乃徵詩文集》本。輯《格言彙編》，光緒三十四年石印本。

宗舜年（1865～1933），字子戴，一作子岱，號耿吾，所居咫園、野錄軒，江蘇上元人。光緒舉人。官內閣中書，分發知府。入民國，參與《江蘇省通志》。著有《咫園宗氏藏書殘目》，稿抄本。編刻《咫園叢書》，收錄顧起園《金陵古金石考目》、黃錫蕃《刻碑姓名錄》、嚴長明《官閣消寒集》《江淮旅稿》、劉喜海《喜蔭簃集》，有上海合眾圖書館民國三十七年刊本。

吳士鑒（1868～1933），字絅齋，號公詧，別署含嘉，浙江錢塘人。光緒十八年進士，授編修。官江西學政。入民國，不仕。有《清宮詞》，民國六年掃葉山房石印本；《含嘉室日記》，民國鉛印本。另有《補晉書經籍志》《晉書斠注》《九鐘精舍金石跋尾》《含嘉室自訂年譜》等。

萬繩栻（1879～1933），字公雨，號蹋園，江西南昌人。入民國，嘗任長江巡閱使署參謀長。參與張勳復辟，授內閣閣丞。民國十三年，隨溥儀居天津。後任偽滿洲國執政府秘書處秘書。卒諡果敏。〔註388〕有《掃捨集》一卷，民國十七年《喜詠軒叢書》石印本。

1934 年　甲戌

3 月 1 日，溥儀改（偽）滿洲國為（偽）滿洲帝國，改元康德。鄭孝胥任總理大臣，羅振玉任監察院長。

偽滿雖愛新覺羅所立，然日人有所圖，不令稱大清之續。溥儀、鄭孝胥及一眾臣子計無所出，聽之而已。此在遜清遺臣為一難題。郭則澐《郭則澐自訂年譜》云：「是歲，遜帝即滿洲國皇帝位，不嗣大清，不立九廟，不認皇族爵位，蓋其制曰創而不曰因，異日億萬其年，必肇源於此。旅津舊臣，將具賀表，

〔註388〕參見溫肅《萬果敏公墓誌銘》，卞孝萱、唐文權編《辛亥人物碑傳集》卷十二，第 597～598 頁。

使山人（郭則澐自指）屬草，周熙師來言之。山人歎曰：『吾儕大清世臣也，若具表者，必稱舊臣；否則，何以別於新邦臣庶？』眾不謂然而止。嗣聞旅滬諸公有賀表，實稱舊臣，上不之責，蓋於分宜然也。」〔註389〕實則郭則澐於偽滿不嗣大清一節始終未能釋懷。是年冬，為乃翁曾炘八十冥壽，郭則澐啟祠堂設祭，其告祭文云：「窮桑改曜，六馭東翔。九廟弗嗣，或曰清亡。功名看空，遺訓在耳。自今卷藏，請事野史。」適陳寶琛不期而來，見祭文，愕然曰：「謂清遽亡，似乎未可。」郭則澐歎曰：「是固臣下所不忍言，然非僕之言也。曩已有昌言之者，吾儕世臣，志繫廟社，今日廟社安在？我大清又安在乎？」〔註390〕蓋在郭則澐而言，溥儀小朝廷一日在，大清猶在；一旦立偽滿洲國，去大清國號，大清乃亡。

夏，袁金鎧在東北舉明倫詩社，又名孔學會詩社。袁金鎧以會長而兼任社長，先後五年，得社友百餘人。

考袁金鎧東渡赴日期間有《孔學會詩社四題舟中無事補以繳卷》詩〔註391〕，所謂「孔學會詩社」即「明倫詩社」。明倫詩社乃孔學會之副產品，袁金鎧以會長兼任社長。其社課以《明倫詩社課存》為題刻行於世。卷首有偽康德五年（1938）周永謨序，略云：「明倫詩社為孔學會所倡辦，潔珊先生以會長兼任社長。每月一題，每題又必自作以為之倡，五年之久，得社友百餘人，詩題數十次。……先生閱之，笑曰：『積年課作，可得幾許？若裒積付印，亦一成績，子為我董其事。』……」〔註392〕《課存》乃袁金鎧一人之作，不收社友之作。

秋，張其淦輯印《邵村重遊泮水詩集》，所以志入泮滿一甲子之喜。遜清故老，和者甚多，若陳夔龍、汪兆鏞、劉承幹、章梫、孫雄、桂坫，皆與賡唱。

考之清制，童生考入州、縣學為童生，謂之入泮、遊泮、遊庠。滿六十年，再行入學典禮，謂之重遊泮水。考金兆蕃《同音集序》云：「舉進士逾六十年，

〔註389〕郭則澐《郭則澐自訂年譜》，第 77 頁。
〔註390〕郭則澐《郭則澐自訂年譜》，第 78～79 頁。
〔註391〕袁金鎧《孔學會詩社四題舟中無事補以繳卷》，《東渡百一詩》，民國二十一年鉛印本。
〔註392〕周永謨《明倫詩社課存》序，南江濤編《清末民國舊體詩詞結社文獻彙編》第 7 冊。

例得與新進士同謁孔子廟，序先後同年，重赴瓊林宴。舉人逾六十年，重赴鹿鳴宴，亦如之。諸生逾六十年，則為重遊泮水。凡若此者，所以重高年，尊耆碩，意至美也。」〔註393〕則瓊林宴、鹿鳴宴、泮水遊本各有說也。錢泰《重遊泮水記》云：「故事，補博士弟子員，歷六十年，有重謁孔廟之禮，廟前有泮池，謂之重遊泮水。」〔註394〕其義甚明。張氏《邵村重遊泮水詩集》，有潘梓彝題簽，唐文治序。背面有「重宴鹿鳴」（白文）、「重遊泮水」（朱文）鈐印。卷一和作次韻，卷二古近體詩。收錄陳夔龍、葉爾愷、汪兆鏞、高振霄、劉錦藻、劉承幹、蘇寶盉、倫明、鄧爾雅、俞壽璋、吳道鎔、張學華、賴際熙、章梫、孫雄、喻長霖、黃佛頤、桂坫等 120 人詩作。重遊泮水，雖依前清故事，旨在懷入學之舊，然故國之思亦往往藉此而發。民國三十七年，林葆恒重遊泮水，猶索和同人，裱為詩冊印行之，即《訒庵先生重遊泮水唱和詩錄》是也。李宣龔寄詩云：「儒民相過一欹宮，亂來漂泊鬢如蓬。秀才早已憂天下，國士今猶在眼中。書笥不忘先世語，乘軺曾採近畿風。承平事逐浮雲變，惟有心期老尚同。」〔註395〕遺民故國之思，一以寓之。

附文 49　唐文治《邵村重遊泮水詩集序》

　　東莞張豫泉先生，為番禺陳東塾先生高弟，余壬辰會試同年也。甲戌之歲，循故事重遊泮水，咸郜僚友，作為詩歌以紀其盛，都凡三百餘篇，徵及於余。余愧不能詩，謹序其篇首曰：科舉之在今日，為人厭棄久矣，抑知古時學校、選舉，本合為一。繄昔魯僖公能遵其祖伯禽之教，周太史克作《泮水》之詩，揚其德，其辭曰：「矯矯虎臣，在泮獻馘。」是武備學校，設於泮宮也。又曰：「淑問如皋陶，在泮獻囚。」是法律學校，設於泮宮也。《禮·王制》：「出征執有罪，反釋奠於學，以訊馘告。」亦軍事學校也。至於鄉舉賢能，曰選士，曰俊士，曰造士，莫不從學校中出，即為後世科舉權輿。歷代名臣發跡於科舉者，不可勝數。宋文文山、明王陽明諸先生，炳耀史冊。近代若胡文忠、若曾文正、若左文襄、若李文忠，皆科舉中人。然則科舉果何負於世哉？余嘗謂科舉不足累人，人自累科舉耳。迄乎今日，學校明效，亦可睹矣。逐末而忘本，

〔註393〕金兆蕃《同音集序》，柯志頤輯《同音集》卷首，民國印本。
〔註394〕錢泰《重遊泮水記》，錢泰編《階平老人重遊泮水紀念冊》卷一，1962 年石印本。
〔註395〕李宣龔《訒庵丈重遊泮水有詩，索和》，《李宣龔詩文集》，華東師範大學出版社 2009 年版，第 296 頁。

尚藝而遺道，捨品行而重技能，世道人心，愈趨愈下，以此而求富強，益貧弱矣。此豈學校誤人哉？人自誤學校耳。方科舉之興也，入學為進身之始，濟濟多士，克廣德心，由是而鹿鳴，而瓊林，小子有造，以至成人有德。菁莪棫樸，金玉其相。嗚呼，何其盛也！聖教凌夷，斯文墜地，絃歌之聲終寂。青青子衿，佻闥無度，不聞鸞噦，惟集鴉音。遊義路禮門之側，蔓草荊榛，令人慨歎流連而不置。嗚呼，又何衰也！老成碩士，得毋有怫鬱於心者乎，而況先生乎？雖然，泰否，數也；顯晦，時也。立學校之正軌，參選舉之精意，正人心而清吏治，固吾輩之志也。何感慨之有哉！先生由進士改庶吉士，散館授山西黎城知縣，充撫幕文案，以忤要人，罷官去。越七載，起用道員，升署安徽提學使。國變後，蟄居海上，壹以著書為事。嘗謂中國為禮治之國，特著《洪範微》《左傳禮說》二書，發憤欲興禮教，以挽狂瀾。又嘗著《元明遺民詩詠》，得遺民四千五百人，詩一千八百篇，所以維持民教，提倡氣節，為古來所未嘗有。其志潔，其行廉，蓋蕨薇之秀，可與芹藻重芳矣。先生今年七十有六，屈指重宴瓊林，在九旬以上。爾時壽晉期頤，冠裳蹌蹌，載色載笑，觀聽圜橋。余雖不敏，或可隨先生之後，矜式典型，國中稱為大老，學校選舉，運會一新，邦之榮懷，將合德音而慶太平矣，又何感慨之有哉！甲戌立秋日，年愚弟唐文治拜序於無錫國學專修學校。〔註396〕

附志十三　民國以後重遊泮水唱和集目

1.《諸吟壇賜和重遊泮水詩》，許湜祥輯，民國六年鉛印本。

2.《畢景岩先生重遊泮水題詠集》，畢茵輯，民國十三年會文堂刻本。

3.《泮宮話舊錄》，儲學洙輯，民國十五年鉛印本。

4.《重泮唱和集》，顧忠宣、徐守清輯，民國十六年鉛印本。

5.《重遊泮水唱和集》，毛顯麟等輯，民國十八年鉛印本。

6.《蓉江耆老重遊泮水唱和集》，莊慶祥輯，民國二十一年鉛印本。

7.《邵村重遊泮水詩集》，張其淦輯，民國二十三年鉛印本。

8.《萬星州先生八秩重遊泮水唱和全集》，佚名輯，民國二十八年鉛印本。

9.《訒庵先生重遊泮水唱和詩錄》，林葆恒輯，民國三十七年鉛印本。

10.《同音集》，柯志頤輯，民國印本。

11.《重遊泮水唱和詩》，顧汝澄等撰，民國鉛印本。

〔註396〕唐文治《序》，張其淦輯《邵村重遊泮水詩集》卷首，民國二十三年鉛印本。

12.《朱理齋先生重遊泮水唱和集》，朱拙叟輯，一九五四年油印本。

13.《丙申入泮六十週年書感》，張志鶴撰，一九五六年鉛印本。

14.《階平老人重遊泮水紀念冊》，錢泰編，一九六二年石印本。

是歲，陳嘉言、黃鳳歧、李經方、潘飛聲、劉錦藻、周慶雲、鄧起樞、吳錡、陳步墀、金兆豐卒。

陳嘉言（1851～1934），字梅生，湖南衡山人。進士。有《治東八策》，宣統二年奉天圖書印刷所鉛印本；《查勘禁煙日記》，清宣統元年奉天圖書印刷所鉛印本，又民國七年鉛印本；《奉化縣鄉土志》，吉林省圖書館 1960 年影印本。

黃鳳歧（1851～1934），字元祐，一字方舟，晚號久芳，又號渭叟，湖南安化人。進士。辛亥後，湘督譚延闓授以辰州、寶慶知府，未幾以年老辭歸，主講船山學社。有《種茂園詩草》三卷，光緒石印本；《久芳閣詩草》附《年譜》，民國二十年鉛印本；《謹度錄》《通侯雜述》，光緒十九年上海製造總局鉛印本，二十一年京都刻本；《玩中玩賦》，光緒刻本；《榷茶小草》，民國鉛印本。《佛經集聯》，民國二十二年長沙船山學社鉛印本。

李經方（1855～1934），字伯行，號端甫，安徽合肥人。舉人。官出使日本大臣、出使英國大臣、郵傳部左侍郎。入民國，為宗社黨奔走。參與丁巳復辟。敗後，蟄居大連。有《李襲侯遺集》，民國刻《合肥李氏三世遺集》本。

潘飛聲（1858～1934），字蘭史，號劍士、心蘭，廣東番禺人。著述宏富。有《說劍堂集》，光緒木刻本，總目二十五種，實刻六冊十四種，有《老劍文稿》《西海紀行卷》《香海集》《讀嶺南詞絕句》《海山詞》《花語詞》《長相思詞》《珠江低唱》。另有《飲瓊漿館詞》《羅浮紀遊》，宣統間《晨風閣叢書》鉛印本；《天外歸槎錄》《西海紀行卷》《在山泉詩話》，民初上海廣益書局《古今文藝叢書》鉛印本；《說劍堂詩集》，民國二十三年鉛印本；《剪松閣同人詩劄》，手稿本。

劉錦藻（1862～1934），字澄如，浙江吳興人。進士。有《堅匏盦集》二卷，民國間《南林叢刊》本。另有《皇朝續文獻通考》《先考通奉府君年譜。

周慶雲（1866～1934），字景星，號湘舲，別號夢坡，浙江吳興人。生員。撰著甚豐。有《夢坡詩存》十四卷，民國二十二年刻本；《夢坡詞存》二卷，民國二十二年刻本；《夢坡文存》五卷，民國二十二年刻本。另編著有《潯溪詩徵·潯溪詞徵》《南潯擷秀錄》《歷代兩浙詞人小傳》《夢坡室金石印痕》《周

慶雲印譜》《夢坡室藏硯》《四十硯碑拓本》《晨風盧會紀錄》《旬日紀遊》《湯山修禊日記》《京江避壽記》《之江濤聲・東華塵夢・海岸梵音》《變鹽法平議》《鹽法通志》《靈峰志》《秋雪庵志》《莫干山志》《夢坡室收藏琴譜提要》等。

鄧起樞（1868～1934），字仲期，一作仲祈，湖南湘鄉人。光緒二十四年進士，授編修。歷任京師法政學堂監督、國使館協修、浙江台州知府、浙江學政。入民國，隱居。著有《倚廬罪言》，光緒二十七年刻本；《戊戌芻議存稿》，光緒二十七年刻本。

吳錡（1869～1934），字棟臣，號劍秋，別署錫五，江西宜黃人。光緒十六年進士。官駐俄參贊、外務部郎中。入民國，居滬上。詩文似未結集刻行。

陳步墀（1870～1934），字子丹，一字幼俏，號慈雲，廣東饒平人。宣統恩貢。有《半讀堂文存》繡詩樓詩》《繡詩樓詩二集》《茅茨集》《宋臺集》《寒木春華齋詩》《有光集》《雙溪詞》《十萬金鈴館詞》，大多收入《繡詩樓叢書》。

金兆豐（1870～1834），字瑞六，號雪蓀，浙江金華人。幼承家學，光緒二十九年進士，選翰林院庶吉士。三十一年派赴日本，次年歸國，授翰林院編修。歷任京師大學堂提調、京師督學局視學、國子監師範學堂監督、國史館編修、武英殿校對等職。入民國，「不再出任事，惟以著述自娛……會趙次珊總制爾巽長清史館，聘君為協修。母蔣夫人以修史為千古事，勉其行，君乃奉母命就道」〔註397〕。有《晏海澄先生年譜》《斠補三國疆域志》《清史大綱》等。

1935 年　乙亥

六月，夏敬觀在上海寓所發起聲社。

按，《詞學季刊》1935 年二卷四號「詞壇消息」云：「聲社以本年六月十八日成立於滬西康家橋夏吷庵宅。主其事者為夏敬觀吷庵、高敏澎潛子、葉恭綽遐庵、楊玉銜鐵夫、林葆恒訒庵、黃濬秋岳、吳湖帆醜簃、陳方恪彥通、趙尊岳叔雍、黃孝紓公緒、龍沐勳榆生、盧前冀野，亦以十二人為限。」〔註398〕未見社課行世。

秋，前清故老大會陶然亭。汪曾武輯《江亭秋興詩》而刊之。

〔註397〕　王樹楠《清封二品銜記名提學使翰林院編修金雪蓀君行狀》，卞孝萱、唐文權
編《民國人物碑傳集》卷七，第 474 頁。
〔註398〕　《詞學季刊》1935 年 7 月第 2 卷第 4 期，第 201 頁。

愛新覺羅‧熙洽結集冷社詩人唱和集《冷社詩集》刊行於世。時為偽康德二年，去冷社之立已八年。熙洽仍為參謀長，寓吉林。

冷社以民國十六年創立於遼東，有社員二十人左右，詳見前文。《冷社詩集》前有愛新覺羅‧寶熙、羅振玉二家序。

附文 50　羅振玉《冷社詩集序》

予自津沽徙寓遼東，意謂黑山白水，王跡所基，其間殆有命世之才，晦跡庸眾，待時而動者，將訪求其人，與商大事。乃先見宿將某示以意，觀其酬對，雖慷慨而中少誠意，捨之去。已又聞吉林參謀長熙公任俠負奇橐，欲往見，求寶沈庵宮保為之介。或泥之曰：此公飲醇近婦，何見為？余曰：安知非有託而逃以晦其跡耶？卒往見，則果磊落坦白，推襟送抱，與某宿將大異。因以平日之所期者期之，且鄭重訂後約。逮柳條溝之變作，則去與君相見尚未逾年，亟攜兒子於戎馬縱橫中，再訪公，理前約，且以成謀高公，果奮袂而起，首率諸將樹立宏業。於是世莫不知新邦之建立，公其首功也。近三年來，公入掌邦賦，出任方伯，王事賢勞，殊無暇暇。今年冬，乃謝省政專部務。政事略簡，爰取往歲任參謀長時與僚佐所為冷社唱和詩集付之梓人。由沈庵宮保傳公命，責序於予，力辭不可，乃以一夕之力讀之。知其悲天閔人，孤憤內激，不得已而寓之醇酒婦人。予雖不知詩，然公之微旨，則可得而窺也。惟公平日以倜儻權奇自喜，而不喜儒酸，若予者，固儒酸之尤。公顧命之作序，且不許辭，此殊不能得公意。意者，曾以疇者有一日相知之雅，如郭令公之於李青蓮耶？乃直書往事於簡端，以塞公命。康德二年春王正月抱殘老人羅振玉書。〔註399〕

是歲，陳寶琛、高樹、袁大化、魏元曠、黃曾源、曹廣權、趙啟霖、孫雄、孫德謙、袁勵準、吳鍾善卒。

陳寶琛（1848～1935），字伯潛，號弢庵，福建閩縣人。進士。有《滄趣樓詩集》十卷《聽水齋詞》一卷《滄趣樓文存》二卷《滄趣樓律賦》一卷《滄趣樓制藝》，收入今上海古籍出版社 2006 年整理本《滄趣樓詩文集》；《陳文忠公奏議》二卷，民國二十九年刻本。另有《澂秋館印存》《澂秋館吉金圖》。

高樹（1848～1935），字蔚然，四川瀘州人。光緒十五年進士。歷官兵部主事、郎中，充軍機章京，改御史，出知錦州、奉天二府。入民國，曾任總統

府秘書。後辭歸。有《江陽山人詩草》不分卷，民國石印本；《珠岩山人詩鈔》，民國十三年鉛印本；《津門吟草》，民國石印本；《曼園吟草》，民國石印本；《滬上吟》，民國石印本；《車中吟草》，民國石印本；《北遊詩草》，民國石印本。另有《俚語家言》《金鑾瑣記》《思軒子傳奇》《鴒原錄》《許文肅公年譜》。

　　袁大化（1851～1935），字行南，安徽渦陽人。官新疆巡撫。張勳復辟，擬授議政大臣。有《光緒戊戌平定渦匪記事本末》，光緒木活字本；《東遊日記》四卷，宣統元年木活字本；《辛亥撫新紀程·壬子回程記》，民國元年鉛印本。另有《新疆圖志》《袁氏宗譜》。

　　魏元曠（1856～1935），原名煥章，號潛園，江西南昌人。光緒二十一年進士。官刑部主事。辛亥後，歸里。著有《魏氏全書》，民國二十二年刻本，凡子目三十八種，曰《論語》十卷、《潛園正集》、《中憲詩鈔》一卷（按此係魏慎餘撰）、《潛園詩集》十二卷、《潛園詞》四卷、《潛園文集》十四卷、《潛園詩續鈔》二卷、《潛園詞續鈔》一卷、《潛園文續鈔》十一卷、《類編》、《述古錄》、《易獨斷》一卷、《春秋通議》一卷、《離騷逆志》一卷、《史記達旨》一卷、《酌酌古論》四卷、《潛書》四卷、《剩言》一卷、《潛園讀書法》一卷、《潛園學說》一卷、《潛園或問》二卷、《潛園書牘》六卷《續稿》一卷、《雜編》、《堅冰志》、《光宣僉載》一卷、《三臣傳》一卷、《匪目記》一卷、《黨目記》一卷《南宮舊事》一卷、《西曹舊事》一卷、《都門懷舊記》一卷、《都門瑣記》一卷、《居東記》一卷、《蕉盦隨筆》六卷、《蕉盦詩話》四卷《續編》一卷、《詩話後編》八卷、《審判稿》一卷、《續編》。纂《南昌縣志》六十卷，民國二十四年鉛印本。編《南昌詩徵》五卷，民國二十四年鉛印本，今有文海出版社 1970 年《中國方志叢書》本。助胡思敬校勘《豫章叢書》。

　　黃曾源（1857～1935），字石孫，一作石蓀，號槐癭，福建閩候人。光緒十六年進士，授翰林院編修，擢監察御史。後知府徽州、青州、濟南等地。辛亥後，移居青島。袁世凱遣使徵聘，峻拒不出。自署「潛志」以明志。以潛志堂名樓，時劉廷琛有潛樓，于式枚有潛史樓，號三潛。有《石孫詩稿》《義和團事實》。

　　曹廣權（1859～1935），字東寅，湖南長沙人。舉人，以納貲為內閣中書。有《南園詩集》，民國二十六年鉛印本。

　　趙啟霖（1859～1935），字芷蓀，號瀞園，湖南湘潭人。光緒十八年進士，授編修。官至監察御史、四川提學使。有《瀞園集》，民國二十年刻本，今有

排印本《趙瀞園集》《趙啟霖集》兩種;《瀞園自述》,抄本,藏國家圖書館,今有《近代人物年譜輯刊》《北京圖書館藏珍本年譜叢刊》等影印本。編有《伍趙氏族譜》,民國木活字本。

孫雄(1866~1935),原名同康,字師鄭,江蘇常熟人。光緒二十年進士。官學部主事、京師大學堂監督。入民國,以遺老自居。有《師鄭堂集》,光緒十七年木活字本;《師鄭堂駢體文存》,光緒二十一年刻本;《眉韻樓詩》,光緒三十年刻本;《鄭齋類稿》,光緒石印本;《鄭齋感逝詩》,民國七年鉛印本;《詩史閣壬癸詩存》,民國十三年鉛印本;《舊京詩存》《舊京文存》,民國二十年鉛印本;《道咸同光四朝詩史》,光緒二年刻本;《鄭齋漢學文編》,光緒三十四年鉛印本;《鄭齋鉤論》,光緒石印本;《北洋客籍學堂識小錄》,光緒三十四年鉛印本;《名人生日表》,民國十年鉛印本;《讀經救國論》,民國九年鉛印本。

孫德謙(1869~1935),字受之,一作壽芝,號益庵、龍鼎山人、隘堪居士,江蘇吳縣人。宣統間,移居滬上。有《四益宧駢文稿》二卷,民國二十五年鉛印本。另有《太史公書義法》,民國十四年刻本;《漢書藝文志舉例》,民國七年刻本;《劉向校讎學纂微》,民國四年刻本;《金史藝文略》六卷,稿本,藏上海圖書館;《稷山段氏二妙年譜》,民國四年劉氏求恕齋刻本;《諸子通考》,宣統二年鉛印本。編有《六朝麗指》,民國十二年刻本;《金源七家文集補遺》,稿本;《浙江通志補編經籍志》,抄本。

袁勵準(1876~1935),字珏生,號中舟,一作中州,河北宛平人。光緒二十四年進士。入民國,袁世凱委以官職,辭不受。供職清史館。有《恐高寒齋詩》二卷,民國十七年刻本;《青島紀遊詩》一卷,民國二十三年刻本;《中周藏墨錄》,中國書店 1991 年影印本。輯有《歷朝七絕正宗》,民國二十一年刻本。

吳鍾善(1879~1935),字符甫,號頑陀,又號桐南居士,福建晉江人。狀元吳魯第四子。光緒二十九年癸卯經濟特科進士。宣統二年,獲派以州判分發廣東。辛亥變起,辭官歸隱,侍父於廈門林氏菽莊花園。許世英巡按福建,邀入幕,卻之〔註400〕。有《守硯庵詩稿》《荷華生詞》《守硯庵文集》,皆刻行於世,今有福建教育出版社 2017 年排印《守硯庵詩文集》本。又《守硯庵墨蹟》一冊,民國十六年印本。

〔註400〕 參見董俊珏、林立芬《近代閩南詩人吳鍾善年譜簡編》,《福建師大福清分校學報》2017 年 4 期。

1936 年　丙子

　　冬，天津郭氏栩樓印《水香洲酬唱集》行世。

　　水香洲，張鎰之別墅也。鎰（1875～1936），字蓟之，號仲金，直隸勝芳人。辛亥以還，流寓天津。溥儀出宮來津，故老咸萃。鎰舉水香洲雅集，頗招故老。章梫、楊壽柟、林葆恒、郭則澐、王龍伯、王彥超、金鉞、孫保滋、丁佩瑜、陳葆生、林芷馨、蒯若木、李書勳、張一桐、林笠士、林修竹、趙元禮、陳誦洛、管鳳和、顧祖彭、王逸塘、陳實銘、徐兆光、許鍾璐、侯毅、胡寶善、曾念聖、秦潛、李金藻、許同莘等人先後與其集。或謂此即儔社唱和詩集〔註401〕。儔社者，金梁、章梫、楊壽柟等人所結，詳前。

附文 51　郭則澐《水香洲酬唱集序》

　　水香洲在津沽南開，張君仲金之別業，而余為名之者也。津沽乏登臨之娛，獨南開以水勝。十年來，余屢泛舟過之，荒灣叢葦間，葭其牆，土其屋，鬻蟹藕者居焉，即今之水香洲也。仲金得之，鑿窪以為阜，通流以為渠，而洲以成。於是乎有屋有亭，即所謂滄近居、一漚亭也。又繼之，背流拓精舍，供吟憩，為之廊以達之，即所謂三十六陂吟館也。仲金語余，更將增廊以曲之，移花以實之，未及踐而仲金卒矣。余再過之，荊扉寂掩，花木荒翳，惟余所書水香洲榜尚無恙，悄望凄然，不忍復入是洲也。余及見其荒，又及見其營構，而今之所見者又如此，僂計前後數年間耳。故仲金之卒，曾遊是洲者，咸為嗟惜不置，而余所感更有深焉者。余好山水，次則園林，官居者若浙之約園、且園，經遊者若吳下之怡園、留園，滬之徐園，至今往復胸次而不能釋然，廢興彈指，吾於數年間歷睹之者獨是洲耳。仲金好客，屢約同時文士燕集於洲，遊必有詩或詞，又或為文記之，亦衰然成集。嘗錄草，屬餘編定。余以為仲金年雖六十，尚強健，吾輩賡續燕集於是洲者，所作或更有進，而仲金胡汲汲焉。不謂其遽止於此，其汲汲焉者若前知也。悲哉！夫古之輞川、甫里、竹垞、西陂，今皆蕪沒，獨賴文字存之。是洲雖與廢彈指於數年之間，苟使文字有傳，則亦異日之輞川、甫里、竹垞、西陂也。仲金之汲汲於此者，豈無意哉？爰亟編定而刊行之，以踐宿諾，且抒余痛，而益歎仲金侘傺畢生，乃僅以水香洲傳也。丙子小雪，蟄雲郭則澐序於栩樓。〔註402〕

　　〔註401〕　參見楊傳慶《民國天津文人結社考論》，《文學與文化》2017 年第 1 期。
　　〔註402〕　郭則澐編《水香洲酬唱集》卷首，民國二十五年鉛印本。

是歲，孫樹禮、王樹枏、吳道鎔、瑞洵卒、唐詠裳卒。

孫樹禮（1846～1936），字和叔，號公履，晚號踽叟，浙江餘杭人。光緒乙酉舉人。選授慈谿教諭。「鼎革後杜門著述，不復問時事」〔註403〕。邵章為作家傳，稱「清故慈谿教諭孫君樹禮」，蓋其遺志也。著有《踽叟詩稿》，有臺灣文聽閣圖書有限公司 2009 年《民國詩集叢刊》影印本。

王樹枏（1852～1936）〔註404〕，字晉卿，號陶廬，直隸新城人。進士。著述宏富。有《陶廬叢刻》行世，光緒至民國間遞刻本（含鉛印本），計含：《尚書商誼》《爾雅郭注佚存補訂》《墨子三家斠注補正》《文莫室詩集》《周易釋貞》《武漢戰紀》《天元草》《離騷注》《閒閒老人詩集》《文莫室駢文》《廣雅補疏》《學記箋證》《陶廬文集》《陶廬外篇》《陶廬箋牘》《陶廬詩續集》《希臘學案》《新疆山脈圖志》《新疆國界圖志》《新疆禮俗志》《新疆小正》《新疆訪古錄》《說文建首字義》《說文建首字讀》《十月之交日食天元草》《歐洲列國戰事本末》《歐洲族類源流略》《彼得興俄記》《故舊文存》。另著有《德宗遺事》，民國鉛印本。修、纂有：《奉天通志》《新疆圖志》《冀縣志》《新城縣志》《法源寺志》。

吳道鎔（1853～1936），原名國鎮，字玉臣，號用晦、澹庵，廣東番禺人。光緒六年進士，授編修。入民國，杜門著書。時寓香港。民國二十一年，八十壽辰，溥儀賜「行為士表」匾額一方。既歿，溥儀復賜「抱璞懷玉」額。編有《廣東文徵》二百四十卷（未就而歿，張學華補成之）；與修《番禺縣志》。有《澹庵詩存》一卷，民國二十六年刻本；《澹庵文存》二卷，民國二十六年刻本；《明史樂府》，民國二十三年鉛印本。

瑞洵（1859～1936），博爾濟吉特氏，字景蘇，一字信天，號坦園，又號天乞居士，蒙古族人，隸滿洲正黃旗。琦善孫。清光緒十二年進士，選翰林院庶吉士，散館授編修。入民國，貧不自聊，「知事不可為，每日誦持《金剛般若經》及《觀自在菩薩心經》並《多羅尼密呪》，無從間斷」〔註405〕。著《犬羊集》，日本昭和九年鈴木氏餐菊軒鉛印本。

〔註403〕邵章《清故慈谿教諭孫君和叔家傳》，《踽叟詩稿》卷首，《民國詩集叢刊》第13 冊，臺灣文聽閣圖書有限公司 2009 年版，第 7 頁。

〔註404〕按，王樹枏生年各家皆作 1851 年，此從劉志新考，蓋王樹枏以咸豐元年十一月二十五日出生，當為 1852 年 1 月 15 日。參見劉志《王樹枏生於一八五二年——對〈辭海〉該條之補正》，《社會科學戰線》1985 年第 2 期。

〔註405〕人鈴木吉武《犬羊集序》，瑞洵《犬羊集》卷首，日本昭和九年鈴木氏餐菊軒鉛印本。

唐詠裳（？～1936），字健伯，浙江杭州人。貢生。官浙江大學堂監學官。著有《鹹酸橋屋詞》，有刊本傳世。入民國，與纂《浙江通志》。

1937 年　丁丑

秋，郭則澐在北京舉瓶花簃詞社。

考夏緯明《近五十年北京詞人社集之梗概》云：「及盧溝橋事變後，郭嘯麓由天津移居北京，又結蟄園律社及瓶花簃詞社。每課皆由主人命題備饌。夏枝巢仁虎、傅治薌岳棻、陳純衷宗藩、張叢碧伯駒、黃公渚孝紓、黃君坦孝平、關穎人、黃嘿園，皆為社中中堅。」〔註406〕

林葆恒輯印《訒庵填詞圖》行世。

《訒庵填詞圖》計有六種，祈昆、賀翹華、湯滌、溥忻、許昭、陳曾壽各有一幅，後四種為民國二十五年所繪。真蹟所在，均不得而知。惟祈、湯、溥、許四家所繪填詞圖及其題詠，尚見於林葆恒自輯《訒庵填詞圖》。祁圖有林氏自題，調寄《揚州慢》：「文采清門，故家喬木，老來百事無成。歎虞淵莫挽，早兩鬢星星。剩晞髮、江湖獨往，舊宮禾黍，常念周京。便彌天、忠憤哀弦，彈與誰聽。五湖倦夢，問何時、重踐漚盟。看野水平橋，喬松壓屋，空寫暇情。寄語故山猿鶴，斯圖在、息壤堪徵。待馨香姜史，銀箋勤譜偷聲。」〔註407〕

是歲，陳三立、何國澧、朱益藩、林開謩、葉爾愷、賴際熙、章鈺、牛兆濂、區大典卒。

陳三立（1853～1937），字伯嚴，號散原，江西義寧人。進士。有《散原精舍詩文集》。

何國澧（1859～1937），字定怡，號蘭愷，廣東順德人。進士。辛亥後，隱居鄉間。嘗與修《宣統政紀》。《順德縣志》著錄《古鏡妄言》，已佚。前清進士友人所贈墨寶存於世，有2012年秦素軒輯印《清點百位進士書法冊》本。

朱益藩（1861～1937），字艾卿，號定園，江西萍鄉人。光緒進士，授編修。官山東提學使，太子少保。辛亥武昌事起，回籍。五年，任故宮小朝廷上

〔註406〕慧遠（夏緯明）《近五十年北京詞人社集之梗概》，張伯駒編《春遊社瑣談·素月樓聯語》，第23頁。
〔註407〕參見姚達兌《清遺民的文化記憶和身份認同——林葆恒和六福〈訒庵填詞圖〉》，《民族藝術》2016年第6期。

書房行走。卒諡文誠。其詩文著述手稿，未刊，毀於文革中。今有《清廷帝師朱益藩書法集》，雲南美術出版社 2017 年版。

林開謩（1863～1937），字益蘇，又作貽書、籋疏，福建長樂人。進士。入民國後，卻徵不出。與同儔居京中，號九老。卒前自挽一聯云：「固知無物還天地，不敢將身玷祖宗。」〔註408〕詩文多散佚，似未嘗結集刊行。

葉爾愷（1864～1937），字柏皋，一作伯皋，號涕臣、涕君，浙江杭縣人。光緒十八年進士，授編修。官江南學政。入民國，居滬上，以賣字為生。其稿本多藏上海圖書館。著有《柏皋庚戌日記》，稿本；《舊鈔雜稿》，稿本；《隨筆雜錄》，稿本；《碑聯集拓原碑釋文》，稿本；《王太夫人事略》，光緒二十八年石印本；《吳容甫公家傳》，民國十六年石印本；《狄室汪觀定夫人墓誌銘》，民國十四年石印本；《評議陽明與禪》，稿本。編有《性理書目》，抄本；《葉柏皋先生藏書目》，稿抄本；《續纂浙江通志列傳資料》，稿本；《葉氏友朋詩文書啟雜存》，稿本。

賴際熙（1865～1937），字煥文，號荔垞，廣東增城人。光緒二十九年進士，授編修、國史館纂修、總纂。入民國，移居香港。任香港大學中文總教習兼教授。民國十二年，設立學海書樓。有《荔垞文存（附詩集）》，1974 年羅香林輯印本；今有《學海書樓叢書》本、林慶彰編《民國文集叢刊》本。

章鈺（1865～1937），字式之，號茗簃，江蘇長洲人。光緒二十九年進士。「辛亥國變，棄官從好，旅食於京沽間。先生自以為於國事無所裨，而文獻之寄，不可以無傳，即以讀書報三百年養士之澤。……彌留之際，口占庭誥教誡諸子，遺命以故國冠服斂。」〔註409〕著有《四當齋集》，民國二十六年鉛印本；《清史稿藝文志》，民國鉛印本；《章蘭舟先生事略》，宣統三年刻本；《劉鳳翰墓誌銘》，民國二十三年影印本；《黑韃事略》，民國排印本；《國朝古文匯鈔補目》，抄本，藏國家圖書館；《太平廣記引用書目》，抄本，藏國家圖書館；《胡刻通監正文校宋記》，民國二十年刻本；《章式之先生臨明徵君碑》，民國二十六年石印本；《負翁書課》，民國二十二年影印本；《錢遵王讀書敏求記校證》，江蘇廣陵古籍刻印社 1987 年影印本。編有《存社徵文選卷匯存》，民國十六年鉛印本；《集殷虛文字楹帖彙編》，民國十六年石印本；《長洲章氏用印》，民國鈐印本；《廣化寺圖書館檢書草目》，綠絲欄抄本，藏國家圖書館；《天祿琳琅正後編目》，民國

〔註408〕參見徐一士《一士譚薈》，中華書局 2007 年版，第 235 頁。
〔註409〕張爾田《先師張式之先生傳》，《四當齋集》卷首，民國二十六年鉛印本。

三年藍絲欄鈔本；《小浮山人所藏詞翰錄存》，綠格鈔本，藏國家圖書館。

　　牛兆濂（1867～1937），字夢周，號藍川，陝西藍田人。光緒十四年舉人。先後講學於芸閣學社、魯齋書院、存古學堂。辛亥變起，攜眷入山。後講學於三原清麓書院、藍田芸閣學舍。有《藍川文鈔》十二卷附一卷，民國十三年芸閣諸生排印本；《藍川文鈔續》四卷，民國二十四年芸閣諸生排印本。今並收入《牛兆濂集》（西北大學出版社 2015 年版）。另編有《呂氏遺書輯略》《芸閣禮記傳》《近思錄類編》，纂有《續修藍田縣志》。

　　區大典（1877～1937），字徽五，廣東南海人。光緒二十九年進士，授編修。入民國，移居香港，自號遺史氏。任香港大學漢文講習，著有《孟子通義》《老子注》《左氏兵事地理述略》等。

1938 年　戊寅

　　四月，曾恪《夜起庵弟子記》行世，中日雙語。此書發揚鄭孝胥所謂「王道」思想。

　　民國二十六年鄭孝胥在長春成立王道書院維持會，講授《大學》《孟子》等經典。孝胥既歿，曾恪述其說行世。曾恪為鄭孝胥弟子，所撰《夜起庵弟子記》，蔡運生署檢，卷首有鄭孝胥像一幀及手跡「所為有常，無間寒暑，見善則喜，若決江河」，又有松浦嘉三郎、傅嶽棻序各一，卷尾附錄《教忠精義》《春秋思想與漢民族之關係》。《教忠精義》，乃曾恪於偽「康德二年」（1935 年）奉大同學院聘請所作之講演。

　　五月，章梫輯印《遏雲集》行世，天津金石書畫社石印本。

　　此章氏搜集各界賦贈女伶章遏雲之作，收詩詞凡百二十餘首，大率稱道遏雲色藝者，有識語、跋語。章遏雲（1912～2003），字珠塵，寄籍上海，出王瑤卿門下。

　　徐世昌纂《清儒學案》二百八卷成，文楷齋刻行。《清儒學案》之纂，始徐氏下野退隱天津時。夏孫桐任總纂，張爾田、金兆蕃、閔爾昌、王式通、朱彭壽、沈兆奎、章華、鄭沅、曹秉章、傅增湘等人參與纂修〔註410〕。

　　《清儒學案》一書，雖由遜清故老纂輯，然徐世昌擘劃詳慎，規模宏遠，

〔註410〕　參見劉鳳強《〈清儒學案〉編纂考》，《史學史研究》2009 年第 3 期。

細枝末節，亦多屬意，非虛掛其名而已。今存《清儒學案書札》，所收徐世昌、王式通往來信札之富、議論之精，足徵徐氏當日用心懇而用力勤。《清儒學案》體例紊亂，未能畫一，是其大病。此不僅出於卷帙浩繁，亦當日編纂者若夏孫桐、張爾田、閔爾昌等意見不一、相持不下有以致之。加以徐氏年老體衰，亟欲觀其成，重為校理，亦非所願。

是歲，鄭孝胥、鐵良、謝叔元、李經邁卒。

鄭孝胥（1859～1938），字蘇戡，一字太夷，號海藏，福建福州人。舉人。官至湖南布政使。曾任偽滿洲國文教部總長、國務總理大臣。著有《海藏樓詩集》，上海古籍出版社 2013 年版；《王道講演集》，民國二十三年石印本；《函髻記》，民國四年石印本。編有《孔教新編》，民國三年石印本。

鐵良（1863～1938），滿洲穆爾察氏，字寶臣，晚號抱墨老人。官至軍機大臣、陸軍部尚書。入民國，屢與復辟之役。有《抱默老人遺墨》，民國二十七年石印本。

謝叔元（1866～1938），字希庵，福建侯官人。光緒舉人。辛亥以後，以慕管幼安為人，「改號希安」〔註411〕，「閉門不出」〔註412〕。有《惜縷齋全集》七十卷，稿本，藏福建圖書館。按此全集，皆係稿本，裝訂整飭，有署檢。《讀尚書札記》六卷，為《全集》之第七種，近在孔網出售，想是非法流出者。

李經邁（1876～1938），字季皋，號又蘇，別號澄園，安徽合肥人。李鴻章子。特賞員外郎，在工部都水司行走。賞戴花翎，以四、五品京堂用。特旨以三、四品京堂候補。特賞頭品頂戴。欽差出使奧國大臣。光祿寺卿。江蘇按察使、河南按察使、浙江按察使。特旨以侍郎候補，署理民政部右侍郎。入民國，絕意仕進，寓上海。張勳復辟時，授外務部左侍郎。輯《自反錄》，民國六年石印本。

1939 年 己卯

春，廖恩燾、林葆恒、夏敬觀等在上海創午社。

〔註411〕 薩伯森《薩伯森文史叢談》，海風出版社 2007 年版，第 119 頁。
〔註412〕 薩福簡《侯官謝叔元先生言行錄》，福建省政協文史資料委員會編《文史資料選編》第 3 卷，第 48 頁。按，鄭慶聰等編有《侯官謝希安先生年譜》，1962 年排印本；邵繼煥等編有《謝希安先生六秩壽譜》。

凡集七次，得詞一百六十闋。次年（1940）刊有《午社詞》。據《午社詞》所附同人姓字籍齒錄，社員凡十五人，有：廖恩燾、金兆蕃、林鵾翔、林葆恒、冒廣生、仇埰、夏敬觀、吳庠、吳湖帆、鄭昶、夏承燾、龍沐勳、呂貞白、何嘉、黃孟超〔註413〕。此後，未刻唱和集行世，然社事活動似未嘗停止。《同聲月刊》頗載同人社課。1942 年《同聲月刊》載有廖恩燾《八寶妝》，自撰小序云：「訒庵（按即林葆恒）以吳諺螺殼道場喻吾人今日處境，丐朱君繪圖便面，賦玲瓏玉一闋，映庵（按即夏敬觀）和焉。詞均極工。午社因拈作課題，並限八寶妝調。余從李景元體，膝得此解。」〔註414〕但此諸詞，不見於《午社詞》，其明證也。

秋，土屋竹雨來北京。橋川時雄設宴會賢堂，招傅增湘、夏孫桐、郭則澐、夏仁虎、黃孝紓等人陪同。唱和作品結為《燕京唱和集》。

土屋竹雨名久泰（1887～1858），字子健，號竹雨，出身文化世家，有《猗廬詩稿》行世。他年輕時就讀東京帝國大學法科大學政治學科，1928 年在東京麴町創立藝文社，主編漢詩文月刊《東華》。列名《東華》雜誌的中國「名譽員」（社賓）包括溥儒、溥伒、王揖唐、汪榮寶，「顧問」包括陳寶琛、升允、鄭孝胥、吳闓生、齊白石、袁勵準、曹經沅、楊嘯谷、程淯、王一亭、黃賓虹、羅振玉等人。尚賢堂唱和，以《燕京唱和集》為總題發表在《東華》雜誌第一百三十八期（1940 年 1 月）〔註415〕。

林修竹在天津結玉瀾詞社，寇泰逢、查蓮坡、郭則澐、楊壽柟、馮孝綽等人與其集。

玉瀾詞社有《題名錄》一冊，未見。

是歲，潘守廉、藍鈺、汪兆鏞、鄧邦述、李準、忻江明、溫肅、袁思亮卒。

潘守廉（1845～1939），字潔泉，號對鳧居士，山東微山人。光緒十五年

〔註413〕《午社詞同人姓字籍齒錄》，南江濤編《清末民國舊體詩詞結社文獻彙編》第 1 冊，第 301～302 頁。
〔註414〕廖恩燾《八寶妝》，《同聲月刊》1942 年第 2 卷第 2 期，第 145～146 頁。
〔註415〕參見稻畑耕一郎《傅增湘詩篇遺留日本考——兼論〈東華〉與〈雅言〉之關聯》，林宗正、張伯偉編《從傳統到現代的中國詩學》，上海古籍出版社 2017 年版，第 281～301 頁。

進士。入民國，隱居天津。有《宛南書院課讀經義第論》，清光緒二十七年皖南書院刻本；《木鐸千聲》，民國二十六年鉛印本；《論語鐸聲》，民國二十六年鉛印本。編《淨土清鍾》，民國十三年鉛印本；《潘氏三君詩集》，民國十八年鉛印本；《女二十四孝圖說並詩》，民國二十五年石印本。

藍鈺（1856～1939），字石如，號蟄廬，江西高安人。光緒十八年進士，授編修。修《德宗實錄》。入民國，受聘清史館，任協修。後返里。有《負笈硯齋詩鈔》《負笈硯齋文鈔》《日記》，稿本，藏南昌王諮臣新風樓。

汪兆鏞（1861～1939），字憬吾，廣東番禺人。舉人。辛亥後，避居香港、澳門等地。溥儀賜「志節不移」匾額。有《微尚齋詩》《續稿》，宣統印本、民國二十九年鉛印本；《雨屋深燈詞》《雨屋深燈詞續稿》《雨屋深燈詞三編》，宣統三年、民國十七年、二十九年鉛印本；《微尚齋雜文》，民國三十一年鉛印本。纂《碑傳集三編》。另有《元廣東遺民錄》《嶺南畫徵略》《廣州城殘磚錄》《棕窗雜記》《（稿本）晉會要》《汪微尚老人自訂年譜》

鄧邦述（1868～1939），字正闇，號孝先，江蘇江寧人。鄧嘉縝子，鄧廷楨曾孫。進士。有《群碧樓詩鈔》四卷，民國十九年刻本；《六一消夏詞》一卷，民國十八年石印本；《漚夢詞》四卷，民國二十二年刻本。輯《雙硯齋叢書》，民國十一年刻本。另編著有《群碧樓善本書錄·寒瘦山房鬻存善本書目》《鄧尚書年譜》《江寧鄧氏家藏名賢書畫冊目錄》《群碧樓書畫簿》《群碧樓清史稿分纂稿》等。

李準（1871～1939），字直繩，四川鄰水人。官候補道員、廣東水師提督。先是，鎮壓革命黨人不遺餘力。辛亥事起，逼粵督張鳴岐反正。入民國，懼革命黨人舊隙未解，悄然入港〔註416〕。二年，寓北京。十一年，授直威將軍。遷居天津。於清廷甚恭。民國二十四年，「正月赴長春祝誕，召見六次，賞旅費千元。六月又赴長春，召見五次，賞千元回津」，次年，「正月又赴長春，召見五次」〔註417〕。故金梁入之《清遺逸傳稿》。著述宏富，晚年潤編京劇甚多。有《任庵六十自述》，五言長詩；《任庵自訂年譜》，稿本，家藏。另《任庵聞見錄》《古籀類編》十二卷、《任庵臨池賸稿》20 冊〔註418〕。

忻江明（1872～1939），字紹如，號鶴巢，浙江鄞縣人。光緒十三年進士。

〔註416〕 參見馮自由《革命逸史》中冊，金城出版社 2014 年版，第 693～695 頁。
〔註417〕 李準《任庵自訂年譜》，家藏稿本（自娛自樂叟過錄電子本）。
〔註418〕 參見《李準主要著作目錄》，何正華，李萬芝著《李準故事》，四川大學出版社 2014 年版，第 213～214 頁。

入民國，僑居上海。著有《鶴巢文存》四卷《詩存》一卷，民國刻《四明叢書》本，今有上海書店出版社 1994 年影印本。

溫肅（1879～1939），字毅夫，原名聯塆，號檗庵，晚號清臣，廣東順德人。進士，授編修。官湖北道監察御史。入民國，「始終完髮」〔註419〕。丁巳復辟，擬授都察院副都御史。任溥儀南書房行走。晚年受聘香港大學。偽滿時，「東覲，感憤時事，抗章劾太夷罔上誤國，斥守福陵，久之乃放歸，抑鬱以卒」〔註420〕。有《溫文節公集》，學海書樓 2001 年重印本。另有《貞觀政要講義》，民國二十五年鉛印本；《黎群行狀》，民國十七年鉛印本；《大清宣統政紀》，民國稿本，藏國家圖書館；《陳獨漉先生年譜》，民國八年刻本。

袁思亮（1879～1939），字伯夔、一字伯葵，號蘉庵，湖南湘潭人。舉人。入民國，強起為印鑄局長。袁世凱謀洪憲稱制，棄官隱，「終其身不復出」〔註421〕。有《蘉庵文集》，袁榮法編《湘潭袁氏家集》本。

1940 年　庚辰

春，傅增湘在北京自宅藏園創餘園詩社，編《雅言》雜誌。藏園舊在西城石老娘胡同七號〔註422〕。《雅言》，先後出五卷六十期，至民國三十三年（1944）12 月乃止。由王揖唐、安藤紀三郎、梁鴻志贊助。遜清故老若吳闓生、夏仁虎、邵章、郭則澐、楊壽枏、楊鍾羲、傅嶽棻、陳曾壽、冒廣生、李宣龔、夏敬觀、閔爾昌、夏孫桐、陳夔龍、林葆恒等皆為《雅言》供稿人。

其先後列名《雅言》大贊助者尚有齊燮元、周作人、汪時璟、殷同、鈴木美通、喻熙傑、朱深、余晉龢、蘇體仁、劉玉書、汪兆銘、陳公博、周佛海、王克敏、王謨等人。先後列名《雅言》評議人者，有趙椿年、林出慕聖、岡田元三郎、橋川時雄、夏仁虎、瞿宣穎、溥儒、李元暉、李家璟、白堅、曹熙宇、

〔註419〕郭則澐《郭則澐自訂年譜》，第 89 頁。
〔註420〕郭則澐《郭則澐自訂年譜》，第 89 頁。
〔註421〕李國松《湘潭袁君墓誌銘》，卞孝萱、唐文權編《民國人物碑傳集》卷二，第126 頁。
〔註422〕《雅言》庚辰卷一（創刊號），一九四零年一月，南江濤編《民國舊體詩詞期刊三種》第五冊，國家圖書館出版社，2013 年，版權頁。另可參見稻畑耕一郎《傅增湘與〈雅言〉——傳統詩歌的繼承事業》，陳致編《中國詩歌傳統及文本研究》，中華書局 2013 年版，第 494～529 頁。

黃燮、楊懿溁、李家璟、今關天彭、楊秀先、郭則澐、傅嶽棻、黃孝紓、溥儇、張江裁等人。大贊助以漢奸政客居多，而評議人則往往非是。評議人中，若橋川時雄則嘗辦有《文字同盟》，又以庚子賠款資助北平人文科學研究所撰述《續修四庫全書總目提要》，今關天彭則撰述有《宋元明清儒學年表》《近代支那之學藝》等著作。彼輩猶學人也，未便以安藤紀三郎之流目之。創刊號別有《敘例》一篇，述其旨趣；所謂「草堂雲塈，與世相忘；吟社月泉，其人宛在」亦自敘其遺民身份、逸民想像而已。

附文 52　佚名《雅言（創刊號）·敘例》

永歌言志，肇自虞書；緝頌製詩，昉乎公旦。歲歷綿曖，條流遂紛，斧藻群言，厥惟蕭選。古詩之賦，全取其名；眾製之中，兼包各體。凡事出陳思，義歸翰藻，皆與篇什雜而集之。後世總集，濫觴於此。間氣英靈八種，選自唐賢；群公眾方諸編，行於宋代。河間四庫，嗤為標榜之先驅；邢上題襟，謂補前人之墜典。臧否雖殊，別裁則一。今之雜誌，具體而微矣。乃者歲當龍尾，家握蛇珠。性靈多陶冶之聲，聲氣葉應求之雅。草堂雲塈，與世相忘；吟社月泉，其人宛在。加以西崑南嶽，並著倡酬；北地東溟，爭圖主客。元音所萃，正軌斯存。不有縹囊，何羅緗帙；爰成小牘，冀蔚巨觀。甄採限於時流，搜討及乎故事。遺編可錄，類沅湘耆獻之徵；名下非虛，傳湖海詩文之作。為疏短引，略紀大凡。〔註423〕

秋，張伯駒在北京舉延秋詞社。張伯駒、溥儒、傅嶽棻、郭則澐、夏仁虎、高君武、陳宗藩等人與之。

《同聲月刊》「詞林近訊」有云：「歷年變亂，詞人多集北京、上海……北京方面，近有延秋詞社，作者為袁文藪（毓麟）、夏枝巢仁虎、陳尊衷宗藩、郭蟄雲（則澐）、張叢碧伯駒、林笠似（彥京）、楊君武（秀先）、黃碧慮（孝紓）、黃緗盦（襄成）、黃君坦（孝平）諸人云。」〔註424〕考民國三十年辛巳（1941）《雅言》月刊卷三詞錄收有「延秋詞社第一集甲題」，收張伯駒、溥儒、

〔註423〕《雅言敘例》，《雅言》庚辰卷一（創刊號），南江濤編《民國舊體詩詞期刊三種》第 5 冊，第 231 頁。按《敘例》未署撰人，以意度之，當出傅增湘手。
〔註424〕《詞林近訊·燕滬詞社近訊》，《同聲月刊》1940 年第 1 卷第 1 期。按《同聲月刊》創刊於民國二十九年十二月，「詞林近訊」曰「北京方面，近有延秋詞社」云云，可知延秋詞社在此前成立。揆「延秋」二字義，可知詞社舉於歲秋前後。

聖逸、傅嶽棻、郭則澐、夏仁虎、高君武諸人詞作，然則溥儒、傅嶽棻諸人亦當係延秋詞社成員。

林葆恒輯印《落花詩》行世。

是集由林葆恒題簽，王禔書名，收林葆恒、廖恩燾、袁思亮、黃孟超、吳庠等人同題詩作，附詞七首。按清末民初盛行落花詩，用寫哀怨微茫，家國身世，冶於一爐，陳寶琛、陳曾壽，皆其健者。林氏編是集，亦其流風餘韻耳。

是歲，方旭、吳郁生、喻長霖、鄒安、楊鍾羲、劉敬、羅振玉、魏元戴、陳懋鼎、張允方、周登皞卒。

方旭（1852～1940），字鶴齋，安徽桐城人。任四川省夔州知府。入民國，居成都，伏不出，為「蜀中五老」之一。著有《鶴齋詩存》，民國美信印書局鉛印本；《蟲薈》，光緒刻本；《蠹存》，光緒刻本。另修《蓬州志》，光緒刻本。

吳郁生（1855～1940），字蔚若，號純齋，江蘇吳縣人。光緒進士，授編修。內閣學士、郵傳部尚書、軍機大臣。入民國，歸里隱居。著有《陸文端公行狀》，民國四年刻本；《黃公曾源行狀》，民國二十五年鉛印本；《東萊祥齋趙公墓表》，民國石印本；《葉昌熾墓誌》，碑帖，藏國家圖書館。輯《朱斂昉華甲壽言》，民國十二年鉛印本。

喻長霖（1857～1940），字志韶，浙江黃岩人。光緒二十一年進士，授編修。任國史館協修、實錄館纂修。入民國不仕。著有《惺諟齋初稿》，宣統鉛印本；與編《浙江通志》；主修《台州府志》，民國二十五年鉛印本。

鄒安（1864～1940），字壽祺，一字景叔，號適廬，浙江杭州人。居上海。編有《周金文存》，倉聖明智大學民國十年鉛印本；《廣倉研錄》，民國八年影印本；《藝術類徵》，民國十年鉛印本；《古石抱守錄》，民國七年《藝術叢編》本；《雙玉鉨齋金石圖錄》，《藝術叢編》本；《草隸存》，民國十年鉛印本；《蒿里遺珍拾補》，民國十年鉛印本；《十友名言》，民國十年鉛印本。

楊鍾羲（1865～1940），滿族尼堪氏，原名鍾慶，戊戌政變後改名鍾羲，冠姓楊，字子勤，一作芷晴，號聖遺、留垞，又號雪橋，一作雪樵，遼陽人。進士。有《聖遺詩集》四卷，民國二十四年《墨巢叢刊》鉛印本。另有《雪橋詩話》《致李拔可手札》《研左廬書錄》等。編《八旗文經》《白山詞介》《留垞叢刻》。

劉敬（1865～1940），字龍生，福建閩縣人。光緒癸卯進士，分刑部主事。

出官四川長壽、綿陽知縣。入民國，辭官返里，以詩文自娛。有《息園詩稿》，毀於文革。今人輯有《惜園剩稿》，2004 年私印本。

羅振玉（1866～1940），字叔蘊、叔言，號雪堂、貞松老人，浙江上虞人。生員。奉召入京，任學部二等諮議官，補參事官，兼京師大學堂農科監督。偽滿建國，與其役。校刻叢書甚多。著述亦宏富，有清末造，罕有儔匹，有《面城精舍雜文》《唐風樓金石文字跋尾》《永豐鄉人稿》《松翁近稿》《貞松老人外集》《貞松老人剩墨》《永豐鄉人家書》《永豐鄉人書札致觀堂》《集殷墟文字楹帖》《石交錄》《讀碑小箋》《眼學偶得》《俑廬日劄》《殷商貞卜文字考》《殷虛書契考釋》《鳴沙山石室秘錄》《流沙墜簡考釋》《貞松堂集古遺文》《希古樓金石萃編》《再續寰宇訪碑錄》《吳天發神讖文補考》《增訂碑別字》《重訂漢石存目》《海東金石苑補》《西陲石刻錄》《殷虛古器物圖錄附說》《古器物識小錄》《古器物範圖錄附說》《唐書宰相世系表補正》《重校訂紀元編》《紀元以來朔閏考》《宸翰樓所藏書畫目錄》《貞松堂藏書畫目》《大雲書庫藏書題識》等，今有臺灣出版《羅雪堂先生合集》本，較為完備。

魏元戴（1868～1940），江西南昌人。魏元曠弟。考功郎。入民國，歸隱南昌近郊，用甲子紀年。著有《滄江歲晚集》，民國刊本。

陳懋鼎（1870～1940），字徵宇，福建閩候人。陳寶琛猶子。光緒己丑舉人。明年，與曾祖陳寶瑨、叔祖陳寶璐成同榜進士。嗣任宗人府主事、駐英國公使館二等參贊。入民國，外交部選派政治會議議員。後出任偽滿文教局局長。歸隱後，居北京。《癸丑臘月崇陵奉安禮成》所謂「歲改臣家猶有臘，雲深帝所自為鄉」〔註 425〕之句以明志。著有《槐樓詩鈔》，福建人民出版社 2017 年版。

張允方（1873～1940），直隸豐潤人。張人駿子。以薦舉為知州，改民政部主事。辛亥後，棄官侍父於青島。父歿，還故都，讀書種菜，常終年不出。「垂發如舊制，終其身不變，與其言時事，太息而已。」〔註 426〕

周登皞（？～1940），字熙民，福建閩候人。「值國變，所作詞輒有滄桑之感」〔註 427〕。居天津，先後入蟄園吟社、城南詩社、須社。曾入觀溥儀天津

〔註 425〕陳懋鼎《槐樓詩鈔》，福建人民出版社 2017 年版，第 59 頁。
〔註 426〕金梁《清史稿補》，第 8 頁。
〔註 427〕林葆恒編《詞綜補遺》卷六十二，第 2327 頁。小傳又云：「蓋憂時憫俗，乃寄情於此，非君初意也。」似不當以清遺民視之者。溥儀寓居天津直廬，周屢入覲。姑從例錄存。

直廬。詩詞各作未編集刻行，多散佚。著有《遊黃山作》，民國二十六年鉛印本；編有《寧河鄉土志》，抄本，藏天津圖書館。

1941 年　辛巳

歲初，夏敬觀發表《八代詩評》。

《八代詩評》連載於《同聲月刊》第 1 卷第 2 號。按，先是王闓運刊《八代詩選》，自漢迄隋，分體纂錄，惜未刻入評騭語。夏氏《八代詩評》，即錄其言而加以商榷，或駁或申。

三月三日，陳夔龍在上海大中華七樓發起公宴，即席賦長古一篇〔註 428〕。林葆恒、桂坫等有詩和之。

偽滿溥儀賜夏孫桐匾額一，以來年壬午為夏孫桐六十年重逢鄉舉之期。夏孫桐有詩紀恩，一時故老，和者甚眾，輯為《闇枝先生鄉舉重逢紀恩唱和集》。

賜匾事，由許寶蘅、寶熙、袁金鎧、胡嗣瑗、陳曾壽上書奏請。夏孫桐為光緒八年壬午科鄉試舉人。獲賜匾額後，有《來歲壬午為六十年重逢鄉舉之期蒙行朝頒賜匾額紀恩感遇敬賦二律》，時傅增湘、邢端、袁毓麐、傅嶽棻、胡嗣瑗、夏仁虎、諸以仁、朱師轍、張一麐、陳漢第、陳敬第、金兆蕃、關賡麟、王季烈、仵墉、朱彭壽、尚秉和、楊鼎元、梁啟勳、章錫奎等人皆有和作〔註 429〕。夏孫桐二詩，其一云：「宸章褒寵主恩宣，拜賜遺臣一泫然。新政久聞停蕊榜，殊榮無異預萍筵。過江鮒愧庸才廁，告朔羊猶舊制沿。在野自甘名士翳，殷殷說項賴群賢。」自注：「事由舊交許季湘、寶瑞臣、袁潔珊、胡琴初諸公及門人陳仁先合詞上聞。」其二云：「遠祖曾蒙聖祖邀，時逢景運溯先朝。儒風未改一經守，嘉話相傳八代遙。衣缽家承知有忝，滄桑世變恨難消。陳人謬託鄉閭愛，敢向名場說後凋。」自注云：「八世族祖雨三公，康熙中官浙江

〔註 428〕　參見陳夔龍《上巳日大中華七樓公讌，因憶丁丑是日曾偕虞琴、渭英買棹山陰修禊，忽忽五年，不堪回首，即席感賦長古，錄呈坐上諸君子》，《陳夔龍全集》中冊，貴州民族出版社 2014 年版，第 813 頁。

〔註 429〕　《雅言》辛巳卷七，南江濤編《民國舊體詩詞期刊三種》第 7 冊，第 298～299 頁。《闇枝先生鄉舉重逢紀恩唱和集》，《雅言》癸未卷二，《民國舊體詩詞期刊三種》第 8 冊，第 499～508 頁。

紹興知府，曾拜重宴鹿鳴恩命。」〔註430〕蓋感之者深矣。

　　夏仁虎《清宮詞》二卷由國立北京師範大學文學院文學院鉛印行世。

　　《清宮詞》分上、下卷，國立北京師範大學文學院民國三十年鉛印本而外，又有《師大學刊》1943 年第 2 期本。其後，又有臺北純文學出版社 1986 年版、浙江文藝出版社 2009 年《國學家夏仁虎》收錄本。《清宮詞》有郭則澐、吳廷燮序及自序。夏仁虎另有《撰清宮詞成自題後》一詩云：「秘籍逃秦火，遺聞出漢庭。夢華元老錄，野史右司亭。敢以詞相賞，稍除語不經。霓裳天上樂，彈出鷲峰伶。」載《雅言》1941 年第 4 期。

附文 53　夏仁虎《清宮詞自序》

　　清代宮詞，作者殊少。然上溯開國，下及末年，皆以衝主委裘，母后當政，和熹殿上。章獻簾前，事屬宮闈，多關史蹟，其可紀者一也。發祥長白，入主中夏，凡其郊祀典禮。令節儀文，或篤守舊風，或漸染漢俗，一朝制作，混合華夷，二百餘年，自成體格，其可紀者又一也。康乾右文，而文字不免興獄。雍嘉繼體，於骨肉或疑少恩。不觀宮史，誶謗胥失其真。未睹皇寔，美刺皆無所據。今則天祿秘文，西京雜記，披露漸廣，引證有資，其不可不紀者又一也。僕以戊戌通籍，北宦京朝四十五年，未嘗遠去。少年選事，喜錄舊聞。投老閒居，未忘結習。伶玄作傳，頗聞擁髻之談。李暮偷聲，或覓傍牆之譜。重以五運蟬蛻，既忌諱之胥除。三篋蠹餘，越塵霾而間出。將留掌故，託以謳吟，此清宮詞之所由作也。或者謂花蕊芬芳，成百篇之麗制。白華采擷，作十國之華詞。必繅五色之絲，乃就七襄之錦。若清代者，宮廷令肅，難寺權輕。質家御世，事每出於尋常。豔跡鮮傳，文或窮於雕飾。吾子之作，殆未可以已乎！僕曰否否，異乎吾聞。僕以為宮詞雖細，亦史氏之支流也。可以存一代之典章，紀一時之風尚，明一朝之得失，見一事之是非。若乃徒掇瑰詞，漫誇麗藻，為已末矣！又其甚者，訪齊東之野人，採周秦之行記，自儕穢史，何異謗書，尤非僕之所敢聞也。嗟乎！遺山易代，非無野史之亭。元老歸來，亦有夢華之錄。僕之茲作，殆非其倫。唯是排比遺聞，飴貽來哲，將用無益之事，以遣有涯之生。世有覽者，藉抒悶懷。第視為飄零李老，猶存天寶之琵琶。妝點中郎，

〔註430〕閩枝《來歲壬午為六十年重逢鄉舉之期蒙行朝頒賜匾額紀恩感遇敬賦二律》，《雅言》辛巳卷七，南江濤編《民國舊體詩詞期刊三種》第 7 冊，第 297～298 頁。

略勝村祠之鼓板而已。〔註431〕

是歲，王清穆、華世奎、任承允、崔師貫卒。

王清穆（1860～1941），字希林，號丹揆、農隱老人，江蘇崇明人。光緒進士。有《農隱廬文鈔》，文海出版社 1977 年影印本。修《江蘇省崇明縣志》，成文出版有限公司 1975 年影印本。

華世奎（1863～1941），字啟臣，號璧臣，直隸天津人。舉人。辛亥後，署「北海逸民」。「縱談興廢事，輒痛哭不能自制」〔註432〕。七十壽辰，溥儀賜「履道安貞」匾額。卒諡貞節。有《思闇詩集》二卷，民國三十二年手寫石印本。以書法名世，留碑帖甚多，今有《華世奎書法選》，海天出版社 1993 年版；又有《華世奎書法作品集》，人民美術出版社 2014 年版。

任承允（1864～1941），字文卿，甘肅秦州人。光緒十四年舉人。二十年進士，授內閣中書。入民國，隱居不仕。有《桐自生齋詩文集》十卷，民國十四年南京國華印書館鉛印本；《秦州直隸州新志續編》八卷，民國二十八年鉛印本。

崔師貫（1871～1941），原名景元，又名其蔭，字伯越，一作百越，別字今嬰，廣東南海人。清庠生。梁鼎芬妹夫，康有為門人。歷任瓊崖中學監督、汕頭商業學校校長及香港大學文科講師等。有《硯田集》一卷附《白月詞》，民國二十二年鉛印本；《羅浮遊草》一卷，民國鉛印本。傳另有《漢魏六朝學窠》《周秦諸子學案》，未見。

1942 年　壬午

正月末，沈劍知招飲海上故老於漫隱齋，為董其昌作生日，冒廣生、夏敬觀、李宣龔、楊無恙等人與會〔註433〕。

是歲，伊立勳、夏孫桐、尹昌齡、褚德彝、王謝家卒。

伊立勳（1856～1942），字熙績，號峻齋、石琴，別署石琴老人、石琴館主，福建寧化人。伊秉綬之孫。光緒十一年乙酉科舉人。光緒末，任無錫縣知

〔註431〕 王景山主編《國學家夏仁虎》，浙江文藝出版社 2009 年版，第 143 頁。
〔註432〕 郭則澐《思闇詩集序》，華世奎《思闇詩集》卷首，民國三十二年石印本。
〔註433〕 參見冒懷蘇編《冒鶴亭先生年譜》，學林出版社 1998 年版，第 450 頁。

縣。入民國，辭官，鬻書滬上。卒於杭。著述多散佚，傳世碑帖甚富。有《石鼓文》（自作釋文），民國四年石印本。

夏孫桐（1857～1942）〔註434〕，字閏枝，一字閏庵，別署悔龕，江蘇江陰人。光緒十八年進士，授編修。官湖州、杭州知府。入民國，不仕。供職清史館。助徐世昌編《清儒學案》《晚晴簃詩匯》，與撰《續修四庫全書總目提要》。有《觀所尚齋文存》《觀所尚齋詩存》，民國二十八年鉛印本；《悔龕詞》，民國十五年刻本；《悔龕詞續》（附《觀所尚齋文存補遺》），1962 年鉛印本；《閏庵公遺墨輯錄》（夏武康、夏志蘭編），2004 年自印本。

尹昌齡（1869～1942），字仲錫，晚號約堪，四川華陽人。光緒進士。歷任陝西白河、長安知縣、商州知府。入民國，任四川內務司長。袁稱帝，辭官不出。創慈惠堂，從事慈善事業。

褚德彝（1871～1942），原名德義，避宣統諱，改名德彝，字松窗、守隅，號禮堂，浙江餘杭人。舉人。嘗入端方幕。辛亥後，伏不出〔註435〕。精金石，工篆刻。著有《金石學錄續補》，民國八年石畫樓刻本；《竹人續錄·竹尊宦竹刻脞語》，民國十九年鉛印本；《松窗遺印》，民國三十二年望雲草堂印本。輯有《郭頻伽印存》，民國三年印本；《四朝寶鈔》，民國七年印本；《松窗集古》，銘文集拓，有釋文，稿本。另有《六朝石例》稿本一種。

王謝家（約 1874～1942）〔註436〕，字幼杭，號橋庵，山東濟寧人。入民國，不仕，自謂「春卿舊屬，夏甸佚民」〔註437〕。有《橋庵遺集》二卷，江亢虎序，民國三十一年鉛印本。

1943 年　癸未

林葆恒編定《國朝詞綜補目錄》，油印行世。

是歲，王德森、張啟煌、鄭沅、黃兆枚、徐乃昌、楊玉銜、朱汝珍卒。

〔註434〕夏孫桐卒年，世通作 1941 年。此係農曆、公曆轉換致誤。夏氏歿辛巳歲杪，時為 1942 年 2 月 7 日。

〔註435〕參見楊鍾羲《金石學錄續補序》，李遇孫等《金石學錄三種》，浙江人民美術出版社 2017 年版，第 185 頁。

〔註436〕王謝家生卒年，參見江慶柏《〈清人詩文集總目提要〉近代部分作者生卒年補考》，《古籍整理出版簡報》2003 年第 2 期（總第 385 期）。

〔註437〕王謝家《春曹話舊集前序》，孫雄編《漫社二集》補遺卷，第 13b 頁。

　　王德森（1856～1943），字嚴士、漱六，號鞠坪，晚署歲寒老人，江蘇崑山人。補廩膳生。行醫。辛亥後，自構隱廬於吳門，著作但書甲子，或書鼎革後多少年。自題小像云「衣冠未改先朝舊，面目猶留措大酸」〔註438〕，其志也。有《歲寒詩稿》三卷，民國二十二年刻本；《勸孝詞百章》，民國六年刻本；《歲寒文稿》八卷，民國十八年刻本；《養正庸言釋義》二卷，民國二十一年刻本；《保赤要言》五卷，宣統刻本；《保嬰要言》八卷，民國刻本。

　　張啟煌（1859～1943），又名筱峰，號殷粟，廣東開平人。舉人。曾設館香港。著有《殷粟齋集》二十六卷，香港中文大學1998年影印本；《朱九江先生年譜注》，民國十九年刻本。編有《學門述要》，民國十二年鉛印本。

　　鄭沅（1866～1943），字叔進，湖南長沙人。光緒二十年進士，授編修。官四川學政。入民國，擬不仕，僅任總統府秘書。洪憲稱制，辭官去。移居滬上。有《鄭沅書錢母戴太夫人墓誌》，上海大眾書局民國石印本；《鄭沅繼室葛芬墓誌》，民國六年本，藏國家圖書館。

　　黃兆枚（1868～1943）〔註439〕，字宇遠，號侗齋，晚號芥滄，湖南長沙人。進士。詩文集累有編印。計有《芥滄館詩集》《文集》，民國二十三年蔣文德堂刻本；《芥滄館駢文》《書札》《挽詞》，民國鉛印本；《芥滄館文錄》，民國稿本；《芥滄館詩集》，宣統三年長沙振華鉛印本；《芥滄館詩集》《文集》三卷，民國十二年長沙羅博文堂刻本。《芥滄館詩斑》《文斑》，民國六年石印本；《雞林雜詠》，民國鉛印本；《塞上閒吟》，民國吉林吉東印刷所鉛印本。〔註440〕

　　徐乃昌（1868～1943）〔註441〕，字積餘，晚號隨庵，安徽南陵人。光緒舉人。以刻書聞於世。有《錦瑟集》，民國十七年刻本；《欠弦詞》，稿本，藏上海圖書館藏。另《小檀欒室鏡影》，民國二十一年刻本；《鏡影樓鉤影》，民國石印本；《日本學務考察遊記》，光緒二十九年刊本；《徐乃昌書札》《徐乃昌日記》《積學齋藏書記》安徽詞鈔詞人總目》，皆稿本，藏上海圖書館藏；《積學齋藏書目》，抄本，藏國家圖書館；《徐乃昌藏詞目錄》《積學齋善本書目》

〔註438〕 王德森《自題古稀生像》，《歲寒詩稿・題照集》，民國二十二年刻本。
〔註439〕 林志宏《清遺民基本資料表》生卒年作「1866～1923」。
〔註440〕 參見尋霖、龔篤清編《湘人著述表》，第993頁。
〔註441〕 按，橋川時雄謂徐乃昌卒於1936年，林志宏《清遺民基本資料表》沿之。楊成凱、陳福康先後考定卒於1943年，確鑿可從。參見楊成凱《徐乃昌卒年補說》，《文獻》2004年第1期；陳福康《徐世昌卒年再補說》，《文獻》2004年第3期。

《積學齋書目》，稿本，藏華東師範大學圖書館藏〔註442〕。編有《金石詩錄》，稿本，今收入《金石學稿鈔本集成二編》，上海書畫出版社 2016 年版。

楊玉銜（1869～1943），字懿生，號鐵夫，以號行，廣東香山人。光緒二十七年舉人。考取內閣中書。官廣西知府。入民國，去職不仕。曾任教職於無錫國專、香港廣州大學、國民大學教授。晚年，多居香港。有《抱香詞》一卷，民國鉛印本；《雙樹居詞》二卷，民國鉛印本；《清真詞選箋》一卷，民國二十一年鉛印本。

朱汝珍（1870～1943），原名倬冠，字玉堂，號聘三，別號隘園，廣東清遠人。進士。民國八年，五十壽辰，溥儀賜御書「福壽」，值所撰《德宗景皇帝實錄》初稿成，授南書房行走。民國十二年，奉命編《德宗景皇帝御製詩文》。民國十八年，六十壽辰，溥儀賜御書「福壽」，又賜「擺藻延釐」匾額。有《詞林輯略》，民國二十五年中央刻經院鉛印本。

1944 年　甲申

二月，曹元弼印《復禮堂述學詩》畢〔註443〕。

曹氏《述學詩》，撰自辛亥以後，閱數十年始成，自謂「悲天憫人，獨居深念，懼文武道盡、乾坤或息」。含絕句六百首，分《述易》《述尚書》《述詩》《述周禮》《述禮經》《述禮記》《述大戴禮記》《述禮總義》《述春秋》《述左傳》《述國語》《述公羊傳》《述穀梁傳》《述孝經》《述論語》《述孟子》《述小學》《述群經總義》十八編。詩言為學心得，附以注文，總三十餘萬字。

附文 54　曹元弼《復禮堂述學詩序》

《述學詩》者，元弼自宣統辛亥後，悲天憫人，獨居深念，懼文武道盡、乾坤或息，憂患學《易》、覃精研思，默察天人消息，冀「剝」之反「復」、「否」之反「泰」。日月以幾，寒暑迭嬗，至丁巳之夏，普天希長夜復旦之光，率土屬倒懸解緤之望，而民今方殆，多難未已。九重城闕驟生煙塵，海濱微臣心膽摧裂。悲憤填膺，自恨讀聖賢書，受國家厚恩，曾不能奮身著尺寸效。心痗首疾，神志失度者累月。幸昊蒼眷佑，辰居猶安，自夏徂秋，驚魂稍定。然槁灰餘氣，尚不能用深湛之思。一日讀《說文》，喟然而歎，微吟一詩，有「九千

〔註442〕參見劉岳磊《晚清民國詞人徐乃昌著述考》，《泰山學院學報》2015 年第 5 期。
〔註443〕曹元弼《曹元弼日記》，鳳凰出版社 2020 年版，第 192 頁。

文字歸忠孝，不數揚雄拜叔重」之句。先仲兄綺園逸史見而善之，謂盍放此例，每經各為詩若干首，提挈綱維，開示來學，使記誦易而感發深，於經學人心蓋非小補。余敬諾，乃勉定心氣，綜括數十年治經心得，日作數詩。

每經先舉大義，正宗旨也；次詳源流，明傳信也。述往事、思來者，率天常、正人倫，闡聖道、息邪說，庶幾人心一日復歸於正而天心厭亂也，王化一旦復行而殺運可止也。竊取高密《詩譜》之意，藉抒靈均《離騷》之哀。每日詩成，輒就兄與伯兄蘭雪老人審正推敲，因相與揚榷古今，慨論世變，以無忝君親、無負生平志學相慰勉。自九月至歲終，得詩六百數十首。蓋處人道之窮，鬱無可奈何之孤憤，抱萬不得已之苦心，求存絕學於一線，以俟天地之再清。此《述學詩》所為作也。

然經義淵深，經師家法源遠未分，百家得失參錯不齊，每一事以二十八字括之，其勢非注不明。戊午春，續《周易鄭氏注箋釋》稿，欲以餘力為之，而《易》理微妙，思不可分。臣精銷亡，力又不及，先其難者，乃姑捨是。歲不我與，忽忽二十年，家國之感，身世之悲，不忍復言。而天動星回，機旋輪轉，未濟之窮，受之以《夬》。十五國風，殿《豳》近《雅》；數極於亥，復從一起。君子益信定理之不誣。自顧衰病殘年，尚幸須臾能待，前此《周易孝經箋釋》《大學中庸通義》皆已卒業，乃從事此書。略加修改，增補數詩；博引群書，稽撰其說。更疾病患難，出入三年而注成，乃序其意曰：

嗚呼，學不可以已也。人而無學，則近於禽獸；國而無學，則趨於亂亡。學而不以正，非所學而學，則率禽獸食人而亂亡無日矣。撥亂世反諸正，君子反經，莫先正學。夫學惡乎始哉？學者，覺也，效也。《易》曰：「天地變化，聖人傚之。崇效天，卑法地。」《孝經》曰：「天地之經，民是則之。」孟子述伊尹之言曰：「天之生斯民，使先知覺後知，先覺覺後覺。」天地之性人為貴，人受天地之中以生，自然有仁、義、禮、智、信五常之性，可敘而為君臣、父子、夫婦、昆弟、朋友五品之倫，以為天下之達道，而立萬事之根本，所謂「天命之謂性，率性之謂道」也。然陰陽鼓蕩，不無偏勝，故剛柔始交而難。物生而蒙，凡民雖皆有善性而不能自覺。天生上聖，作之君師，聰明睿智，生而知之，盡其性以盡人之性，效天法地，以其所覺者覺民，而天下之民恍然盡覺，翕然傚之，如晦見明，如影附形。暴者仁，散者聚，危者安，亂者治，天地之災除，而萬物之生遂。所謂「修道之謂教」也。上古聖人效天立教以覺民，因人性固有之善，垂萬世不易之經，由是後聖效先聖，後王效先王，下覺於上，

愚覺於賢，民興於善，而天下由此可永治，是之謂學。

自伏羲氏開闢草昧，作《易》八卦，象法乾坤以立君臣、父子、夫婦之義，人倫正、王道興，而孝悌、忠順、友恭、貞信、神明之德通。合敬同愛，備物致用，相生相養相保，萬物之情類，實為天地剖判、開元建始、政教之本。聖作物睹，天下文明，六經之學於是權輿。歷神農、黃帝以至堯、舜，開物成務，創制顯庸，利濟萬世，而《連山》《歸藏》之教，丹書之戒，成均之法，倉頡文字之義，皆由蒼牙通靈，引而申之。法始於伏羲而成於堯，唐虞所以平地成天，夏后、殷、周所以禦災捍患、長治久安，聖學聖治著在《詩》《書》。堯、舜之道，不外孝悌；三代之學，皆明人倫。至周公制禮作樂而人道立極，天地之大，無復有憾。孔子修定前聖典文，本之作《春秋》，以治萬世之天下，而六學於是乎大成。

是故古之所以治天下，學而已矣；古之所以謂學，經而已矣。經之所以為經，人倫而已矣。《論語》發首言「學而時習之」，「之」字即指所學，所學者六經也。首章言學，次章言孝悌不好犯上作亂，學以明倫，所以仁天下也。《孝經》言「夫孝，天之經」，此經之所由起。又言：「夫孝，德之本，教之所由生。」上之所以教，即下之所以學，此學之所由起。《大學》隱括六經之旨而顯揭其道，以文王止仁、止敬、止孝、止慈、止信，明止至善之義，學以明倫也。《中庸》言天下之達道五，其下即言好學力行，又言博學、審問、慎思、明辨、篤行，明倫由學也。

孔子曰：「君子學道則愛人，小人學道則易使，天下所以治也。」孟子曰：「上無禮，下無學，賊民興，天下所以亂也。」又曰：「經正則庶民興，庶民興，斯無邪慝。」此憂亂望治之君子所以不得不自任以反經也。經者，常也，所以御變；經者，經也，所以統緯。形而上為道，形而下為器。自生民以來，天下之變多矣，聖人因時制變之器各不同，而其道則一。道者，經也。是故網罟、耒耜、衣裳、宮室、舟楫、弧矢不同制也，而本於作八卦、定人倫，使人類相愛相敬、以養生送死、除害興利則同。夏尚忠，商尚質，周尚文，《春秋》因衰世之事，明先王經世之志，不同法也。而三綱五常，殷因於夏，周因於殷，其或繼周百世可知者則同。蓋王者治天下之具，緯也，窮則變，變則通，通則久者也。其本，經也，天不變，道亦不變者也。

道之大原出於天，聖人則天因地以立萬世不易之常經，後聖學先聖，後覺效先覺。故堯、舜稽古，周公思兼三王，孔子祖述憲章，信而好古。六經之文，

千聖同道，萬古不變。征諸《周官》，天文、地理、兵法、工事之學多矣，而教民必以六德、六行、中禮、和樂為本。征諸《漢史·藝文》所載，諸子百家之學多矣，而折衷必以六藝。征諸歷代，為政於天下之法，自漢以來各異矣，而致治必由尊經明倫。我朝列聖以堯、舜、周、孔之道治天下，經學昌明，遠過漢唐。故道一風同，媲隆唐虞。國於天地，必有與立。學術正則人心正，而人才皆用於忠孝仁義，經文緯武，以造天下莫大之福。學術亂則人心亂，而人才皆趨於悖逆詐偽，貪暴殘殺，以貽蒼生無窮之憂。故經者，天地之心，生民之命，崇德廣業、立功立事之大本，捨是無所謂學也。

古之興學也，司徒修六禮、明七教，樂正崇四術、順先王，《詩》《書》《禮》《樂》以造士。子所雅言，《詩》《書》執《禮》。《史記》稱孔子以《詩》《書》《禮》《樂》教，而《經解》言入其國其教可知。下文因歷說《詩》《書》《樂》《易》《禮》《春秋》之教。孔子、孟子及春秋時賢卿大夫論事，多引《詩》《書》，斷之以《禮》。蓋古之學者玩經文，舉大義，心通而身行之。達諸政事，成綱紀文章，隨所得淺深以為德業之大小，此古之經學也。

然自羲、軒以至殷、周，不知其歷世歷年幾何，十口相傳，積久茫昧，於是周公始作《爾雅》以釋詁訓，孔子、子夏增修之。孔子作《易傳》《書序》，論《禮》，子夏作《詩序》《禮喪服傳》，七十子之徒作《禮記》，左丘明及子夏之徒作《春秋傳》，實為後世經學之始。所以使邃古以來言語文字、典章經制、治亂興衰、譜牒世系，神聖相傳精言奧義、天道性命佈在方策者，昭然著明於百世之下。至德要道、大經大法，舉而措之天下，裕如也。是故學以經為主，經以學而明。

然孔子沒而微言絕，七十子喪而大義乖。源遠流分，傳聞異辭。重以戰國縱橫，楊、墨交亂，雖孟子闢之廓如，又值政、斯焚坑，陳、項驅除，漢定天下，然後儒者得修經業，師弟相傳，家法莫或淆雜。至於武、宣之世，五經大師蔚然踵起，章句並立學官。帝者尊儒術，用循吏，尚德教，緩刑罰，蕩亡秦之毒螫，復三代之愷悌，元元之民各得安其性命，勝殘去殺，欣欣有樂生之心。然後天下皆知聖人之道所以仁覆萬世，美利無疆，歷二千餘年，無敢有公然離經叛道、非聖無法者，天下雖屢亂而可復治。

總覽古今，學術明晦盛衰與世運升降關係至切。斯道之在天下，無中絕之時。雖神州板蕩，禮樂分崩，必有好學樂道、堅貞不拔之士獨抱遺經，尋墜緒而維頹綱，守先王以待後學。而數百年之間，學派積久，異義紛出。且太虛之

中，治亂之氣流通相淆，人心不能有正而無偏，即學術不能有純而無駁。心達而險、言偽而辯之徒，往往乘間竊發，以汩亂經義，流為世禍，涓涓不息，將成江河。於時必有命世大才，道德、學問、文章絕類離倫豪傑之士起而別同異、明是非，匯眾說而折其中，息群邪而反諸正，繼往聖絕學以開萬世太平。

故戰國時道術為天下裂，而孟子稱堯舜，學孔子，明王道，正人心，洙泗之教如日再中。荀卿勸學論禮，傳授群經，功亦相亞。而毛公《詩傳》，文約道精，出於其間。漢初五經先師，若《易》之田生，《書》之伏生，《詩》之浮丘伯，《禮》之高堂生，《春秋左傳》之張侯，《孝經》之顏氏，皆自周末篤學潛修，更亂瀕危，保殘守闕，以待天下大定，傳之其人。由是楊叔、丁將軍、歐陽、夏侯、孔安國、申公、轅生、韓傳、小毛公、蕭孟、后氏、胡母生之等繼之，轉以相授。而董子以身通六藝，王佐之才，際人主尊經，推明孔氏，抑黜百家，遂開漢四百年經學政治之盛。然去聖久遠，軌轍寖殊，一《易》也，而施、孟、梁丘、京、費不同；一《書》也，而今古文不同；一《詩》也，而齊、魯、韓、毛不同；一《禮》也，而大小戴、慶氏不同；一《春秋》也，而三傳不同；《周禮》故書及杜、鄭本，《孝經》古今文，《論語》魯、齊、古，亦頗歧出。雖所講者仁義，所守者聖法，天秩民彝同歸一致，而文字、訓義、名數之屬各習其師，惟達才通人，乃能博稽詳擇，觀其會通。而守文之徒，滯固所稟，黨同妒真，不求至是。東京之末，其弊滋甚，物腐蟲生，道將微而世亦衰。時則有名德大儒鄭君康成，囊括大典，網羅眾家，刪裁繁誣，刊改漏失，自是學者略知所歸。

魏晉以後，天下大亂，邪說文奸，清談誤國，作偽誣經，而聖人之道不絕，惟鄭氏禮學是賴。六朝禮議義疏，精研經義，輔翼名教，風雨雞鳴，碩果不食，孝行儒風，肫肫藹藹，遂啟河汾之學，佐唐貞觀之治。魏文貞勸太宗行仁義，致隆平，尊顯儒術，敕孔穎達等撰《五經正義》，而陸德明、賈公彥、楊士勖並通儒碩學，先後論著，頒列黌序，傳習至今，雖《易》《書》《左傳》用注失當，而大較猶本鄭、服，未離其宗。

先是，俗儒以秦隸書說字解經，迷誤不諭，許君叔重作《說文解字》以述倉頡、史籒、孔壁古文之義。至唐立學課士，後世言文字者皆祖述之。蓋聖文神恉，達於浹長；聖經元意，述於司農。二君之書，實惟經學正宗。但唐自《正義》頒校官，著功令，學者往往依傍其文，剝掠其說，以趨利祿之途。辭賦家更不深求經義，駢儷塗澤之文，意為辭掩。昌黎韓子乃強學力行，沉潛乎訓義，

磨礱乎道德，而奮發乎文章。觀其議禮諸篇，於鄭學蓋甚深，潛心六經、《孟子》，以及周秦古子、兩漢之書，揭聖人立教之要，在仁義道德、人倫政治使人相生養之道，法孟子以承聖學，誦伯夷以勵士節，實開宋范文正、司馬文正儒行相業，周、程、張、朱理學之先。

而朱子解經，體會辭意，纖微不爽，言明且清，俾後覺一覽而悟，其法實自韓文而來。秦火之厄，先王之法盡滅，故漢儒務發明經訓以興王道。五季之衰，人心陷溺已極，故宋儒務闡揚義理以覺民迷。自宋初敕邢昺、孫奭等校補經疏，儒學蔚興。而濂溪、明道、伊川、橫渠諸賢，以躬行心得窮理盡性之學，為人倫師表。朱子集其大成，極畢生之力作《四書章句集注》，窮性道之奧，嚴誠偽之辨，判義利之界，明邪正順逆之分。宋末以來家弦戶誦，明代用以取士，而三綱四維，凡民皆知，盡忠蹈仁，志士接踵，氣節之盛與東漢等。《周禮》師儒以道得民，其效大彰明較著矣。

然周、程、張子之學，實皆自熟讀注疏、博學反約、含咀英華而出，朱子尤覃研群經，服膺鄭君禮學，其於國家治亂、民生休戚之實，無不講求有素。而末學失真，避難就易，高語精微，不求實事，處常無輔世長民之具，處變無禦災捍患之方。亭林顧先生當貞元之會，惄惱當世，大振頹風，其學以「行己有恥，博學於文」二語為主，實握經明行修、通經致用之要，自文字、訓詁、聲韻、名物、度數、禮樂、刑政、性與天道、微言大義以及郡國利病、山川險要、士風民俗，細無不包，大無不舉，而處心光明正大，廓然有斯人吾與吉凶同患之意。雖耿耿孤忠係心先代，皦皦大節不事二姓，而著書立言中正平實，絕無過激險怪之論貽患來世。學派既開，英儒宏彥翕然宗之，式古訓、講實學，以求儒效。

恭逢景運中天，列聖郅治，御纂欽定諸經，同符堯、舜、周、孔，彝教迪民，洪化育才。經師大儒雲會星聯，承流宣風，修學興道。於是《易》有惠、張、姚氏，《書》有江、孫、段、王，《詩》有二陳、馬、胡，《禮》有江、戴、金、張、凌、胡，《春秋》有惠、顧、孔、陳、鍾氏，《孝經》、《論語》、《孟子》有阮、劉、焦氏，《爾雅》、《說文》有邵、郝、段、桂、王氏，群經通義有阮氏、陳氏，皆博極古義、精發聖言，自七十子以至漢儒千載垂絕之學一旦昭炳光明。而湯文正、陸清獻、張清恪諸公以理學名德光輔聖治，曾文正、胡文忠、左文襄諸公以博學達政底定中原。蓋我朝德厚侔天地，教澤溥四海，人識尊親，家敦《詩》《禮》，學術之純，人才之盛，千古未有也。

　　然陰陽倚伏，平陂相因，氣運循環，崇極而圮。當經學極盛之時，異說已萌，通人或蔽，浸淫不已，流弊滋多。故茂堂段氏之言，深歎當時後生一知半解，謏聞動眾，自謂所學遠跨宋儒，而置身心倫物無何有之鄉。又謂專講漢學，不講宋學，乃今日世道之大憂。東塾陳氏之言曰：「鄭君之學，中正無弊。學漢儒之學，尤當學漢儒之行。」國朝考據之學源出朱子，不可反詆朱子。」先黃元同師之言曰：「乾嘉之間，學者祧宋學而宗漢學，得處多，失處少。道咸之間，又祧東漢之為古文學者而宗西漢之今文家，得處少，失處反多。」夫宋學末流，空言荒經，無本無用，矯其弊可也，而並譏程朱則謬矣。今文舊義，拾遺訂墜，錄而存之可也，而巧借單文孤證以力攻古文家通儒考定之說則謬矣。譬諸農夫，今文家如大凶荒後穀種僅存，初從事南畝。至古文出而藏穀所得漸多，千耦其耘，田功乃備。漢儒耕之，唐儒穫之，宋儒舂揄簸蹂而精之，非相違也，而相成也。若不念先嗇之勤勞，而妄以揠苗害田穉，以莠附易黍稷，其不至於烝民不粒者幾希。為學而不由先儒成訓求先聖之道，體諸身，達之天下，而徒挾求勝古人之見，惟怪欲聞，自是其妄。既薄理學為土苴，又以講肄鄭學為蹈常襲故，且苦《詩》箋、《禮》注完然具存，必專久讀疏乃通，而喜今文家遺說無多，可憑臆穿鑿，驚世盜名。攻注不已，進而疑經，進而非聖。由是壞法亂紀，敗綱斁倫，犯上作亂，無所忌憚。經術亂而人心亂，人心亂而天下亂矣。

　　三代之學莫盛於周，而其後邪說特甚。漢唐以來之學莫盛於我朝，而今日邪說更甚，豈極盛之後必推至大衰，衰既極而後可復盛，理勢然耶？元彌幼承父師之訓，知人所以異於禽獸在倫理，而倫理之本在忠孝。弱冠前後出入十年，博觀群經注疏、各家之說，專力尤在《禮》。每日夙興，必讀《孝經》《論語》，沉潛既久，竊窺要旨，以為聖人生養保全天下生民之道在愛敬，自天子至於庶人，各推愛親敬親之心以愛人敬人，則和睦無怨，禮達分定，上下相安，天下國家永治無亂。本父子定君臣，人倫明，王道浹，此天地之經緯，民之所由生。《易》所謂「乾以易知，坤以簡能」，極萬世之變異而歸於不易；《詩》《書》所稱功烈休德；《春秋》所以撥亂反正，其道惟一。先王先聖著之為經，後王後賢以之為學。歷觀古今百家，以為鄭君、朱子集經學、理學之成。理學從經學出，政治從聖經義理出。而慨夫綴學之士不達道本、不務躬行，其尤甚者，譎觚奇衺，決裂禮坊，謬種流傳，變本加厲。遂至詆鄭君所注及所傳諸經本存於世者皆為偽，而惟借《公羊》家有為言之非常異義可怪之論，以誣先聖

而蕩眾心,其勢必為天下大患。私衷惻然憂之,不揆檮昧,竊以息邪距詖自任。通籍後,應閣師張文襄公聘,相與商榷抑洪撲燎之方。公既為《勸學篇》,又屬元弼編《十四經學》。先為《原道》《述學》《守約》三篇,以提其綱。又與執友梁文忠公同編《經學文鈔》,所錄皆發揮大義、通貫源流之文。蓋大義明則人心正,而反易天常之禍息;源流辨則師承著,而矯誣聖經之奸破。述學之詩,正此志也。

然而《匪風》《下泉》,悲愈深矣;《天問》《哀郢》,窮無告矣。茫茫大地,五帝三王將大去其天下,而書種將絕乎?悠悠蒼天,橫目之民將化為猿鶴、淪為梟獍,而人種將絕乎?予不得已,冀存書種以存人種。上溯伏羲以至孔孟作者之聖,漢初以及近儒述者之明,君子由之吉,小人悖之凶,天下由之則治,不由則亂,已試之效,不易之定理。總平生所讀之書,提其綱要,明其得失,推論世變,發抒心胸。放故侍講葉鞠裳前輩《藏書紀事詩》之例為七言絕句,竊取《小雅》之義,其言有文,其聲有哀,俾吟詠之間,抑揚反覆,足以感發人之善心。而韻語易記,治經綱目具在,興藝樂學,事半功倍。庶幾吾黨小子識之,凡百君子聽之。當時仲兄屢趣作注,前年伯兄猶復言及,今常棣華殘,桑榆景迫,急抒心得,黽勉成之。二十餘年歌哭無端,序大意既畢,乃廢書歎曰:

自古天下之亂,經術之厄,莫如暴秦。而今更倍蓰過之。秦所焚者,簡策之書;今所焚者,人心之書。當春秋戰國亂賊橫行,詖邪交作,孔、孟其起而救之,生民之禍猶如此,況在今日。如之何?如之何!自漢以來,天下屢亂,而要君無上,非孝無親,非聖無法,從未有如今日之極者。自古易姓改物不知其幾,從未有二百數十年深仁厚澤,無絲毫失德於民,而大盜移國,群狂喪心,孑遺黎民水深火熱、糜爛不救,如今日之極者,蓋風俗人心百年必世養之而不足,一朝一夕敗之而有餘。痛乎庸臣誤國,因噎廢食,變法而蹷其本,同流以從於邪。學術一謬,貽害至此。如之何?如之何!

既而幡然改曰:天下亂由人心亂,人心亂由學術亂,則正人心以正天下,亦在乎正學而已矣。學術亂由經義亂,則正學術以正人心,亦在乎正經而已矣。乾坤無或息之時,禽獸逼人,堯憂終釋;澆獚惡稔,禹績重光。地雖不寧,天則永清。班孟堅說建武之事曰「四海之內,更造夫婦,肇有父子,君臣初建,人倫實始」,積善餘慶,天理不爽,舊邦新命,徯志不應,下人號而上訴,上帝懷而降鑒,必有王化復行,起太學,建三雍,立《五經》十四博士,講藝白

虎觀，如石渠故事之一日。請以我所述者俟之。〔註 444〕

十二月，張爾田為錢仲聯注沈曾植《海日樓詩注》作序〔註 445〕**。**

是歲，楊壽枏、季厚鎔、嵩堃卒。

楊壽枏（1863～1944），初名壽棫，字味雲，晚號苓泉居士，江蘇無錫人。光緒舉人。任內閣中書、農工商部工務司主事，派充崇陵監修官兼鹽政院參事。入民國，任鹽政處總辦、財政處次長。丁巳復辟，張勳授度支部左侍郎，旋命署理尚書。著有《雲在山房類稿》，民國庚午（1930）刻本，含《思沖齋文鈔》一卷、《思沖齋文補鈔》一卷、《思沖齋文別鈔》一卷、《思沖齋駢文鈔》一卷、《思沖齋駢文補鈔》一卷、《思沖齋詩鈔》一卷、《思沖齋詩補鈔》一卷、《缽社偶存》一卷、《鶱摩館詞鈔》一卷、《鶱摩館詞補鈔》一卷、《藏奩幸草》一卷、《雲薖詩話》一卷、《覺花僚雜記》等，附《秋草齋詩鈔》《秋草唱和集》等。又，《雲薖書札》，民國三十二年鉛印本；《苓泉居士自訂年譜》，民國三十二年癸未刊本。

季厚鎔（1877～1944）〔註 446〕，號子陶，別署太公執釣竿人，古今鎔，江蘇常熟人。入民國，留辮髮，以宣統年號紀年。輯《發幽篇》，民國鉛印本。

嵩堃（1883～1944），西林覺羅氏，字公博，別號博道人，滿族人。入民國，改名林彥博。有《西崑貫玉稿》一卷，集李（商隱）詩集，光緒二十九年石印本。

1945 年　乙酉

8 月 15 日，日本天皇接受中美英三國《波茨坦公告》，宣布無條件投降。

8 月 17 日，通化臨江縣大栗子溝，偽滿洲國溥儀宣讀所謂《「退位詔書」》。未幾，在瀋陽機場為蘇聯外加貝爾方面軍第六坦克軍俘虜，輦致俄境，囚莫洛科夫卡收容所〔註 447〕**。**

〔註 444〕曹元弼撰，王園園整理《復禮堂述學詩序》，《中國四庫學》第 2 輯，中華書局 2018 年版，第 279～286 頁。

〔註 445〕參見梁穎等整理《張爾田書札》，上海人民出版社 2021 年版，第 122 頁。

〔註 446〕林志宏《清遺民基本資料表》生卒年「作 1870 前～1937」。

〔註 447〕參見王慶祥《溥儀年譜》，群眾出版社 2017 年版，第 246～247 頁。

先是，蘇聯對日宣戰，日人攜溥儀棄「新京」（長春），遷都通化。8 月 16 日，計事終不成，溥儀在大栗子溝命隨從出皮箱中遷居天津、長春以來日記焚之。

是歲，錢同壽、區大原、徐勤、張爾田、趙叔孺、黃榮康卒。

錢同壽（1967～1945），字復初，江蘇華亭人。舉人。禮學館纂修。入民國，不仕，自號「待烹生」以明志。著有《待烹生文集》，民國三十八年鉛印《雲間兩徵君》集本。

區大原（1869～1945），字桂海，號怡盦、狷廬，廣東南海人。光緒二十九年進士，散館授檢討。宣統間，派赴日本早稻田大學學法律。入民國，當局屢聘，力辭不就。不得已，署高級顧問而已。任廣東公立法政學堂校長。既而移居香港，講學於學海書樓。著作多散佚。

徐勤（1873～1945），字君勉，廣東三水人。康有為弟子。溥儀「萬壽日」，隨康觀見。有《春秋中國夷狄辨》三卷，民國石印本。

張爾田（1874～1945），一名采田，字孟劬，號遁庵，浙江杭縣人。舉人。官刑部主事。入民國，參與撰寫《清史稿》。著述甚夥〔註448〕。有《遁堪文集》，民國三十七年鉛印本；《遯庵樂府》，民國二十二年刊本；《遁盦樂府》，民國三十年萬載龍氏忍寒廬刊本；《史微》，上海書店 2006 年點校本；《汪悔翁乙丙日記糾繆》，民國三十年排印本；《蒙古源流箋證》，沈曾植撰，張爾田校補，民國二十一年嘉興沈氏刊《海日樓遺書》本；《原墨篇》，民國元年刊本；《玉谿生年譜會箋》，上海古籍出版社 1982 年版；《詞莂》，朱孝臧編、張爾田補錄，民國二十二年刊本；《清列朝后妃傳稿》，民國十八年山陰平氏綠櫻花館鉛印本；《近代詞人軼事》，據詞學季刊本底本排印，現藏東京大學東洋文化研究所；《入阿毗達磨論講疏玄義》，民國二十四年刊本；《新學商兌》，清光緒三十四年刊本；《白喉症治通考》，清光緒間刊本。今有黃曙輝、張京華編《張爾田著作集》五卷（上海大學出版社 2018 年版），收錄較為完備。

趙叔孺（1874～1945），原名潤祥，字叔孺，號紉萇，以字行，晚獲東漢延熹、蜀漢景耀間駑機二，因別署二駑老人，浙江寧波人。諸生。曾任福建同知。辛亥事起，隱居上海，以鬻畫授徒為生。有《二駑精舍印譜》，重慶出版

〔註448〕 參見張晏瑞《張爾田著作目錄》，臺灣高雄師範大學經學研究所編《經學研究集刊》2008 年第 5 期，第 1～16 頁。

社 2015 年影印本；《趙叔孺先生遺墨冊》，香港 1956 年印本，內收像、詩文、年譜、篆刻書法繪畫各件，有張大千、吳湖帆等人題詞、序言。

黃榮康（1877～1945），字祝渠，號凹園，廣東三水人。易代以後，別署蕨庵、大荒道人。黃任恒跋其《清宮詞本事》曰「吾友大荒道人三水黃祝渠以清代遺民，心長夢斷，根觸宮史，哀感無端，間綴百篇，用存往跡」〔註449〕云云，其志也。有《凹園詩鈔》二卷，《凹園詩鈔續鈔》三卷，《清宮詞本事》一卷，《擊劍詞》一卷，《求慊齋文集》六卷，民國二十三年彙刊舊印本。又輯印《黃花晚節圖題詞》一卷、《續輯》一卷，合二卷，光緒末刻，民國十一年補刻。

1946 年　丙戌

是歲，張其淦、高向瀛卒。

張其淦（1859～1946），字豫泉，別字邵村，號豫道人，廣東東莞人。光緒二十年進士。官至安徽提學使。入民國，居上海。有《夢痕仙館詩鈔》，光緒三十二年刻本；《五代詠史詩鈔》，民國七年刻本；《邵村詠史詩鈔》，民國十六年刻本；《元八百遺民詩詠》，民國二十一年鉛印本；《明代千遺民詩詠》，民國二十一年鉛印本；《松柏山房駢體文鈔》，民國鉛印本。另有《邵村學易·左傳禮說》《老子約》。編《東莞詩錄》《邵存重遊泮水詩集》。

高向瀛（1868～1946），字穎生，別署鬱離、還粹，室名環翠樓，福建侯官人。光緒戊子舉人。陳寶琛妹夫。官浙江知府。與劉龍生、何梅生結三生會，唱酬至密。入民國，「遁居不出，有『狂泉悔後尤知痛』句」〔註450〕。任福州商務印書館經理。據李宣龔詩，高向瀛輯有《清遺民詩》四百家〔註451〕，未見。有《環翠集》，民國二十六年高氏環翠樓家刻本。

1947 年　丁亥

三月十五日，青溪詩社在秦淮河雅集，為冒辟疆作生日，且以賀冒廣生七十五壽辰，會者三十餘人〔註452〕。

〔註449〕黃任恒跋，黃榮康《清宮詞本事》卷尾，民國二十三年刻本。
〔註450〕郭則澐《郭則澐自訂年譜》，第 91 頁。
〔註451〕李宣龔《穎生丈見過，言清遺民詩僅輯得四百餘家，並話故園風物之美，感而有作》，《李宣龔詩文集》，第 177 頁。
〔註452〕參見冒懷蘇編《冒鶴亭先生年譜》，第 476 頁。

夏，林葆恒纂《詞綜補遺》一百卷成。

9月12日，南京國史館志傳、編年兩組聯合會議第六次會召開，推夏敬觀、冒廣生等人共同修訂《清史稿》〔註453〕。

按抗日勝利國民政府還都後，南京國使館屢次召開會議，商討修訂《清史稿》。夏敬觀、冒廣生任纂修。其歷次會議商討情形，具載《國史館館刊》雜誌。

是歲，袁金鎧、郭則澐卒。

袁金鎧（1870～1947），字潔三，又作潔珊，號兆傭、傭廬，別署懸盦、渡遼生，奉天遼陽人。入趙爾巽幕。聞武昌事起，獻策東三省趙爾巽，成立東三省保安會。偽滿洲國成立，官奉天省省長、省政府最高顧問、參議府參議、尚書府大臣。民國三十四年，被抄家。越二年，病歿遼陽。著有《傭廬文存‧傭廬詩存》，民國二十三年鉛印本；《東渡百一詩》，民國二十一年鉛印本；《明倫詩社課存》，民國鉛印本；《傭廬日記語存》，民國二十四年鉛印本；《傭廬經歷自述》，民國三十年鉛印本。另有《中庸講義》《誦詩隨筆》。

郭則澐（1882～1947），字蟄雲，號嘯麓，一作小麓，別號子廠、龍顧山人，福建侯官人。進士。遺命以清朝官服入殮。詩文集多次，有《龍顧山房駢體文鈔》《龍顧山房詩集》《龍顧山房詩餘》，均民國二十七年刻本；《庚子詩鑒》，民國二十九年刻本；《龍顧山房駢體文續鈔》，有民國三十四年油印本；《故都竹枝詞》，民國二十四年鉛印本；《科舉概詠》，稿本，藏上海圖書館；《龍顧山房詩續集》，稿本，7冊，藏上海圖書館；《龍顧山房詩文稿》，稿本，藏上海圖書館；《龍顧山房詩贅集》，民國三十三年鉛印本；《龍顧山房詩餘續集》，民國鉛印本。編《清詞玉屑》十二卷，民國二十五年刻本；《十朝詩乘》二十四卷，民國二十四年刻本。另有《世媺堂日記》《龍顧山人年譜》《十朝詩乘》《先文安公行述》《舊德述聞》《洞靈小志》《洞靈續志》《遁圃詹言》《知寒軒談薈甲集》《南屋述聞》《紅樓夢真》等。

1948 年　戊子

九月，李宣龔在上海自宅碩果亭組重九詩會。陳曾壽、林葆恒皆與其會。

〔註453〕參見陳誼《夏敬觀年譜》，黃山書社 2007 年版，第 190 頁。

是集也，李宣龔編定《碩果亭重九唱和詩》一編，有民國三十八年《墨巢叢刻》鉛印本、《李宣龔詩文集》排印本。李宣龔閩人，為兩江總督兼南洋大臣沈葆楨之外甥孫，官江蘇候補知府。閩省為近代詩學淵藪，陳寶琛、陳衍、鄭孝胥之倫，皆其健者，杖履所至，無不恭迎。李宣龔承其緒餘，為同光閩派後勁。入民國，掛冠不仕，經理上海商務印書館。時遜清故老麕集輻輳於滬瀆一島，李宣龔於文酒之會，罔不與之。迨民國三十八年，老輩凋零，李宣龔巋然獨在，與後生小子至相得，談詩煮酒，澹若天人，後生亦樂而從之遊，若錢默存、冒孝魯、高二適、錢仲聯、龍榆生，皆其忘年。故此重九詩會，自陳曾壽、林葆恒而外，若陳祖壬、汪國垣、陳誦洛、葉景葵、陳敬第、楊熊祥、林誌鈞、葉玉麐、葉參、葉虔、陳海瀛、陳權、馬驌程、林德璽、方兆鼇、林誌煊、成惕軒、袁福倫、林向欣、王開節、王邁、孫祖同、戴正誠、鄭永詒、嚴昌埰、陳增綬、龔禮逸、陳星煒、楊懿涷、杜家彥、吳常燾、陳道量、丁毓礽、劉道鏗、沈覲辰、沈覲安、李汰書、彭鶴濂、高吹萬、黃葆鉞、林洞省、陳穎昆、陳藻藩、楊無恙、錢鍾書、王真、李景坥、劉蘅、卓定謀等世家子弟，咸與觴詠〔註454〕。時國共內戰方亟，諸公實感慨繫之。

十月，林葆恒編刊《訒庵先生重遊泮水唱和詩錄》行世。

林葆恒先期以重遊泮水詩遍示知交，一時和者近百人，有葉景葵、金兆蕃、陳培錕、陳漢第、楊壽枏、高燮、林斯高、錢熊祥、吳鴻、黃清士、劉子達、楊熊祥、黃孝紓、汪曾武、薩兆寅、陸維釗、林鼎章、林獻堂、溫廷敬、林葆腥等人。《詩錄》前有陳海瀛序。林葆恒原詩云：「六十年前謁泮宮，重來橫舍已蒿蓬。曾無饑溺關天下，只有流離遍域中。蹈海聊全齊士節，鑿坏庶學古人風。何時重睹臨雍盛，宣德猶能與眾同。」

附文55　陳海瀛《訒庵先生重遊泮水唱和詩錄序》

思樂泮水，見於《魯頌》，而虜馘獻囚，胥於是乎在。宣宣文德，而亦崇武功，蓋重其事，並重其地也。徵之於禮，天子曰辟雍，諸侯曰泮宮，泮之為言，班也，於以班政教，而為學之所由興也。後世以科舉取士，遊邑庠者謂之秀才，亦曰入泮，則第襲其名而已，與古制異。秀才在唐為尤異之科，較明經、進士為貴，時舉時廢。明清以生員為秀才，非其實矣。訒庵先生以清光緒己丑

〔註454〕《碩果亭重九唱和詩》卷下《戊子重九》，李宣龔《李宣龔詩文集》附錄，第
　　　　367～386 頁。

補縣學生，癸巳領鄉薦，學成而仕，歷官至直隸提學使。辛亥國變後，閉門掃軌，逾三十年矣，明歲為先生重遊泮水之年，先期自為詩告其素所交知者征和作，酬唱盛極一時。余謂無禮無學之世，賤民繁興，聖籍則糞土矣，人紀則弁髦矣，猶有存餼羊之禮於幾微，因其事而追維往制，微文考獻，或有所資，殆亦匪風下泉之思也。書以告先生，先生曰：子言良然，命重書之，以為序。戊子十月既望，世愚弟陳海瀛識。〔註455〕

是歲，陳夔龍、馮恕、趙熙、譚澤闓卒。

陳夔龍（1857～1948），字筱石，一作小石，號庸庵，江西崇仁人。進士。著述甚夥，今有貴州民族出版社《陳夔龍全集》行世。

馮恕（1867～1948），字公度，號華農，浙江慈谿人，寄籍河北大興。進士。溥儀大婚，進獻。有《馮恕母俞酞恭人七十壽言》，光緒三十四年鉛印本；《庚子辛亥忠烈象贊》，民國二十三年影印本。

趙熙（1867～1948），字堯生，號香宋，四川榮縣人。光緒十八年進士，授編修。官監察御史。有《趙熙集》，含《香宋詩集》《香宋詞》《香宋文錄》等，有巴蜀書社1996年版、浙江古籍出版社2014年版。纂《榮縣志》，民國刻本，今有臺灣學生書局1971年影印本、巴蜀書社1980年代線裝影印本。

譚澤闓（1889～1948），字祖同，號瓶齋，室名天隨閣，湖南茶陵人。「宣統辛亥，以廕生納貲為道員，指分直隸。方引見，遽遭國變，遂棄去。自是，絕意仕進，鬻書海上，凡數十年。」〔註456〕傳有《止義齋集》，未見行世。

1949年　己丑

10月1日，中華人民共和國成立。

是歲，胡嗣瑗、章梫、陳曾壽卒。

胡嗣瑗（1869～1949）〔註457〕，字琴初，又字愔仲，貴州貴陽人。進士。

〔註455〕陳海瀛《訒庵先生重遊泮水唱和詩錄》序，林葆恒編《訒庵先生重遊泮水唱和詩錄》卷首，民國三十七年鉛印本。

〔註456〕夏敬觀《譚大武傳》，卞孝萱、唐文權編《民國人物碑傳集》卷十一，第805頁。

〔註457〕林志宏《清遺民基本資料表》生卒年作「1869～1945」；他書亦多作1946。皆非。據《許寶蘅日記》，知胡嗣瑗卒1949年2月18日。

張勳復辟，授內閣閣臣。任職偽滿洲國。有《直盧日記》，遼寧圖書館 1986 年掃描油印本。今有鳳凰出版社 2017 年整理本《胡嗣瑗日記》，附詩詞輯錄。按，胡嗣瑗詩集，許寶蘅曾手抄一冊，見《許寶蘅日記》。迄未印行，不知所蹤。

章梫（1861～1949），字立光，號一山，浙江三門人。進士。有《一山文存》，民國七年嘉業堂刻本；《一山詩存》（《王章詩存合刻》），民國十五年吳興劉氏刻本。另有《康熙政要》《一山經說》，編纂《遏雲集》《德宗實錄》。

陳曾壽（1878～1949），字仁先，號蒼虯，湖北蘄水人。陳沆曾孫。進士。有《蒼虯閣詩》正續集、《舊月簃詞》，今有上海古籍出版社 2009 年整理本《蒼虯閣詩集》。另有《古今戰事圖說》《蒼虯畫集》。

1950 年　庚寅

8 月 1 日，溥儀並其他偽滿洲國戰犯由蘇聯政府移交中國政府，囚撫順戰犯管理所。

許寶蘅集李商隱句作《庚寅以後雜詩》，詠溥儀 1950 年以後事也。

是歲，林葆恒、徐思允卒。

林葆恒（1872～1950）〔註 458〕，字子有，福建侯官人。舉人。「入民國不仕」〔註 459〕，溥儀嘗賜匾。有《國朝詞綜補目錄》，民國三十二年油印本；又《詞綜補遺》，今有上海古籍出版社 2005 年版。編《林文直公榮哀錄》，民國五年鉛印本；《林文直公登岱圖詠》，民國十八年影印本；《瀼谿漁唱》，民國二十年刻本；《閩詞徵》，民國二十年刻本；《訒盦填詞圖》，民國二十六年鉛印本；《落花詩》，民國二十九年鉛印本；《訒盦先生重遊泮水唱和詩錄》，民國三十七年鉛印本。

徐思允（1876～1950），字裕齋，別署苕雪，江蘇武進人。溥儀貼身御醫。光緒末，入張之洞幕。宣統三年辛亥，為京師大學堂法政科教員。民國立，以知者介，為溥儀御醫。偽滿敗，徐思允流亡吉林省中。旋被蘇軍所俘，押回蘇聯。1949 年移交長春，1950 年移回北京，年終卒。有《苕雪詩》一卷，許寶蘅手寫編次稿，藏湖北圖書館。

〔註 458〕林志宏《清遺民基本資料表》卒年作 1937。
〔註 459〕參見張璋《詞綜補遺前言》，林葆恒《詞綜補遺》，前言第 1 頁。

1951 年　辛卯

是歲，楊熊祥、陳懋復、張學華、金兆蕃、李國松、梁廣照、傅嶽棻、劉宗向卒。

楊熊祥（1850～1951），字子安，一作祇庵，湖北江夏人。光緒進士。任江西南康知府。入民國，歷任內務部民治司司長、國務院參議。晚年居上海，獨抱君父之思。有《楊祇庵詩》二卷，許寶蘅手寫編次稿，藏湖北圖書館。

陳懋復（1892～1951），字澤來，號幾士，福建閩候人。陳寶琛子。居天津，隨父覲見溥儀。著有《誥授光祿大夫晉贈太師特諡文忠太傅先府君行述》一卷，民國二十四年鉛印本。

張學華（1863～1951），原名鴻傑，字漢三，廣東番禺人。光緒十六年進士。入民國，多居香港。自號闇齋、闇道人。有《采薇百詠》，民國十二年手稿影印本；《闇齋稿》三卷，民國三十七年鉛印本。吳道鎔歿後，曾續補《廣東文徵》。

金兆蕃（1867～1951），原名義襄，字籛孫，號藥夢老人，浙江秀水人。光緒十五年舉人，任內閣中書。膺經濟特科。入民國，任財政部會計司司長，次年改署財政部賦稅司司長。任清史館纂修。參與編修《浙江通志》。著有《安樂鄉人詩》《藥夢詞》，民國二十年刻本，民國二十八年續刻。此後，又有續刻，添《七十後詩》《七十後詞》。1951 年，家人復編印《安樂鄉人文·八十後詩詞》，為鉛印本。詩詞而外，撰有《建州事實》；輯《二十五家詞鈔》，今有抄本傳世；編刻《續樵李詩係姓名索引稿附初稿》，民國二十五年刻本；《續樵李詩係姓名索引稿附初稿》，稿本。

李國松（1877～1951），字健父，號木公，一號槃齋，安徽合肥人。李經羲長子。光緒二十三年舉人，入貲以郎中銜。入民國，居上海，後遷天津。嘗從馬其昶受桐城派詩古文辭。倩人繪《肥遯廬圖》以明志〔註460〕。晚景頗落魄〔註461〕。刻有《集虛草堂叢書》，光緒末刻本。有《肥遯廬文集》，又有《肥遯廬藏名人花卉畫軸》，民國間商務印書館影印本。

梁廣照（1877～1951），字長明，號柳齋，廣東番禺人。梁慶桂子。報捐主事，簽發刑部。後東渡日本東京，就讀法政速成科。歸國後，任刑部主事。

〔註460〕　眾異（梁鴻志）《題李木公肥遯廬圖》，《青鶴》1934 年第 2 卷第 7 期。
〔註461〕　參見宋路霞《武康路：李國松居滬大不易》，《上海望族》，文匯出版社 2008年版，第 18～20 頁。

入民國，棄官去。曾任唐山鐵路學堂任監學、國文教員，廣東通志館番禺縣志局分纂。後赴香港辦灌根、長明中學。抗戰勝利後，回廣州，任教知用中學、國民大學。著有《柳齋遺集》，1962 年線裝鉛印本。

傅嶽棻（1878～1951），字治鄉，一作治薌，號娟淨，湖北江夏人。光緒舉人。京師學部總務司司長。入民國，歷任國務院銓敘局參事、教育部次長等職。偽滿成立後，曾任偽滿宮內府秘書。有《娟淨簃文集》八卷《詩集》三卷《雜著》四卷，石榮暲手寫編次稿，藏湖北圖書館。

劉宗向（1879～1951），字寅先，又字揖青，湖南寧鄉人。肄業京師大學堂，授舉人，考取內閣中書。辛亥武昌事起，回湘中，授徒自給。任教於湖南高等學堂。自創宏文書社、漢光女中。1950 年，湖南文史館聘為館員。著作多散佚。纂《湖南寧鄉縣志》，民國石印本。

1952 年　壬辰

是歲，何振岱、王季烈卒。

何振岱（1867～1952），字梅生，號覺廬，晚號梅叟，福建侯官人。師從謝章鋌。舉人。江西布政使沈瑜慶聘為藩署文案。辛亥後，主纂《西湖志》，又參撰《福建通志》。著有《心自在齋詩集》，民國七年油印本；《覺廬詩存》，民國二十七年刻朱印本；《我春室集》，1955 年何氏油印本。今有劉建萍、劉叔俔點校《何振岱集》，福建人民出版社 2009 年版。

王季烈（1873～1952），字晉餘，號君九，又號螾廬，江蘇長洲人。光緒三十年進士。入民國，卻袁世凱之聘。曾任偽滿洲國宮內府顧問。有《螾廬未定稿》，民國二十三年石印本；《螾廬未定稿續編》，民國石印本；《螾廬曲談》，民國二十三年石印本；《孤本元明雜劇提要》，民國三十年鉛印本；《明史考證攟逸補遺》，民國五年劉氏嘉業堂刻本；《與眾曲譜》，民國三十六年商務印書館石印本；《莫釐王氏家譜》，民國二十六年石印本。輯有《集成曲譜》，民國十二年石印本。

1953 年　癸巳

關賡麟編印《恩社詞鈔》四卷。林葆恒、夏敬觀、高毓浵、冒廣生、許寶蘅、傅嶽棻等，並與於恩社課集。

　　《咫社詞鈔作者姓名錄》有：廖恩燾、汪曾武、彭一卣、汪鸞翔、林葆恒、冒廣生、夏仁虎、夏敬觀、許寶蘅、胡先春、梁啟勳、高毓浵、靳志、傅嶽棻、陳宗蕃、劉子達、王季點、王耒、關賡麟、陳祖基、章士釗、葉恭綽、吳仲言、廖琇崑、宋庚蔭、蔡可權、柳肇嘉、鍾剛中、侯毅、劉景堂、周維華、黃復、諶斐、汪東、陳方恪、謝良佐、劉通叔、張伯駒、陳道量、黃孝紓、唐益公、龍榆生、林儀一、黃孝平、夏緯明、黃佘、張浩雲、孫錚、亶素、吳庠、路朝鑾、程學鑾、陳世宜、沈曹蔭、向迪琮、王冷齋、吳湖帆、張厚載、方朝玉、蕭槀元、郭鳳惠、丁瑗、陳彰。《社外和作者》及《社外詞侶》有：顧散仙、周汝昌、邵章、陳應群、劉文嘉、顧散仙、瞿兌之、邱瓊蓀、陸鳴崗。

　　《咫社詞鈔》四卷印行以後，雅集猶不時舉行，惟唱和作品未再結集印行〔註 462〕。

是歲，曹元弼、周學淵卒。

　　曹元弼（1867～1953），字穀孫，號叔彥，晚號復禮老人，江蘇吳縣人。進士。著述甚豐。有《復禮堂文集》，民國六年刻本；《復禮堂寫定文》，民國刻本；《復禮堂述學詩》，民國二十五年刻本。另有《經學通義》《周易鄭氏注箋釋》《古文尚書鄭氏注箋釋》《禮經校釋》《禮經大義》《禮經學》《孝經鄭氏注箋釋》《大學通義‧中庸通義》。

　　周學淵（1878～1953），原名學植，字立之，晚號息翁，安徽建德人。周馥第五子。舉光緒癸卯經濟特科。授廣東候補道、山東候補道。「辛亥後，益放縱不羈」〔註 463〕。有《晚紅軒詩存》，民國鉛印本。輯《張李二君詩存》，有今《天津文獻集成》本；《八家閒適詩選》，至德周氏師古堂民國二十一年刻本。

1954 年　甲午

是歲，田毓璠卒。

　　田毓璠（1865～1954），字魯瑜，又作魯漁，江蘇淮安人。光緒進士，任知縣、知州，工書法。入民國不仕，號耐傭老人。著有《易例類徵》《易例類徵續編》，抄本，藏國家圖書館。另校刊張耒《柯山集》。

〔註 462〕　《許寶蘅日記 1956 年 3 月 15 日日記云：「接稊園詞課通知，《浪淘沙慢》不限題，用美成十六韻體。」（《許寶蘅日記》，第 1868 頁）
〔註 463〕　林葆恒輯《詞綜補遺》卷六十二，第 2332 頁。

1956 年　丙申

10 月，商衍瀛、許寶蘅受聘為中央文史研究館館員〔註464〕。

1958 年　戊戌

是歲，桂坫卒。

桂坫（1867～1958），字南屏，廣東南海人。進士。有《晉磚宋瓦室類稿》，光緒二十四年刻本；《中外政俗異同考》，寫本，藏故宮博物院圖書館；《說文簡易釋例》，私立廣東國民大學出版組編印本。

1959 年　己亥

12 月 4 日，遼寧省高級人民法院宣布特赦溥儀等戰犯。

是歲，冒廣生、劉聲木卒。

冒廣生（1873～1959），字鶴亭，號疚齋，江蘇如皋人。舉人。官刑部、農工商部郎中。入民國，歷任北京政府財政部顧問、浙江甌海、江蘇鎮江、淮安等海關監督。詩文中屢以遺臣自居。有詩文集《小三吾亭文》《小三吾亭詞》《小三吾亭詩》刻行，卷數隨年增益，晚年詩文未及刻，有手自編定稿，藏上海圖書館；《和謝康樂詩》，民國刻本；《疚齋雜劇》，民國二十三年印本；《疚齋小品》，民國六年刻本；《小三吾亭詞話》，民國二十三年鉛印本；《後山詩注補箋》，民國二十五年商務印書館鉛印本；《風懷詩案》，民國六年刻本。另有《外家紀聞》《青田石考》《雲郎小史》《哥窯譜》《冒鶴亭京氏易三種》等。編刻《如皋冒氏絲書》《二黃先生集》《永嘉詩人祠堂叢刻》《永嘉高僧碑傳集》《四靈詩集》《新刻楚州叢書》等叢書。

劉聲木（1878～1959），原名體信，字述之，安徽廬江人。劉秉璋三子。分補用知府，官湖南學務。入民國，居滬上，杜門著書。有《萇楚齋隨筆》《清芬錄》《桐城文學淵源考》《桐城文學撰述考》《續補匯刻書目》《再續補》《三續補》《寰宇訪碑錄校勘記》《續補寰宇訪碑錄》《再續寰宇訪碑錄校勘記》《國朝鑒藏書畫記》，匯刻為《直介堂叢刻》。另有《國朝藏書記事詩補遺》。

〔註464〕　參見中央文史研究館編《中央文史研究館館務活動錄》，北京朝陽未來科學技術研究所印刷廠 2001 年版，第 40 頁。

1960 年　庚子

1月，溥儀《我的前半生》由群眾出版社印行，為內部發行本。

《我的前半生》撰寫始撫順戰犯管理所改造時。最初有 1958 年油印本，嗣有 1959 年大字號本，皆未定稿。1960 年 1 月群眾出版社印行 7000 套，供內部閱讀，俗稱灰皮本。其後續有修改，數易其稿。1964 年 3 月後，北京、香港公開發行定本〔註465〕。

是歲，商衍瀛、岑光樾卒。

商衍瀛（1870～1960），字雲亭，廣東番禺人。光緒二十九年進士，散館授編修。官翰林院侍講兼京師大學堂預科監督。入民國，避居青島。溥儀在天津行在，屢趨謁。偽滿立，任執政府秘書、內務官。其詩文信札多散佚。有《顧臧事略》一卷，民國十五年鉛印本。

岑光樾（1876～1860），字孝憲，號鶴禪，廣東順德人。簡朝亮弟子。光緒三十年進士。三十二年，奉派就讀日本法政大學。宣統間誥授奉政大夫，任國使館協修、纂修，實錄館協修。入民國，挈眷居天津，旋南返番禺。問道於陳伯陶，自號圓淨道人。十四年，赴香港，講學成達書院。嗣任漢文中學教員。二十五年，與賴際熙、周廷幹、區大典、區大原、朱汝珍、左霈、溫肅等九人敘於學海書樓，皆癸卯、甲辰通籍者也〔註466〕。有《鶴禪集》，後人岑公焴編，分散文、詩稿、銘贊、聯語、墨蹟五類，1984 年印本。

1961 年　辛丑

是歲，許寶蘅卒。

許寶蘅（1875～1961），字季湘、公誠，號夬盧、巢雲，晚號蟄齋，浙江仁和人。捐內閣中書，入學部為主事。官軍機章京。入民國，供職北洋政府。任偽滿執政府秘書、宮內府總務處長。有《許寶蘅先生文稿》，含《巢雲簃詩稿》《詞稿》《詠籬仙館別集》三種，中國書籍出版社 1995 年版。另有《許寶蘅日記》《巢雲簃隨筆》《許寶蘅藏劄》。

〔註465〕參見孟向榮《〈我的前半生〉灰皮本之由來》，《中華讀書報》2010 年 12 月 1 日第 14 版。
〔註466〕參見關國煊《岑光樾》，劉紹唐編《民國人物小傳》第 18 冊，第 65～68 頁。

1962 年　壬寅

是歲，金梁卒。

金梁（1878～1962），號息侯，一作錫侯，晚署瓜圃老人，浙江杭州人。滿洲正白旗。進士。私刊《清史稿》。任職偽滿。著述甚夥。有《壬子紀遊草》一卷，民國元年鉛印本；（編）《桂和堂三代詩存》，民國鉛印本。另有《變通旗制三上書》《滿洲老檔秘錄》《盛京故宮書畫錄》《試辦遷旗人實編報告》《北京城郊公園志略彙編》《杭州瓜爾佳氏節孝忠義合傳》《奉天古蹟考》《黑龍江通志綱要》《瓜圃叢刊敘錄》《瓜圃述異》《光宣小記》《光宣列傳》《四朝佚聞》《清史稿補》《清宮史略》等。

1963 年　癸卯

是歲，劉承幹、溥儒卒。

劉承幹（1882～1963），字貞一，號翰怡、求恕，浙江吳興人。先世為巨賈，富甲一方。入民國，多居滬上。有《明史例按》《南唐書補注》《希古堂金石萃編》《嘉業堂藏書提要》《嘉業藏書樓明刊書目》《嘉業堂叢書目錄》等。刻有《嘉業堂叢書》《吳興叢書》《求恕齋叢書》《留餘草堂叢書》《金石叢書》等叢書。

溥儒（1896～1963），字心畬，號羲皇上人、西山逸士，北京人。清宗室。留學德國，工書畫。晚居臺灣。有《寒玉堂詩集》《凝碧餘音詞》《寒玉堂文集》《寒玉堂畫論》《寒玉堂論書畫》《華林雲葉》《寒玉堂岔曲》《寒玉堂聯文》等，收入今《溥儒集》（浙江人民出版社 2015 年版）。

1967 年　丁未

是歲，溥儀卒。

溥儀（1906～1967），清愛新覺羅氏。三歲登極，年號宣統。遜政詔下，居故宮。1917 年，復辟事敗，仍居故宮。1924 年馮玉祥政變，廢帝號，被逐出宮。走避天津。九一八事變後，潛至長春，建偽滿洲國。1945 年日本戰敗，被蘇聯紅軍俘虜。1950 年，移交中國，囚撫順戰犯管理所，接受改造。1959 年被特赦。1964 年任政協委員。1967 年病卒，葬八寶山，後遷葬華龍皇家陵園。

附志十四　清遺民卒年未詳者行跡、著述征略

李思敬（1845～？），字惺園，奉天鐵嶺人。寄籍廣東番禺。光緒元年舉人。入民國，避居青島。文集未刻，多散佚。

李瀚昌（1851～1921 以後），字石貞，號鷗叟，湖南寧鄉人。澧州學正。入民國，號湘上逸民，「太息流涕」〔註467〕而作《清季宮詞》一百首。民國十年辛酉刊《南蟬樓詩集》七卷，自序有「蓋滄桑之變，已閱十年，年亦七十有一矣」〔註468〕，知生於 1851 年。著述有《覯顑室詩稿》四卷，宣統石印本；《南蟬樓詩集》七卷，民國十年刻本；《清季宮詞》一卷，民國鉛印本〔註469〕，亦見《南蟬樓詩集》卷七；《史要便讀》二卷，光緒十九年刻本。另主修《澧州學田志》四卷附《文廟志》一卷，光緒二十二年澧州學田局刻本〔註470〕。

左楨（1853～1924 以後），字紹臣，別號甓湖居士、淮南大隱，江蘇高郵人。同治間坐館淮安、金陵，光緒間官浙、皖、閩、遼。《詩鈔》自敘署「宣統遜位之十一年」〔註471〕。著有《甓湖草堂詩鈔》四卷附詞一卷，民國十一年揚州大新局鉛印本。

吳慶燾（1855～1927 年以後），原名慶恩，字文鹿，一字寬仲，號炯然，又號孤清居士，湖北襄陽人。清光緒八年舉人，援例授內閣中書。宣統元年出任湖北諮議局長，尋改江西贛南道。民國初，移居滬上，賣字自給。集陶淵明詩一卷名《陶陶集》，以見志。著有《斡珠仙館詩存》七卷附《陶陶集》一卷，民國鉛印本。

曾廉（1857～1925 年以後），字伯隅，號瓠庵，湖南邵陽人。清光緒八年舉人，官國子監助教。光緒戊戌，上書斥康梁聚眾行邪。義和團起，隨慈禧西狩，擢陝西候補道。入民國，隱居不仕。詩集中文辭遇與清室及溥儀有關者如「御」「蹕」「行在」之類，均另起一列。著有《瓠庵集》十八卷，宣統三年曾氏會輔堂刻本；《瓠庵續集》八卷，民國十三年續刻本；《禹貢九州島今地考》二卷，光緒三十二年刻本；《元史考訂》四卷，宣統三年刊本。

〔註467〕 李瀚昌《清季宮詞》跋，《南蟬樓詩集》卷七，民國十年刻本，第 26a 頁。
〔註468〕 李瀚昌《自序》，《南蟬樓詩集》卷首，第 2b 頁。
〔註469〕 單行本湖南圖書館有藏。參見張勇主編《湖南圖書館古籍線裝書目錄》，線裝書局 2007 年版，第 1975 頁。
〔註470〕 參見尋霖、龔篤清編著《湘人著述表》，第 414～415 頁。
〔註471〕 左楨《自敘》，《甓湖草堂詩鈔》卷首，民國十一年揚州大新局鉛印本。

白廷夔（？～1931？）〔註472〕，字栗齋，號冰絲，滿洲京旗人。官直隸候補道。「國變後，僑居沽上，……詞不多作，亦多寓黍離之感」〔註473〕。曾入蟄園吟社、須社。詞作散見《蟄園擊缽吟》、《煙沽漁唱》等。

胡建樞（？～1917以後），字星舫，安徽鳳陽人。光緒十二年舉人。歷官郯城知縣、沂州知府、濟南知府、山東按察使、山東布政使。入民國，避居青島。丁巳復辟，授弼德院顧問大臣。修《郯城縣志》十六卷，光緒十九年刻本。

劉嘉斌（1860～？），字蔚如，一作味儒，江蘇丹徒人。進士。授刑部主事。官至法部右參議。入民國，歸里不仕〔註474〕。嘗受聘，與纂《續丹徒縣志》，有民國十九年刻本。張玉藻、翁有成修，高觀昌、陳慶年、劉嘉斌等纂。高觀昌乃劉嘉斌同鄉老友，其《葵園遁叟自訂年譜》稱劉為「吾鄉遺老」〔註475〕，林志宏《清遺民基本資料表》據此著錄〔註476〕。

許汝棻（1863～？），字魯山，號夢廬跛叟，江蘇丹徒人。光緒二十四年進士。曾任偽滿洲國文教部次長（1932～1934）〔註477〕。著有《蛻隱山農墓表》，民國石印本。

景方昶（1866～？），字旭初，號明久，貴州興義人。光緒十五年進士，改翰林院庶吉士。散館授編修。官至湖南辰州知府，賞二品銜。溥儀避居天津，簡為駐津顧問、南書房行走。著有《東北輿地釋略》四卷，民國刻《遼海叢書》本；《輿地考略》六卷，稿本，藏故宮博物院圖書館。

劉福姚（1867～？），字伯崇，號守勤，廣西臨桂人。光緒十八年狀元。《端午賜衣和毅夫侍御韻》有「趨朝仍著舊官衣」之句。工詩詞，擅書法。《庚子秋詞》一種，收其詞。著有《忍庵詞》。

俞壽滄（1870～？），字巨溟，浙江上虞人。光緒癸巳舉人，官內閣侍讀。

〔註472〕白廷夔卒年未詳。須社酬唱，白氏有參與。楊壽枏二十年辛未（1931）作《須社百集觴客小啟》有云：「社友已逝者二人：宛平查峻丞爾崇、白栗齋廷夔。」須社舉於十九年庚午（1930），則白氏大約即卒於二十年春。楊文見《思沖齋駢體文鈔》，《雲在山房類稿》第一冊，民國庚午刻本。

〔註473〕林葆恒輯《詞綜補遺》卷九十七，第3627頁。

〔註474〕參見嚴其林《鎮江進士研究》，復旦大學出版社2014年版，第294頁。

〔註475〕高觀昌《葵園遁叟自訂年譜》，《北京圖書館藏珍本年譜叢刊》第184冊，第20頁。

〔註476〕林志宏《清遺民基本資料表》，《民國乃敵國也：政治文化轉型下的清遺民》，第420頁。

〔註477〕王斌《偽滿洲國執政時期中央統治機構》，《偽皇宮陳列館年鑒》（1987年），第92頁。

清室遜政，居京不仕。晚號恥庵。有《焦桐集》二卷，民國二十四年鉛印本。另編有《光緒癸巳科同年內子齒錄》《癸巳同年嚶鳴集》。

顧瑗（1872～？），字亞蘧，河南祥符人。光緒十八年進士，改庶吉士，散館授編修。丁巳復辟，溥儀召群臣謀，與其事。著有《西徵集》二卷，光緒二十七年刻本。

陳曾矩（1875～？），字絜先，號強志，湖北蘄水人。陳曾壽弟。光緒二十七年舉人。溥儀居天津張園，屢應召。隨侍於偽滿，任漢文教習。著有《歷代戰史紀要》，1996 年排印本；編有《倫書》七卷，民國六年鉛印本。其《局中局外人記》為瞭解偽滿之重要文獻，上海古籍出版社整理本《蒼虯閣詩集》附錄。

張兆鉀（1874～？），字鼎臣，甘肅渭源人。光緒武舉人。辛亥間，起兵抗革命軍。入民國，曾任隴東鎮守使。國民軍北伐，劉郁芬進軍甘肅，起兵抗之。兵敗遁走。在天津，覲見溥儀。主修《創修渭源縣志》十卷，民國十五年平涼新隴書社石印本。

鄒濬明（1874～1927 以後），字靜存，號聽泉山人，廣東番禺人。其詩鈔自序云，效靖節編詩紀年之意；葉蔚英序亦稱其深故宮禾黍之悲。是其雖曾與於南社湘集，乃實有遺民意。撫誦其集，《癸亥五十初度述懷四章》云「姓名不願公卿識，合把頭銜署逸民」，《癸卯春自都門歸》云「望帝不知陵谷變，春心猶託杜鵑來」「杜老春城懷故國，感時淚濺幾枝花」，則志存魏闕者也。有《聽泉山館詩鈔初集》一卷，民國十六年鉛印本。

孫文昱（1882～？），字季虞，湖南湘潭人。諸生。官江西候補州判。林志宏《清遺民基本資料表》引李肖聃《星廬筆記》稱其留辮，卒時以清官服入殮〔註478〕。著有《周禮總義》，上海書店出版社 1994 年影印本；《學林考證》，上海書店出版社 1994 年影印本；《小學初告》，民國十五年家刻本；《文字聲韻敘譜》，民國鉛印本；《四聲切韻類表》，民國二十一年家刻本；《國學概論》，民國十七年鉛印本。另輯《湖南叢書》，長沙湖南叢書刊印處民國十四、十五年間刻本。又，《湘人著述表》稱其尚有《周禮講義》《經學概論》〔註479〕，然未注版本，頗疑即《周禮總義》《國學概論》之訛傳、別稱，非是別有其書。書此備考。

〔註478〕林志宏《清遺民基本資料表》，《民國乃敵國也：政治文化轉型下的清遺民》，第 431 頁。
〔註479〕尋霖、龔篤清編著《湘人著述表》，第 318 頁。

張之照（？～1927 以後），直隸遵化人。光緒二十九年進士。事蹟頗晦。
民國十六年，溥儀「萬壽日」，赴行在觀見。纂《遵化縣志》二十四卷。

王文燾（？～1935 以後），字君覆，一字壽魯，又字叔廡，或作叔潕，四
川華陽人。王秉恩子。曾供職小朝廷。溥儀「萬壽日」，趨行在觀見。其《隋
徐智竦墓誌考》跋云：「南朝風節頹靡，身宦兩朝，大書特書，不以為恥，良
可慨歎。」〔註480〕有為而發也。著有《王叔廡叢稿》，稿本，藏上海圖書館；
《瑟盦跋尾》，稿本，藏上海圖書館；《鹽鐵論校記》，稿本，藏上海圖書館；
《隋徐智竦墓誌考》一卷，稿本，藏上海圖書館；《春秋左氏古經》一卷附《釋
文證義》一卷，稿本（抄本？），藏上海圖書館。

胡煒（？～1927 以後），浙江山陰人。舉人。光緒末官鄒縣知縣。溥儀「萬
壽日」，往觀見。修《鄒縣鄉土志》一卷，光緒三十三年山東國文報館石印本。

陳恩澍（？～？），字紫蕚，號止存，湖北蘄水人。光緒辛卯舉人。「辛亥
後，落落寡諧」〔註481〕。依從子曾壽。卒葬天津。詞作散見《煙沽漁唱》等集。

許秉璋（？～？），又名炳璋，字少筠，廣東番禺人。許應騤子。光緒舉
人。任內閣中書。父應騤歿，遷居香港。辛亥後，日與遺老為文酒之會〔註482〕。
有《誦先芬室詩集》，香港永新印務 1954 年鉛印本。

呂吉甫（？～？），字創伯，安徽旌德人。清末翰林院侍讀學士呂筱蘇子。
朱家濂《先君交遊錄》稱其「能讀父書」〔註483〕。父歿，撰《清資政大夫總
理永定河道呂公行狀》。民初與陳寶琛、郭曾炘等故老遊。輯有《蠶桑簡法》
二卷，宣統三年鉛印本。

劉書晉（？～？），四川眉山人。生平未詳。入民國，序顏緝祜《汴京宮
詞》，署「眉山遺民」〔註484〕。有《劉氏叢書》八卷，《文集》五卷，《詩鈔》
三卷，民國刻本。另編述《遺訓存略》三卷，光緒二十二年刊本。

〔註480〕參見蔡淵迪《王文燾舊藏〈三老諱字忌日記〉拓本考述》，程章燦主編《古典
　　　　文獻研究》第二十輯上卷，鳳凰出版社 2017 年版，第 221～232 頁。
〔註481〕林葆恒輯《詞綜補遺》卷十二，第 736 頁。
〔註482〕孫中山大元帥府紀念館編《廣州許氏六昆仲與近代中國民主革命》，廣州出版
　　　　社 2015 年版，第 28 頁。
〔註483〕朱家濂《先君交遊錄》，政協浙江省蕭山市委員會文史工作委員會編《蕭山文
　　　　史資料專輯》第 5 輯《朱翼庵先生史料專輯》，蕭山市文聯印刷廠 1993 年版，
　　　　第 28 頁。
〔註484〕劉書晉《汴京宮詞序》，吳士鑒等《清宮詞》，北京出版社 2018 年版，第 85
　　　　頁。

參考文獻

一、史料

（一）碑傳、年譜、回憶錄類（不含今人論著）

1. 卞孝萱、唐文權編：《辛亥人物碑傳集》，團結出版社 1991 年版。

2. 卞孝萱、唐文權編：《民國人物碑傳集》，團結出版社 1995 年版。

3. 大陸雜誌社編：《中國近代學人像傳》，江蘇廣陵古籍刻印社 1997 年版。

4. 高覲昌：《葵園遯叟自訂年譜》，《北京圖書館藏珍本年譜叢刊》第 184 冊，北京圖書館出版社 1999 年版。

5. 郭則澐：《郭則澐自訂年譜》，鳳凰出版社 2018 年版。

6. 韓明祥編：《濟南歷代墓誌銘》，黃河出版社 2002 年版。

7. 李準：《任庵自訂年譜》，「自娛自樂叟」過錄家藏稿本。

8. 劉廷琛：《劉公雲樵府君行狀》，民國九年刻本。

9. 閔爾昌編：《碑傳集補》，周富駿編《清代傳記叢刊》第 120～123 冊，臺北明文書局 1985 年版。

10. 錢仲聯編：《廣清碑傳集》，蘇州大學出版社 1999 年版。

11. 秦國經主編：《中國第一歷史檔案館藏清代官員履歷檔案全編》，華東師範大學出版社 1997 年版。

12. 汪兆鏞編：《碑傳集三編》，周駿富編《清代傳記叢刊》第 124～126 冊，臺北明文書局 1985 年版。

13. 張勳：《松壽老人自敘》，民國十年刻本。

14. 周延礽編：《吳興周夢坡先生年譜》，《北京圖書館珍本年譜叢刊》第 188 冊，北京圖書館出版社 1999 年版。

（二）詩話、筆記、野史類

1. 陳衍：《石遺室詩話》，人民文學出版社 2004 年版。
2. 馮自由：《革命逸史》，金城出版社 2014 年版。
3. 富察敦崇：《隆裕皇太后大事記》，文海出版社 1981 年版。
4. 胡思敬：《國聞備乘》，榮孟源、章伯鋒編《近代稗海》第 1 輯，四川人民出版社 1985 年版。
5. 金梁：《清史稿補》，民國三十一年鉛印本。
6. 劉成禺：《世載堂雜憶》，中華書局 1960 年版。
7. 劉成禺：《洪憲紀事詩本事簿注》，山西古籍出版社 1997 年版。
8. 劉聲木：《萇楚齋隨筆》，中華書局 1998 年版。
9. 陶菊隱：《政海軼聞》，上海書店出版社 1998 年版。
10. 徐世昌：《晚清簃詩話》，華東師範大學出版社 2009 年版。
11. 徐一士：《一士譚薈》，中華書局 2007 年版。
12. 楊鍾義：《雪橋詩話全編》，人民文學出版社 2010 年版。
13. 易宗夔：《新世說》，臺灣文海出版社 1968 年版。
14. 張伯駒：《春遊社瑣談·素月樓聯語》，北京出版社 1998 年版。
15. 張起南：《橐園春燈話》，商務印書館民國十四年鉛印本。
16. 張寅彭編：《民國詩話叢編》，上海書店 2002 年版。
17. 朱師轍：《清史述聞》，三聯書店 1957 年版。

（三）日記、書札、文史資料類

1. 曹元弼：《曹元弼日記》，鳳凰出版社 2020 年版。
2. 存萃學社編：《1917 年清帝丁巳復辟史料匯輯》，大東圖書公司 1977 年版。
3. 福建省政協文史資料委員會編：《文史資料選編》第 3 卷。
4. 郭曾炘：《郭曾炘日記》，中華書局 2019 年版。
5. 國家圖書館古籍館編：《國家圖書館藏王國維往還書信集》，中華書局 2017 年版。
6. 胡嗣瑗：《胡嗣瑗日記》，鳳凰出版社 2017 年版。

7. 江蘇省檔案館編：《韓國鈞朋僚函札名人墨蹟》，東南大學出版社 2006 年版。

8. 李立民編：《〈清儒學案〉曹氏書札整理》，中國社會科學出版社 2016 年版。

9. 梁穎等整理：《張爾田書札》，上海人民出版社 2021 年版。

10. 馬本騰輯注：《王國維未刊來往書信集》，清華大學出版社 2010 年版。

11. 溥儀：《溥儀日記》，群眾出版社 2018 年版。

12. 耆齡：《耆齡日記》，鳳凰出版社 2020 年版。

13. 錢伯城，郭群一整理：《藝風堂友朋書札》，上海古籍出版社 1980 年版。

14. 紹英：《紹英日記》，中華書局 2018 年版。

15. 沈曾植：《沈曾植書信集》，中華書局 2021 年版。

16. 徐兆瑋：《徐兆瑋日記》，黃山書社 2013 年版。

17. 許恪儒編：《許寶蘅藏箚》，中華書局 2013 年版。

18. 許師慎編：《有關清史稿編印經過及各方意見彙編》，「中華民國史料研究中心」1979 年版。

19. 葉昌熾：《緣督廬日記》，臺灣學生書局 1964 年版。

20. 袁克文：《辛丙秘苑·寒雲日記》，山西古籍出版社 1999 年版。

21. 惲毓鼎：《惲毓鼎澄齋日記》，浙江古籍出版社 2004 年版。

22. 鄭孝胥：《鄭孝胥日記》，中華書局 1993 年版。

23. 政協浙江省蕭山市委員會文史工作委員會編：《蕭山文史資料專輯》第 5 輯《朱翼庵先生史料專輯》，蕭山市文聯印刷廠 1993 年版。

24. 中國人民政治協商會議四川省長壽縣委員會文史資料研究委員會編：《長壽縣文史資料》第 2 輯，1986 年版。

25. 中國人民政治協商會議鎮江市委員會文史資料研究委員會編：《鎮江文史資料》第 29 輯，鎮江市諫壁印刷廠 1996 年版。

26. 中國社會科學院近代史研究所編：《勞乃宣檔》，《近代史所藏清代名人稿本抄本》第三輯，大象出版社 2015 年版。

27. 中國社科院近代史所編：《近代史資料》35 號。

（四）詩詞唱和集、選集類（含哀挽錄）

1. 白雪詞社編：《樂府補題後集》，民國十七年刻本。

2. 城南詩社編：《城南詩社集》，民國十三年鉛印本。

3. 程炎震編：《漫社集》，民國十一年鉛印本。

4. 鄧洪荃編：《花行小集》，民國八年刻本。

5. 樊增祥編：《江亭修禊詩》，民國十四年鉛印本。

6. 郭則澐編：《蟄園擊缽吟》，民國二十二年刻本。

7. 郭則澐編：《水香洲酬唱集》，民國二十五年鉛印本。

8. 柯志頤編：《同音集》，民國印本。

9. 近代巴蜀詩鈔編委會編：《近代巴蜀詩鈔》，巴蜀書社 2005 年版。

10. 冷社編：《冷社詩集》，民國二十四年鉛印本。

11. 林葆恒編：《訒庵先生重遊泮水唱和詩錄》，民國三十七年鉛印本。

12. 林葆恒編：《詞綜補遺》，上海古籍出版社 2005 年版。

13. 南江濤編：《清末民國舊體詩詞結社文獻彙編》，國家圖書館 2013 年版。

14. 錢泰編：《階平老人重遊泮水紀念冊》，1962 年石印本。

15. 蘇澤東編：《宋臺秋唱》，民國六年刻本。

16. 孫雄編：《漫社二集》，民國十二年鉛印本。

17. 孫雄編：《落葉集》，民國十五年鉛印本。

18. 嚴昌堉編：《鳴社二十年話舊集》，民國二十四年線裝本。

19. 楊壽枏編：《秋草唱和集》，民國雲在山房刻本。

20. 張伯楨編：《篁溪歸釣圖題詞》，民國三年刻《滄海遺音》本。

21. 張夢潮編：《奉新張忠武公哀挽錄》，民國十三年鉛印本。

22. 張明華、李曉黎編：《近代珍稀集句詩文集》，鳳凰出版社 2015 年版。

23. 張其淦編：《邵村重遊泮水詩集》，民國二十三年鉛印本。

24. 周馥編：《十老圖詠》，寫本，藏上海圖書館。

25. 周慶雲編：《淞濱吟社集》，民國四年吳興周氏夢坡室《晨風廬叢刊》本。

26. 周慶雲編：《晨風廬唱和詩》，民國三年刊本。

27. 朱孝臧編：《漚社詞鈔》，民國二十二年鉛印本。

28. 朱孝臧編：《煙沽漁唱》卷首，民國二十二年鉛印本。

（五）詩文集、著述類

1. 曹元弼撰，王園園整理：《復禮堂述學詩序》，《中國四庫學》第 2 輯，中華書局 2018 年版，第 279～286 頁。

2. 曹允源：《鶚字齋詩續》，民國十一年刊本。

3. 陳寶琛：《滄趣樓詩文集》，上海古籍出版社 2013 年版。

4. 陳夔龍：《陳夔龍全集》中冊，貴州民族出版社 2014 年版。

5. 陳瀏：《陳瀏集（外十六種）》，黑龍江人民出版社 2001 年版。

6. 陳懋鼎：《槐樓詩鈔》，福建人民出版社 2017 年版。

7. 陳三立：《散原精舍詩文集》，上海古籍出版社 2003 年版。

8. 陳誦洛：《陳誦洛集》，廣陵書社 2011 年版。

9. 陳曾壽：《蒼虬閣詩集》，上海古籍出版社 2009 年版。

10. 戴鳳儀：《松村詩文集》，商務印書館 2018 年版。

11. 樊增祥：《樊樊山詩集》，上海古籍出版社 2004 年版。

12. 富察敦崇：《紫藤館詩草》，《清代詩文集彙編》第 780 冊，上海古籍出版社 2010 年版。

13. 華世奎：《思闇詩集》，民國三十二年石印本。

14. 黃群：《黃群集》，上海社會科學院出版社 2003 年版。

15. 黃榮康：《清宮詞本事》，民國二十三年刻本。

16. 黃維翰：《稼溪詩草》，民國十四年刻本。

17. 黃維翰：《稼溪文存》，民國十五年刻本。

18. 紀巨維：《泊居剩稿》，《清代詩文集彙編》第 769 冊，上海古籍出版社 2010 年版。

19. 江椿等：《江子愚·劉冰研詩詞存稿》，黃山書社 2018 年版。

20. 蔣學堅：《懷亭續錄》，《清代詩文集彙編》第 759 冊，上海古籍出版社 2010 年版。

21. 金武祥：《陶廬六憶》，《清代詩文集彙編》影印本。

22. 康有為著，湯志鈞編：《康有為政論集》，中華書局 1981 年版。

23. 康有為：《康有為全集》，人民大學出版社 2007 年版。

24. 勞乃宣：《桐鄉勞先生遺稿》，臺灣文海出版社 1969 年版。

25. 李瀚昌：《南蟬樓詩集》，民國十年刻本。

26. 李綺青：《草間詞》，民國七年鉛印本。

27. 李瑞清：《清道人遺集》，黃山書社 2011 年版。

28. 李詳：《李審言文集》，江蘇古籍出版社 1989 年版。

29. 李宣龔：《李宣龔詩文集》，華東師範大學出版社 2009 年版。

30. 李於鍇：《李於鍇遺稿輯存》，蘭州大學出版社 1987 年版。

31. 李遇孫等：《金石學錄三種》，浙江人民美術出版社 2017 年版。

32. 梁鼎芬：《節庵先生遺詩》，華東師範大學出版社 2011 年版。

33. 梁慶桂：《式洪室詩文遺稿》，民國鉛印本。

34. 林蒼：《天遺詩集》，民國石印本。

35. 林紓：《林琴南文集》，中國書店 1985 年版。

36. 林思進：《清寂堂集》，巴蜀書社 1989 年版。

37. 劉玉璋《夔夔堂詩略》：民國鉛印本。

38. 駱成驤：《清游樓詩存》，《清代詩文集彙編》第 790 冊，上海古籍出版社 2010 年版。

39. 潘文熊：《寶硯齋詩詞集》，《清代詩文集彙編》第 750 冊，上海古籍出版社 2010 年版。

40. 龐鴻書：《歸田吟稿》，民國十二年鉛印本。

41. 錢桂笙：《錢隱叟遺集》，《清代詩文集彙編》第 765 冊，上海古籍出版社 2010 年版。

42. 任松如：《四庫全書答問》，民國二十四年啟智書局鉛印本。

43. 瑞洵：《犬羊集》，日本昭和九年鈴木氏餐菊軒鉛印本。

44. 沈汝瑾：《鳴堅白齋詩存》，廣西師範大學出版社 2018 年版。

45. 沈瑜慶：《濤園集》，福建人民出版社 2010 年版。

46. 沈曾植著，錢仲聯箋：《沈曾植集校注》，中華書局 2001 年版。

47. 孫樹禮：《踽叟詩稿》，《民國詩集叢刊》第 14～16 冊，臺灣文聽閣圖書有限公司 2009 年版。

48. 孫雄：《師鄭堂集》，光緒十七年刻本。

49. 孫雄：《舊京詩文存》，文海出版社 1960 年版。

50. 唐宴：《海上嘉月樓詩》，《清代詩文集彙編》第 784 冊，上海古籍出版社 2010 年版。

51. 涂鳳書：《石城山人詩鈔續稿》，稿本，藏國家圖書館。

52. 涂鳳書：《石城山人文集》，稿本，藏國家圖書館。

53. 汪曾武：《趣園味尊詞》，民國三十年鉛印本。

54. 王德森：《歲寒詩稿》，民國二十二年刻本。

55. 王國維：《王國維學術隨筆》，社會科學文獻出版社 2000 年版。

56. 王榮商：《容膝軒詩草》，《清代詩文集彙編》第 776 冊，上海古籍出版社 2010 年版。

57. 王懿榮：《王懿榮集》，齊魯書社 1999 年版。

58. 王新楨：《王新楨詩文集》，河南大學出版社 1993 年版。

59. 王振聲：《王振聲詩文書信集》，鳳凰出版社 2020 年版。

60. 王祖佘：《溪山詩存》，民國十一年溪山書屋刻本。

61. 吳昌碩：《吳昌碩詩集》，灕江出版社 2012 年版。

62. 吳士鑒等：《清宮詞》，北京出版社 2018 年版。

63. 夏孫桐：《觀所尚齋詩存》，民國二十八年鉛印本。

64. 夏孫桐著，夏志蘭、夏武康箋：《悔龕詞箋注》，內蒙古大學出版社 2001 年版。

65. 許珏：《復庵先生集》，民國十五年無錫許氏簡素堂印本。

66. 楊壽枏：《雲在山房類稿》，民國刻本。

67. 易順鼎：《琴志樓詩集》，上海古籍出版社 2012 年版。

68. 袁嘉穀：《袁嘉穀文集》，雲南人民出版社 2001 年版。

69. 袁金鎧：《傭廬詩存》，民國二十三年鉛印本。

70. 袁金鎧：《東渡百一詩》，民國二十一年鉛印本。

71. 葉昌熾：《葉昌熾詩集》，華東師範大學出版社 2012 年版。

72. 葉泰椿：《島居遺稿》，民國十八年刊本。

73. 喻長霖：《惺誤齋初稿》，宣統鉛印本。

74. 曾廉：《瓟庵續集》，民國十三年刻本。

75. 張伯駒：《張伯駒集》，上海古籍出版社 2014 年版。

76. 張朝墉：《半園老人詩集》，民國鉛印本。

77. 張錫恭：《茹荼軒文集》，民國十三年印本。

78. 章梫：《一山文存》，民國七年吳興劉氏嘉業堂刻本。

79. 章鈺：《四當齋集》，民國二十六年鉛印本。

80. 趙啟霖：《趙瀞園集》，湖南出版社 1992 年版。

81. 鍾廣生：《慤庵文集》，民國二十年刻本。

82. 周馥：《秋浦周尚書全集》，文海出版社 1967 年版。

83. 周應昌：《霞棲詩鈔》，民國十八年鉛印本。

84. 鄒濬明：《聽泉山館詩鈔初集》，民國十六年鉛印本。

85. 朱寯瀛：《素園晚稿弁言》，《清代詩文集彙編》第 759 冊，上海古籍出版社 2010 年版。

86. 左楨：《覽湖草堂詩鈔》，民國十一年揚州大新局鉛印本。

（六）報刊雜誌類

1. 南江濤編：《民國舊體詩詞期刊三種》，國家圖書館出版社 2013 年版。

2.《孔教會雜誌》

3.《四存月刊》

4.《鐸報》

5.《青鶴》

6.《希社叢編》

7.《萬國公報》

8.《富強報》

9.《亞洲學術雜誌》

10.《集成報》

11.《政府公報》

12.《東方雜誌》

13.《江蘇教育行政月報

14.《國學雜誌》

15.《五雲日升樓》

16.《甲寅》

17.《協和報》

18.《民誓》

19.《江蘇省公報》

20.《安徽公報》

21.《時事彙報》

22.《學生》

23.《教育週報》

24.《餘興》

25.《宗聖匯誌》

26.《同聲月刊》

27.《北京大學日刊》

28.《圖書館學季刊》

29.《中華圖書館協會會報》

30.《清華週刊》

31.《國學》（上海）

二、論著

1. 蔡淵迪：《王文燾舊藏〈三老諱字忌日記〉拓本考述》，程章燦主編《古典文獻研究》第二十輯上卷，鳳凰出版社 2017 年版，第 221～232 頁。

2. 陳初生、陳永正：《冼玉清教授〈舊京春色圖卷〉〈水仙圖卷〉題詠釋文》，《嶺南文史》2015 年第 A1 期。

3. 陳萬華：《麗澤文社與張志沂》，《現代中文學刊》2012 年第 6 期。

4. 陳福康：《徐世昌卒年再補說》，《文獻》2004 年第 3 期。

5. 陳聲聰：《填詞要略及詞評四篇》，廣東人民出版社 1986 年版。

6. 陳諠：《夏敬觀年譜》，黃山書社 2007 年版。

7. 程太紅、何曉明：《遺民與〈清史稿〉的修纂》，《福建師範大學學報》2016 年第 6 期。

8. 稻畑耕一郎：《傅增湘與〈雅言〉——傳統詩歌的繼承事業》，陳致編《中國詩歌傳統及文本研究》，中華書局 2013 年版，第 494～529 頁。

9. 稻畑耕一郎：《傅增湘詩篇遺留日本考——兼論〈東華〉與〈雅言〉之關聯》，林宗正、張伯偉編《從傳統到現代的中國詩學》，上海古籍出版社 2017 年版，第 281～301 頁。

10. 董叢林：《從易培基對〈清史稿〉的指謫看其維護辛亥革命的立場》，《故宮博物院院刊》2011 年第 5 期。

11. 董俊玨、林立芬：《近代閩南詩人吳鍾善年譜簡編》，《福建師大福清分校學報》2017 年 4 期。

12. 傅辛：《徐世昌手札》，《收藏家》2003 年第 12 期。

13. 高洪鈞：《天津城南詩社成員一覽》，《天津記憶》第 80 期，2011 年 5 月 22 日內部發行本。

14. 郭伯恭：《四庫全書纂修考》，上海商務印書館 1937 年鉛印本。

15. 何正華、李茜芝：《李凖故事》，四川大學出版社 2014 年版。

16. 胡平生：《民國初期的復辟派》，臺灣學生書局 1985 年版。

17. 黃坤堯：《香港詩詞中的人文景觀》，《東華中文學報》2006 年第 1 期。

18. 季雲霞：《段朝端〈淮人書目小傳〉輯釋》，《淮陰師範學院學報》2009 年第 3 期。

19. 江慶柏：《〈清人詩文集總目提要〉近代部分作者生卒年補考》，《古籍整理出版簡報》2003 年第 2 期（總第 385 期）。

20. 江蘇省地方志編纂委員會編：《江蘇省志‧人物志》，鳳凰出版社 2008 年版。

21. 賴鈺勻：《端方與晚清展示文化》，廣西師範大學出版社 2021 年版。

22. 李佳行：《〈晚晴簃詩匯〉的編纂及文獻價值初探》，北京大學 2004 年碩士論文。

23. 李樹民：《宋育仁與趙熙交遊考略》，《鹽業史研究》2014 年第 1 期。

24. 李世瑜：《儔社始末》，《協商新報》2007 年 4 月 3 日副刊。

25. 林東梅：《晚清王垿事略考》，《青島農業大學學報》2015 年第 4 期。

26. 林志宏：《民國乃敵國也：政治文化轉型下的清遺民》，中華書局 2013 年版。

27. 劉重憙：《清末藏書家劉世珩先生事略》，華東師範大學圖書館編《學術論文集 1979～1986》，華東師範大學圖書館 1987 年版，第 350～353 頁。

28. 劉鳳強：《〈清儒學案〉編纂考》，《史學史研究》2009 年第 3 期。

29. 劉紹唐主編：《民國人物小傳》，上海三聯書店 2016 年版。

30. 劉祥元：《光緒朝「續修〈四庫全書〉」述評》，《圖書館理論與實踐》2010 年第 4 期。

31. 劉岳磊：《晚清民國詞人徐乃昌著述考》，《泰山學院學報》2015 年第 5 期。

32. 劉志：《王樹枬生於一八五二年——對〈辭海〉該條之補正》，《社會科學戰線》1985 年第 2 期。

33. 柳成棟：《黑龍江的詩社》，《黑龍江史志》2014 年第 4 期。

34. 羅惠縉：《民初「文化遺民」研究》，武漢大學出版社 2011 年版。

35. 羅惠縉：《民初遺民詩詞的同題群詠研究》，《東南學術》2012 年 1 期。

36. 羅琳：《〈續修四庫全書總目提要〉編纂史紀要》，《圖書情報工作》1994 年第 1 期。

37. 陸瑤：《〈晚晴簃詩匯〉研究》，蘇州大學 2013 年碩士論文。

38. 呂友仁主編：《中州文獻總錄》，中州古籍出版社 2002 年版。

39. 馬國華：《從曹經沅移居唱和看傳統詩學的嬗變》，《詩書畫》2016 年第 2 期。

40. 馬強：《漚社研究》，華東師範大學 2014 年博士論文。

41. 冒懷蘇編：《冒鶴亭先生年譜》，學林出版社 1998 年版。

42. 孟向榮：《〈我的前半生〉灰皮本之由來》，《中華讀書報》2010 年 12 月 1 日。

43. 潘靜如：《時與變：晚清民國文學史上的詩鐘》，《中山大學學報》2017 年第 4 期。

44. 潘靜如：《〈晚晴簃詩匯〉的編纂成員、續補與別纂考論》，《中國典籍與文化》2016 年第 2 期。

45. 潘靜如：《〈晚晴簃詩匯〉編纂史發覆——兼論清遺民與徐世昌等北洋舊人的離合》，《蘇州大學學報》2018 年第 2 期。

46. 彭華：《華陽王秉恩學行考》，《中國典籍與文化》2011 年第 3 期。

47. 彭明哲：《〈續修四庫全書總目提要〉考略》，《湘潭大學學報》1994 年第 2 期。

48. 饒玲一：《尚賢堂研究（1894～1927)》，復旦大學 2013 年博士論文。

49. 薩伯森：《薩伯森文史叢談》，海風出版社 2007 年版。

50. 薩仁高娃：《有關〈續修四庫全書總目提要〉的通信》，《文獻》2006 年第 3 期。

51. 上海圖書館編：《中國叢書綜錄》，上海古籍出版社 1982 年版。

52. 施廷鏞編：《中國叢書綜錄續編》，北京圖書館 2003 年版。

53. 宋路霞：《上海望族》，文匯出版社 2008 年版。

54. 孫立新、蔣銳編：《東方西方之間：中外學者論衛禮賢》，山東大學出版社 2004 年版。

55. 孫中山大元帥府紀念館編：《廣州許氏六昆仲與近代中國民主革命》，廣州出版社 2015 年版。

56. 王斌：《偽滿洲國執政時期中央統治機構》，《偽皇宮陳列館年鑒》（1987 年）。

57. 王德毅：《中國歷代名人年譜總目》，臺北華世出版社 1979 年版。

58. 王景山主編：《國學家夏仁虎》，浙江文藝出版社 2009 年版。

59. 王亮：《〈續修四庫全書總目提要〉研究》，復旦大學 2004 年博士論文。

60. 王亮：《嘉興沈氏史料辨正二則》，《文匯報》2017 年 12 月 29 日。

61. 王慶祥：《溥儀年譜》，群眾出版社 2017 年版。

62. 王若：《新發現羅振玉〈東方學會簡〉手稿跋》，《中華讀書報》2008 年 9 月 5 日。

63. 王堯禮：《陳田詩稿抄本》，《貴州文史叢刊》2013 年第 3 期。

64. 吳天任：《梁啟超年譜》，廣東人民出版社 2018 年版。

65. 吳天任：《何翽高先生年譜》，臺灣文海出版社 1972 年版。

66. 吳天任：《梁鼎芬年譜》，廣東人民出版社 2018 年版。

67. 武威通志編委會編：《武威通志‧人物卷》，甘肅人民出版社 2007 年版。

68. 徐成志、王思豪編：《桐城派文集敘錄》，安徽大學出版社 2016 年版。

69. 許全勝：《沈曾植年譜長編》，中華書局 2017 年版。

70. 尋霖、龔篤清：《湘人著述表》，嶽麓書社 2010 年版。

71. 嚴其林：《鎮江進士研究》，復旦大學出版社 2014 年版。

72. 嚴壽澂：《詩道與文心》，華東師範大學出版社 2009 年版。

73. 楊成凱：《徐乃昌卒年補說》，《文獻》2004 年第 1 期。

74. 楊傳慶：《民國天津文人結社考論》，《文學與文化》2017 年第 1 期。

75. 楊傳慶：《清遺民詞社——須社》，《北京社會科學》2015 年第 2 期。

76. 陽海清編：《中國叢書廣錄》，湖北人民出版社 1999 年版。

77. 陽海清編、蔣孝達校訂：《中國叢書綜錄補正》，江蘇廣陵古籍刻印社 1984 年版。

78. 姚達兌：《清遺民的文化記憶和身份認同——林葆恒和六福〈訒庵填詞圖〉》，《民族藝術》2016 年第 6 期。

79. 易仁：《粵海揮塵錄》，上海書店 1992 年版。

80. 于廣傑：《近代詩壇「河北派」詩人紀鉅維及其詩歌創作》，《燕山大學學報》2020 年第 6 期。

81. 羽戈：《王式通的「臣癖」》，《南方都市報》2016 年 7 月 3 日。

82. 張舜徽：《清人文集別錄》，華中師範大學出版社 2004 年版。

83. 張頌之：《孔教會始末匯考》，《文史哲》2008 年第 1 期。

84. 張晏瑞：《張爾田著作目錄》，臺灣高雄師範大學經學研究所編《經學研究集刊》2008 年第 5 期。

85. 張勇主編：《湖南圖書館古籍線裝書目錄》，線裝書局 2007 年版。

86. 鄭升：《楊鍾羲〈雪橋詩話〉研究》，廣西師範大學 2018 年博士論文。

87. 中央文史研究館編：《中央文史研究館館務活動錄》，北京朝陽未來科學技術研究所印刷廠 2001 年版。

88. 鄒穎文：《前清遺民與香港文獻》，《2004 地方文獻國際學術研討會論文集》，北京圖書館出版社 2006 年版。

89. 朱德慈：《近代詞人考錄》，中國社會科學出版社 2004 年版。

90. 朱萬章：《嶺南近代畫史叢稿》，廣東教育出版社 2008 年版。

91. 朱興和：《現代中國的斯文骨肉：超社逸社詩人群體研究》，上海三聯書店 2014 年版。

92. 朱則傑：《清詩總集所見名家集外詩文輯考》，《深圳大學學報》2007 年第 6 期。

附錄一　清遺民民國時期編刻叢書表

凡例

一、獨撰類不錄，如李保洤《漢堂類稿》、徐乃昌《隨庵所著書》。

二、家集類不錄，如冒廣生《如皋冒氏叢書》、郭則澐《侯官郭氏家集彙刊》。

三、編刻於前清者不錄，如繆荃孫《雲自在龕叢書》、楊鍾羲《留垞叢刻》、梁鼎芬《端溪叢書》。

四、始編刻於前清而而戢事於民國者酌情錄入，如金粟香《粟香室叢書》、汪兆鏞《微尚齋叢刻》。

五、編刻於前清而民國時由他人重印或續補者酌情錄入，如葉德輝《觀古堂彙刻書》、吳昌綬《景刊宋金元明本詞四十種》。

六、叢書定義，廣狹不一，論者去取亦遂不一，此處謹仍前賢著述成說，如《中國叢書綜錄》以夏敬觀《音學備考》、《中國叢書綜錄補正》以孫德謙《金源七家文集補遺》（稿本）為叢書。

七、1949 年建國以後重印或影印者不錄，如 1964 年上海古籍書店用吳興劉氏嘉業堂原版重印《吳興叢書》是其例。

八、叢書版本情形（包括年代、子目等），相關著述所說不盡準確，亦不盡統一，備註謹列所據。《中國叢書綜錄》（上海圖書館編，上海古籍出版社 1982 年版）簡稱《綜錄》，《中國叢書綜錄續編》（施廷鏞編，北京圖書館 2003 年版）簡稱《續編》，《中國叢書綜錄補正》（陽海清編、蔣孝達校訂，江蘇廣陵古籍刻印社 1984 年版）簡稱《補正》，《中國叢書廣錄》（陽海清編，湖北人民出版社 1999 年版）簡稱《廣錄》。

編刻人	書　名	版　本	備　註
繆荃孫	煙畫東堂小品	一九二〇年江陰繆氏刊本	《綜錄》
葉德輝	觀古堂彙刻書	光緒二十八年刻、一九一九年重編印本	《綜錄》
	唐開元小說六種	宣統三年葉氏觀古堂刊本	《綜錄》
	麗廔叢書	一九一七年長沙葉氏刊本	《續編》
胡思敬	問影樓叢刻初編	光緒至民國間新昌胡氏刊本、排印本	《綜錄》
	豫章叢書	民國南昌豫章叢書編刻局刊本	《綜錄》
金武祥	粟香室叢書	光緒至民國間江陰金氏刊本	《綜錄》
劉承幹	留餘草堂叢書	民國吳興劉氏刊本	《綜錄》
	求恕齋叢書	民國吳興劉氏刊本	《綜錄》
	吳興叢書	民國吳興劉氏嘉業堂刊本	《綜錄》
	嘉業堂金石叢書	民國吳興劉氏刊本	《綜錄》
	王章詩存合刻	一九二六年吳興劉氏刊本	《綜錄》
	遼東三家詩鈔	民國吳興劉氏刊本	《綜錄》
	嘉業堂叢書	一九一二至一九二七年吳興劉氏嘉業堂刊本	《續編》
羅振玉	鳴沙石室佚書	民國影印、石印、排印本	《綜錄》
	宸翰樓叢書	民國八年上虞羅氏刊本	《綜錄》
	永慕園叢書	民國三年上虞羅氏影印本	《綜錄》
	雲窗叢刻	民國三年上虞羅氏影印本	《綜錄》
	雪堂叢刻	民國四年上虞羅氏排印本	《綜錄》
	吉石盦叢書	民國上虞羅氏影印本	《綜錄》
	鳴沙石室古籍叢殘	一九一七年上虞羅氏影印本	《綜錄》
	嘉草軒叢書	一九一八年上虞羅氏影印本	《綜錄》
	六經堪叢書	民國東方學會排印本	《綜錄》
	東方學會叢書初集	一九二四年東方學會排印本	《綜錄》
	殷禮在斯堂叢書	一九二八年東方學會排印本	《綜錄》
	百爵齋叢刊	一九三四年上虞羅氏石印本	《綜錄》
	貞松堂藏西陲秘籍叢殘	民國上虞羅氏影印本	《綜錄》
	高郵王氏遺書	一九二五年上虞羅氏排印本	《綜錄》
	明季遼事叢刊	一九三六年偽滿日文化協會石印本	《綜錄》
	史料叢刊初編	一九二四年東方學會排印本	《綜錄》

	眘古叢編	民國上虞羅氏影印本	《綜錄》
	楚雨樓叢書初集	民國上虞羅氏影印本	《綜錄》
	元人選元詩五種	一九一五年延平范氏雙魚室刊本	《綜錄》
	明季三孝廉集	一九一九年上虞羅氏排印本	《綜錄》
沈家本	枕碧樓叢書	民國二年歸安沈氏刊本	《補正》
羅振常	蟫隱廬叢書	清宣統至民國上虞羅氏謄寫排印民國三十三年吳興周延年彙編本	《綜錄》
	經進三蘇文集事略	民國上海蟫隱廬刊本	《綜錄》
	邈園叢刻	民國上海蟫隱廬謄寫版印民國三十三年吳興周延年彙編本	《綜錄》
吳昌綬	松鄰叢書	民國七年仁和吳氏雙照樓刊本	《綜錄》
	十六家墨說	民國十一年仁和吳氏雙照樓刊本	《綜錄》
	景刊宋金元明本詞四十種	宣統三年至民國六年仁和吳氏雙照樓刊民國六年至十二年武進陶氏涉園續刊本	《綜錄》。陶湘續輯。
王德森	病鏡	民國十一年嘉定排印本	《綜錄》
張伯楨	滄海叢書	一九三二至一九三四年東莞張氏刊本	《綜錄》
王葆心	羅田王氏校印鄉哲遺書	民國二十一年武昌石印本	《廣錄》
冒廣生	楚州叢書第一集	一九二一年如皋冒氏刊本	《綜錄》
	永嘉詩人祠堂叢刻	一九一五年如皋冒氏刊本	《綜錄》
劉世珩	貴池先哲遺書	一九二〇年貴池劉氏唐石簃刊本	《綜錄》
	天尺樓叢鈔	抄本	《綜錄》
	暖紅室彙刻傳奇	清末民初貴池劉氏暖紅室自刊本	《補正》
	玉海堂景宋元本叢書	宣統三年至民國二年貴池劉氏刻本	《廣錄》
徐乃昌	南陵先哲遺書	一九三四年南陵徐氏影印本	《綜錄》
	宋元科舉三錄	民國十二年南陵徐氏景刊本	《綜錄》
	隨盦徐氏叢書續編	一九一六年南凌徐氏刊本	《續編》
金兆蕃	檇李叢書	一九三六年嘉興金氏刊本	《綜錄》
宗舜年	咫園叢書	上海合眾圖書館民國三十七年刊本	
王存善	二徐書目合刻	民國四年鉛印本	《綜錄》
嚴懋功	清代徵獻類編	民國二十年梁溪嚴氏排印本	《綜錄》
葉昌熾	籔淡廬叢稿	稿本	《綜錄》

溫廷敬	茶陽三家文鈔	民國十四年大埔溫氏補讀書廬排印本	《綜錄》
夏敬觀	音學備考	民國二十年上海商務印書館鉛印本	《廣錄》
孫德謙	金源七家文集補遺	稿本	《綜錄》
	鶩音集	民國七年元和孫氏四益宧排印本	《綜錄》
楊晨	台州叢書	民國八年石印本	
汪兆鏞	微尚齋叢刻	宣統至民國間番禺汪氏微尚齋刊本	《綜錄》
郭則澐	敬躋堂叢書	民國三十四年刻本	
況周頤	詞話叢鈔	民國十一年上海大東書局石印本	《綜錄》。王文濡增補
朱祖謀	彊村叢書	一九二二年歸安朱氏刊本	《綜錄》
	滄海遺音集	民國歸安朱氏刻朱印本	《廣錄》
	粵兩生集	民國十年刻本	
劉聲木	續十家宮詞	民國間排印本	《廣錄》
	廣十家宮詞	民國十八年排印本	《廣錄》
祝廷華	陶社叢書	民國二十至二十四年江陰陶社木活字印本	《綜錄》
陳伯陶	聚德堂叢書	一九二九年東莞陳氏刊本	《續編》
孫文昱	湖南叢書	民國十四至十五年長沙刻本	

附錄二　清遺民纂修方志表

凡例

一、近世編撰方志，多以地方官贊其成者曰修，老師宿儒總其役者曰纂，《清遺民纂修方志表》兼茲二類。

二、輿地學論著不錄，如龐鴻書《補元和郡縣志四十七鎮圖說》、沈曾植《島夷志略廣證》、屠寄《黑龍江輿圖說》、金兆豐《斠補三國疆域志》、景方昶《東北輿地釋略》。

三、輯佚類方志不錄，如楊晨輯三國沈瑩撰《臨海異物志》。

四、寺廟志、書院志等為方志之具體，茲予錄入，如葉昌熾《寒山寺志》、戴鳳儀《詩山書院志》。

五、地方詩文錄、鄉賢錄等得近世方志之一體，茲予錄入，如王榮商《蛟川耆舊詩補》、許湝祥《海寧鄉賢錄》。

六、清中後葉修方志者或更設金石志一目，浸假而為方志之一體，茲並予錄入，如況周頤《萬邑西南山石刻記》、馮煦《寶應金石志》。

七、總纂修者或有數人，茲僅舉清遺民姓氏，而略以（纂）（修）別其任。

八、編撰者確任分纂之職者注曰（分纂），參與編撰而不詳其職者概曰（參纂）。他如（協纂）（提調）（總校），苟有確證，並注名後。

九、卷數為方志正文，卷首、卷尾等不在內。

十、凡不分卷者，概注為一卷。

十一、版本悉依舊刻；如為稿本，則注明藏地。

十二、方志累朝增修，咸有因革，為示區別，每冠以國號乃至年號。本表既注舊刻詳情，不再額外標示。

纂修者	書　名	卷　數	版　本	備　註
王詠霓（纂）	黃岩縣志	40	光緒六年刻本	
王祖畬（纂）	太倉州志	28	民國八年刻本	
	鎮洋縣志	11	民國八年刻本	
葉昌熾（纂）	寒山寺志	2	民國十一年刻本	
吳庚（纂）	鄉寧縣志	16	民國六年刊本	
戴鳳儀（纂）	郭山廟志	8	光緒二十三年刻本	
	詩山書院志	10	光緒三十一年刻本	
	南安縣志	50	民國四年稿本	有安南縣志編纂委員會1989年整理本。
徐致靖（纂）	上虞縣志校續	50	光緒二十四年刻本	
繆荃孫	江蘇金石志	24	民國十六年石印本	此即繆氏主纂《江蘇通志》時之自撰稿。
繆荃孫（纂）馮煦（纂）宗舜年（參纂）段朝端（參纂）陳澹然（提調）	江蘇省通志稿	352	稿本	藏南京圖書館。民國三十四年吳廷燮繼主其事，僅鉛印部分文稿。
馮煦（纂）黃以霖（協纂）	宿遷縣志	20	民國二十四年鉛印本	
馮煦（纂）	溧陽縣續志	16	光緒二十五年木活字本	
	重修金壇縣志	12	民國十年鉛印本	
	寶應縣志	32	民國二十一年鉛印本	
馮煦（修）	鳳陽府志	21	光緒三十四年活字本	
馮煦	寶應金石志	1		
段朝端（分纂）	淮陽府志			未見。
段朝端（纂）	續纂山陽縣志	16	民國十年刻本	
錢桂笙（分纂）	湖北通志	172	民國十年刻本	楊承禧修、張仲炘纂。錢氏與纂《風俗》《物產》《藩封》三志。

梁鼎芬（修）丁仁長（纂）梁廣照（分纂）吳道鎔（參纂）汪兆鏞（參纂）	番禺縣續志	44	宣統三年刻本	
吳道鎔張學華	廣東文徵	240	稿本	吳道鎔編，張學華續編。今有廣東人民出版社 2019 年標校《廣東文徵·廣東文徵續編》本。
吳道鎔	廣東文徵作者考	1	1958 年油印本	
梁鼎芬（纂）	續廣東通志		民初廣東通志局稿本	朱慶瀾修。未完稿，藏廣東省中山圖書館。今有國家圖書館 2010 年《廣東省立中山圖書館藏稀見方志叢刊》影印本。
桂坫（纂）賴際熙（參纂）冒廣生（參纂）	廣東通志稿		民國二十四年廣東通志館稿本	鄒魯修，溫廷敬纂。120 冊，未定稿，藏廣東省中山圖書館。今有國家圖書館 2010 年《廣東省立中山圖書館藏稀見方志叢刊》影印本。【按】桂坫任通志館總纂時，積有稿本 19 冊，未審溫廷敬總纂時是否承襲。
賴際熙（纂）	赤溪縣志	8	民國十五年刻本	
	增城縣志	31	民國十年刻本	
桂坫（纂）	續修南海縣志	26	宣統二年刻本	
	恩平縣志	25	民國二十三年鉛印本	
	西寧縣志	34	民國二十六年鉛印本	

歐家廉（參纂） 何藻翔（參纂）	順德縣志	24	民國十八年刻本	周之貞修，周朝槐纂。
何藻翔	嶺南詩存	6	民國十四年鉛印本	
許湜祥（輯）	海寧鄉賢錄	1	光緒二十九年刻本	
李瀚昌（修）	澧州學田志	4	光緒二十二年澧州學田局刻本	
王嘉詵（纂）	銅山縣志	76	民國十五年刻本	
陳遹聲（修）	諸暨縣志	61	宣統二年刻本	
陳潬（修）	黃安鄉土志	2	宣統元年鉛印本	
陳際唐（纂）	懷寧縣志	34	民國七年鉛印本	
王榮商（纂）	鎮海縣志	45	民國十二年鉛印本	
	東錢湖志	4	民國五年刻本	
王榮商	蛟川耆舊詩補	12	民國七年刻本	
黃篤瓚（修）	平陰縣鄉土志	1	光緒三十三年鉛印本	
吳慶坻（纂）	杭州藝文志	10	光緒三十四年刻本	此係吳氏任《杭州府志》分纂時之稿件。
高覬昌（纂）	續丹徒縣志	20	民國十九年刻本	
林甲烺（修）	西華縣續志	14	民國二十七年鉛印本	
張英麟（總校）	山東通志	200	民國四年印本	此志始光緒十六年，中屢輟，民初告成。楊士驤修，孫寶田纂。
升允（修） 安維峻（纂）	甘肅新通志	100	宣統元年刻本	
王舟瑤（纂）	光緒台州府志	100	民國十五年鉛印本	
王舟瑤	臺詩四錄	29	民國石印本	
	台州文徵	182	稿本	藏臨海市博物館。
白遇道（纂）	高陵縣續志	8	光緒七年刻本	
金武祥	赤溪雜志	2	光緒十七年刻本	
況周頤	萬邑西南山石刻記	2	光緒二十九年刻本	
	粵西詞見	2	光緒二十二年刻本	

劉世珩	貴池縣沿革表	1	光緒二十八年刻本	
	貴池先哲遺書待訪目	1	民國十四年刻本	
張人駿	廣東輿地全圖	1	光緒二十三年石印本	
曹允源（纂）	吳縣志	18	民國二十二年鉛印本	
余肇康	荊州萬城堤後續志		光緒二十二年刻本	
陳伯陶（纂）	東莞縣志	102	民國十六年鉛印本	
金蓉鏡	檇李高逸傳	1	民國五年鉛印本	
	靖州鄉土志	4	光緒三十四年刻本	
黃維翰	黑水先民傳	24	民國刻本	
黃維翰（分纂）	黑龍江志稿	62	民國二十二年鉛印本	萬福麟修，張伯英纂。
黃維翰（纂）	呼蘭府志	12	民國四年鉛印本	
黃維翰（纂）王樹枏（纂）	法源寺志稿		稿本	僅存卷 4、卷 5，藏南京大學圖書館。今有《中國佛寺志叢刊》影印本。
袁大化（修）王樹枏（纂）	新疆圖志	160	宣統三年木活字本	王樹枏有《新疆山脈圖志》《新疆國界圖志》《新疆禮俗志》《新疆訪古錄》單行，不備列。
王樹枏（纂）	奉天通志	230	民國二十六年鉛印本	
	冀縣志	20	民國十八年鉛印本	
	新城縣志	24	民國二十四年鉛印本	
宋育仁（纂）	四川通志稿		民國二十五年稿本	藏四川圖書館。今有國家圖書館《民國文獻資料叢編》影印本，題《重修四川通志稿》。
朱祖謀	湖州詞徵	24	宣統三年刻本	續輯 6 卷，以民國九年刻 30 卷本。
宋伯魯	新疆建置志	4	光緒三十三年刻本	
宋伯魯（纂）	續修陝西通志稿	224	民國二十三年鉛印本	
	重修涇陽縣志	16	宣統三年鉛印本	

陳嘉言（纂）	奉化縣鄉土志	1	抄本	藏上海圖書館。另有油印本，並藏上海圖書館。
周慶雲（纂）	南潯志	60	民國十七年補刻本	附《南潯擷秀錄》1卷。
周慶雲	西溪秋雪庵志	4	民國刻本	
	靈峰志	4	民國元年刻本	
	莫干山志	13	民國十六年刻本	
	潯溪詩徵	40	民國六年刻本	附《詞徵》2卷。
	歷代兩浙詞人小傳	16	民國十一年刻本	
魏元曠（纂）	南昌縣志	60	民國二十四年鉛印本	附《文徵》24卷、《詩徵》5卷。
魏元曠	西山志略	6	民國十六年年刻本	署潛園逸叟，即魏氏。
沈曾植（纂）吳慶坻（總閱）金蓉鏡（纂修）喻長霖（提調）朱祖謀、章梫、王國維、陶葆廉、劉承幹、孫德謙、唐詠裳、葉爾愷、張爾田、金兆蕃等（分纂）	浙江續通志稿		稿本	主體藏浙江圖書館。其餘稿本，散藏於嘉興圖書館、上海圖書館、華東師範大學圖書館，計200餘冊。【按】今有浙江圖書館整理本，國家圖書館出版社2020年印行，名《（民國）浙江續通志稿》，凡52冊。
潘守廉（修）	南陽縣志	12	光緒三十年刻本	
	濟寧直隸州續志	24	民國十六年鉛印本	
	濟寧縣志	4	民國十六年鉛印本	
方旭（修）	蓬州志	15	光緒二十三年刻本	
周登皥	寧河鄉土志		抄本	藏天津圖書館。
任承允（纂）	秦州直隸州新志續編	8	民國二十八年鉛印本	
徐乃昌（纂）	南陵縣志	48	民國十三年鉛印本	

徐乃昌（纂）	安徽通志稿	157	民國二十三年鉛印本	另有未刊稿，如資料匯錄、採訪稿等，藏安慶市圖書館。安慶市圖書館整理後，由國家圖書館 2020 年印行，名《安徽通志稿》。【按】徐氏分纂之《安徽通志金石古物考》有鉛印本 18 冊。
徐乃昌（參纂）	上海通志			未見存稿。疑此志即民國二十一年上海方志館發起編纂者，時柳亞子任館長。然未見徐、柳交往記錄，錄此備考。
朱汝珍（纂）	陽山縣志	18	民國二十七年鉛印本	
管世駿	方志涉臺	1	稿本	藏浙江圖書館。
	歷代史台州約鈔	2	稿本	
	群書述臺	2	稿本	
	一統志台州約抄	2	稿本	
	台州外書訂	3	稿本	
張其淦	東莞詩錄	65	民國十三年刻本	
趙熙（纂）	榮縣志		民國十八年刻本	17 篇。
林葆恒	閩詞徵	6	民國二十年刻本	
金兆蕃	續檇李詩繫姓名索引稿附初稿		稿本	45 冊，藏上海圖書館。
劉宗向	寧鄉縣志		民國三十年木活字印本	
沈瑜慶（纂）何振岱（參纂）	福建通志	662	民國二十七年刻本	李厚基修，陳衍、沈瑜慶纂。
何振岱（纂）	西湖志	24	民國五年鉛印本	

劉聲木	桐城文學淵源考	26	民國十八年鉛印本	
	桐城文學撰述考	8	民國十八年鉛印本	
金梁（纂）	黑龍江通志綱要	2	民國十四年鉛印本	
	北京城郊公園志略彙編		稿本	
	圓明園志料		稿本	
	北京宮殿志		1955 年油印本	
	天壇公園志略		1953 年油印本	
胡建樞（修）	鄲城縣志	16	光緒十九年刻本	
劉嘉斌（參纂）	續丹徒縣志	20	民國十九年刻本。	張玉藻、翁有成修，高覲昌纂。
張兆鉀（修）	創修渭源縣志	10	民國十五年石印本	
張之照（纂）	遵化縣志	24	民國二十年稿本	藏南開大學圖書館。另抄本一種，藏清華大學圖書館。
胡煒（修）	鄒縣鄉土志	1	光緒三十三年石印本	
孫文昺	湘潭王志商存	2	抄本	藏湖南圖書館，署孫彪，辛亥後所改名也。光緒間，王闓運纂《湘潭縣志》，間有訛誤，此書所由作。

附錄三　清遺民同光朝史事論著舉隅表

凡例

一、本表限同光朝之政治、軍事、科舉諸端，間及風俗。

二、同光朝者，約言之也，兼及宣統及民元以後小朝廷史事，如《宣統政紀》。

三、囊括有清一代史事者酌情錄入，如《清史稿》。

四、詩話、詩選以史事為主者錄入，如孫雄《道咸同光四朝詩史》、郭則澐《十朝詩乘》。

五、紀事組詩酌情錄入，如王照《方家園雜詠紀事》、胡延《長安宮詞》。

六、其有從大書中析出單行者酌情錄入，如張爾田《清列朝后妃傳稿》。

七、筆記、回憶錄等以史事為主者錄入，如陳夔龍《夢蕉亭雜記》、胡思敬《國聞備乘》。

八、年譜不錄，如康有為《我史》、吳士鑒《含嘉室自訂年譜》。

九、日記不錄，如《翁同龢日記》、胡嗣瑗《直廬日記》。日記經摘出編為專門史料者亦不錄，如《左紹佐日記摘錄》由卞孝萱編入《近代史資料》。

十、奏議不錄，如趙炳麟《諫院奏事錄》。

十一、聖訓不錄，如《德宗景皇帝聖訓》。

十二、公務紀不錄，如宋伯魯《西轅瑣記》、陳嘉言《查勘禁煙日記》、姚文棟《雲南勘界籌邊記》、袁大化《辛亥撫新紀程》。

十三、人物題詠不錄，如朱孔彰輯《題江南曾文正公祠百詠》、孫雄輯《瓶社詩錄》。

十四、藝文等專史不錄，如震鈞《國朝書人輯略》、朱汝珍《詞林輯略》、章鈺等《清史稿藝文志》、張爾田《近代詞人軼事》、褚德彝《竹人續錄》、蕭應椿《山東收回礦權案》。

十五、稿本，注明藏地及有無整理本；舊日通行之鉛印本、石印本、油印本、刻本等，一概不注整理本情形。

作　者	書　名	卷數、版本	備　註
趙爾巽等	清史稿		詳《編年》正文。
章梫等	德宗實錄		詳《編年》正文。
溫肅等	宣統政紀	43 卷，民國二十三年鉛印本	此係偽滿編印，於舊撰頗有刪改，中華書局《清實錄》據以影印。原稿本、抄本，今國家圖書館、清華大學圖書館、澳門大學圖書館、遼寧省圖書館、臺灣圖書館均有藏。
王先謙	東華續錄	430 卷，光緒十年刻本	仿蔣良騏《東華錄》之例，繼纂乾隆以後政事。凡乾隆朝 120 卷、嘉慶朝 50 卷、道光朝 60 卷、咸豐朝 100 卷、同治朝 100 卷；咸豐朝 100 卷由潘福頤 69 卷本增輯而成。厥後朱壽朋復輯《光緒朝東華錄》220 卷。
張祖翼	清代野記	3 卷，民國三年鉛印本	主要錄咸同以來掌故、風俗。
惲毓鼎	崇陵傳信錄	稿本，藏上海圖書館	或題《清光緒帝外傳》。今有中華書局整理本。
朱孔彰	咸豐以來功臣別傳	30 卷，光緒二十四年石印本	別名《中興將帥別傳》《中興名臣事略》，有鉛印本、刻本等，內容同。
	中興將帥別傳續編	6 卷，光緒三十二年刻本	
羅正鈞	辛亥殉節錄	6 卷，民國九年刻本	
震鈞	天咫偶聞	10 卷，光緒三十三年刻本	
	庚子西行紀事	1 卷，民國八年刻本	

胡思敬	國聞備乘	4 卷，民國十三年刻本	述晚清史事、掌故，同類著述之佼佼者。
	驢背集	4 卷，民國二年刻本	紀事組詩，述庚子事變。
	戊戌履霜錄	4 卷，民國十二年刻本	
	審國病書	1 卷，民國十二年刻本	史學論著，推求清王朝所以興亡成敗之跡。
	大盜竊國記	1 卷，民國十二年刻本	記袁世凱專權始末。
張夢潮	奉新張忠武公哀挽錄	8 卷，民國十三年鉛印本	
富察敦崇	都門紀變三十首絕句	1 卷，光緒刻本	紀事組詩，有詳注，述庚子年作者都門見聞。
	皇室見聞錄	1 卷，光緒刻本	記清朝、清宮禮制。並及光緒間事。
	隆裕皇太后大事記	1 卷，民國石印本	
吳慶坻	蕉廊脞錄	8 卷，民國十七年刻本	
	辛亥殉難記	6 卷，民國五年鉛印本	金梁曾增輯 1 卷，有民國十二年鉛印本。
	四川忠義總錄	31 卷，光緒二十五年刻本	
丁仁長	中興金鑒	稿本	此書曾進呈溥儀，今不知所在。
瞿鴻禨	聖德紀略	民國九年影印本	今收入整理本《瞿鴻禨集》，總題《清宮舊事紀略》。
	傣直紀略		
	恩遇紀略		
	舊聞紀略		
夏敬觀	清世說新語	批校本，藏上海圖書館	今收入整理本《夏敬觀著作集》。【按】別有《青鶴》雜誌本，劉強整理為《清世說新語校注》。
吳士鑒	清宮詞	1 卷，民初掃葉山房石印本	
	光宣之際中樞雜記	稿本，藏上海圖書館	兩種稿本今均收入整理本《吳士鑒著作集》。
	朔方交涉始末紀要	稿本，藏上海圖書館	

王秉恩	平黔紀略	20卷，民國十七年鉛印本	
孫雄	道咸同光四朝詩史	8卷，宣統二年鉛印本	
蔣楷	平原拳匪紀事	光緒刻本	
蘇輿	辛亥濺淚集	4卷，民國石印本	紀事組詩，詳注始末，述武昌起義前後情事。
羅惇曧	教匪林清變記	1卷，民國五年石印本	
	太平天國戰紀	1卷，民國九年鉛印本	
	德宗承統私記	1卷，民國九年鉛印本	
	庚子國變記	1卷，民國九年鉛印本	
	中日兵事本末	1卷，民國九年鉛印本	
	中法兵事本末	1卷，民國九年鉛印本	
	拳變餘聞	1卷，民國九年鉛印本	
	割臺記	1卷，民國九年鉛印本	
	鞠部叢談校補	民國十五年刻本	羅惇曧撰，李宣倜校補，樊增祥批點。談晚清民國梨園掌故。
	賓退隨筆		此他人拾掇編輯合刊者，收入《近代中國史料叢刊三編》。
	清外史		
王照	方家園雜詠紀事	1卷，民國十七年刻本	紀事組詩，皆有詳注，述光緒帝諸事。
劉錦藻	皇朝續文獻通考	400卷，民國十年鉛印本	
高樹	金鑾瑣記	1卷，民國十四年石印本	
袁大化	光緒戊戌平定渦匪記事本末	光緒木活字本	
趙炳麟	光緒大事匯鑒	12卷，民國十一年鉛印本	
	宣統大事鑒	1卷，民國十一年鉛印本	

魏元曠	堅冰志	1卷，民國刻《魏氏全書本》	記光、宣兩朝見聞瑣事。
	光宣僉載	1卷，同上	記光、宣兩朝人物。
	三臣傳	1卷，同上	
	匪目記	1卷，同上	記民間社團幫派如義和團、哥老會諸事。
	黨目記	1卷，同上	記清末民初黨派。
	南宮舊事	1卷，同上	記科舉諸事。
	西曹舊事	1卷，同上	記刑部典章、故事。
	都門懷舊記	1卷，同上	
	都門瑣記	1卷，同上	記京中飲食娛樂。
	蕉盦隨筆	6卷，同上	
黃曾源	義和團事實	稿本，藏南京圖書館	有《義和團運動史料叢編》整理本。
王樹枏	武漢戰紀	1卷，民國八年刻本	
	德宗遺事	1卷，民國鉛印本	
汪兆鏞	碑傳集三編	50卷，1978年香港大東圖書公司影印本	
楊鍾羲	雪橋詩話	40卷，民國遞刻本	
郭則澐	十朝詩乘	24卷，民國二十四年刻本	
	庚子詩鑒	5卷，民國二十九年刻、三十年增修本	紀事組詩，述庚子事變，皆作者滯都門時見聞。
	知寒軒談薈甲集	4卷，民國三十六年油印本	記晚清民國掌故。
	南屋述聞	2卷，民國油印本	記嘉道以降軍機處典章、制度、人事。
張爾田	清列朝后妃傳稿	2卷，民國十八年鉛印本	
馮恕	庚子辛亥忠烈象贊	2卷，民國二十三年影印本	
陳夔龍	夢蕉亭雜記	2卷，民國十四年刻本	記晚清史事。作者迭任督撫，晚兼北洋大臣，所載極可觀。

許寶蘅	樞垣私記	1卷，許恪儒整理《巢雲簃隨筆》本	宣統辛亥間軍機處時筆記，嘉道咸同事居多。
	故聞拾慧錄	同上	雜記清朝聞見，晚清史事及人物居其半
	夬廬雜記	同上	雜記典章、制度、人物、檔案。【按】許氏《耄齋雜識》及《許寶蘅藏劄》中尚有相關資料，頗零散，不足列。
金梁	瓜圃述異	2卷，民國二十五年鉛印本	記清末民初人物、史事。
	光宣小記	1卷，民國二十二年鉛印本	
	光宣列傳	40卷，民國二十三年鉛印本	自《清史稿》中析出別行。
	四朝佚聞	2卷，民國二十五年鉛印本	
	清遺逸傳	2卷，民國三十一年鉛印本	又名《清史稿補》。易代後清遺民列傳。
	清帝外紀清後外傳	2卷，民國二十三年鉛印本	
	近世人物志	《近代中國史料叢刊》本	記晚清人物約600名。輯自王闓運、李慈銘、翁同龢、葉昌熾四家日記。